旅游美学新编

庄志民　著

上海人民出版社　格致出版社

作者简介

庄志民，华东师范大学旅游学系教授。曾出版《旅游经济文化研究》、《旅游美学》、《审美心理的奥秘》等著作9部，发表旅游专业文章70余篇，主持“成都非物质文化遗产国家公园总体规划”、“宁波市节事旅游国际化研究报告”、“崇明岛旅游发展总体规划”、“台州市旅游发展总体规划”等项目近30项。

内容提要

本教材立足美学基本原理，抓住审美关系这一关键美学范畴以及这种关系对旅游业的影响，从旅游学三要素（旅游主体、旅游客体和旅游媒体）切入，重点阐述了旅游美学本体论、旅游审美心理论和旅游审美实践论。全书理论框架严谨，论题分析透彻，既注重理论概括的普遍性，又着力发挥理论思维的独创性，是高校旅游管理专业本科学生的首选教材。

总序

经过两年多的努力,“高等院校旅游学科‘十二五’规划教材”(以下简称“规划教材”)终于付梓了!

改革开放以来,我国旅游业快速发展,产业规模不断扩大,产业体系日趋完善。以连续遭受金融危机和各种突发事件、不利因素冲击的2008年为例,国内旅游人数17.12亿人次,收入8 749.30亿元人民币;出境旅游4 584.44万人次;全国共接待入境游客1.30亿人次,实现国际旅游外汇收入408.43亿美元;旅游业总收入1.16万亿元人民币;全国星级饭店共14 099家,拥有床位293.48万张;纳入统计范围的旅行社20 110家,持有导游资格证书的人员约61万;全国各类旅游景区景点2万多个,最佳旅游城市3座,优秀旅游城市307座,旅游强县17个;全国旅游从业人员1 100多万,加上间接就业人员6 500多万,占全社会就业总人数的7%。入境过夜旅游者人数已经连续五年位居世界第四名;国际旅游外汇收入已经连续三年位居世界第五名。我国已经形成全球规模最大的国内旅游市场和最活跃的国际旅游市场,已经实现由旅游资源大国到世界旅游大国的历史性跨越。

大力发展旅游业是我国的一项基本国策。旅游业是战略性产业,资源消耗低,带动系数大,就业机会多,综合效益好,对提高国民素质、传播中华民族先进文化和文明成果、推进和谐世界建设具有积极作用。当前我国正处于工业化、城镇化快速发展时期,改革开放稳步推进,经济社会持续发展,综合国力不断提升,日益增长的大众化、多样化消费需求为旅游业发展提供了新的机遇。与此同时,也面临着市场环境复杂多变、市场竞争日趋激烈、保持旅游市场快速增长的困难加大等新情况和新挑战。2009 年 12 月国务院颁布《关于加快发展旅游业的意见》,提出了未来十年我国旅游业发展的战略目标:到 2015 年,旅游市场规模进一步扩大,国内旅游人数达 33 亿人次,年均增长 10%;入境过夜游客人数达 9 000 万人次,年均增长 8%;出境旅游人数达 8 300 万人次,年均增长 9%;旅游消费稳步增长,城乡居民年均出游超过 2 次,旅游消费相当于居民消费总量的 10%;经济社会效益更加明显,旅游业总收入年均增长 12%以上,旅游业增加值占全国 GDP 的比重提高到 4.5%,占服务业增加值的比重达到 12%;每年新增旅游就业 50 万人;旅游服务质量明显提高,市场秩序明显好转,可持续发展能力明显增强,力争到 2020 年我国旅游产业规模、质量、效益基本达到世界旅游强国水平。实现国家发展旅游业的战略目标,需要包括整个旅游行业、旅游院校在内的社会各界的共同努力。

大力发展旅游产业,人才队伍建设是关键。旅游业的快速发展,对旅游人才的素质提出了新的更高的要求。目前我国旅游业的人才现状与旅游业的发展需要还有相当大的差距,旅游管理人员的数量和管理水平,旅游院校的培养模式、培养体制还难以与迅速发展的旅游业相适应。整合旅游教育资源,加强学科建设,优化专业设置,深化教学改革,提高旅游教育水平,为旅游行业输送更多高素质人才,是旅游院校的基本任务,也是促进旅游业持续快速健康发展,实现世界旅游强国宏伟目标的战略措施之一。

草创于改革开放初期的我国旅游教育事业,蓬勃发展。截至 2008 年,全国共有高等旅游院校及开设旅游系(专业)的普通高等院校 810 所,在校学生 44 万人。另有旅游中等职业学校 965 所,在校学生 40.46 万人。我国已经形成了研究生教育、本科教育、专科教育、中等职业教育四个层次,全日制教育、业余教育、远程教育三种方式相结合的旅游教育体制,并呈现出院系(专业)数量迅速增长、办学规模不断扩大的趋势。旅游从业人员的培训工作,正朝着规范化、制度化的方向发展。但是,旅游院校在办学结构、办学特色、课程设置、实践环节等方面,还有不少亟待研究解决的问题。

教材建设是高等院校的一项基本任务,加强旅游学科教材建设是改善提高旅游教育水平的当务之急。我们既要有一支具有较高学术水平的师资队伍,又要有若干套有所创新、有所超前、体现时代特色的旅游教材,才有可能培养出适应社会需要、为行业所欢迎的旅游人才。“规划教材”正是为此目标而设计编纂的。

“规划教材”作为高等院校旅游学科的通用教材，力求学术性与普及性并重，开拓性与稳定性结合，理论性与应用性兼具。为突出旅游学科应用性、实践性的专业特点，作者们站在世界旅游学科的前沿，吸收国内外最新研究成果，关注旅游产业的最新动态，在系统、准确、简明地阐述相关基础理论的基础上，结合案例，适当描述相关的操作程序和方法，还设置了“学习要点”、“复习思考”、“案例点评”、“实训练习”等模块。

高等院校的课程设置，体现了高校各自的办学思想和办学特色。不同的高校可以有不同的课程体系。“规划教材”计划出版三十余种，选题既包括旅游管理、酒店管理、会展经济等旅游学科的专业基础课和必修课，也包括相关专业主要的选修课，是目前国内规模最大、种类最多、涵盖面最广的一套专业教材。

“规划教材”的作者来自全国各地，他们大多是教育部、省级或校级的特色专业或重点专业的教授和副教授，执教的课程不少是教育部、省级或校级的精品课程或重点课程，多年研究讲授某一门课程，积累了丰富的教学经验和资料。此外，还有一些长期任职于旅游主管部门以及大型旅游企业的领导，他们具有丰富的管理实践经验。高等院校教师、行业主管部门专家和大型企业领导三方面的人才相互通力合作，将使用多年获得好评的讲义和多年的管理实践经验整理成书，这是编纂高校教材的一种新尝试，也将使这套教材更贴近旅游界的现实，更具权威性。

“规划教材”主要是为普通高等院校旅游学科，包括旅游管理、酒店管理、会展经济及相关专业的本科教学编写的，同时兼顾了民办高校、夜大学、网络教育、自学考试相关专业的教学需要，还可作为旅游企业高级管理人员培训教材、高职高专院校教学参考用书。我们真诚地希望旅游教育界的专家学者、使用这套教材的老师和学生及时提出批评建议，使其能够不断完善，更适应旅游教育改革的需要。

“规划教材”的编纂出版，得到了上海世纪出版集团格致出版社的大力支持。从选题的确定到书稿的修改，格致出版社提供了许多很有见地的建议，也得到了有关专家学者的鼎力相助，在此深表谢意！

夏林根

于复旦大学光华楼

目录

第一章

绪　论

核心提示

旅游美学是一门以美学基本原理为指导，研究旅游活动中的审美关系的具有高度实践指导意义的学问。要准确把握旅游美学的基本内涵，必须从研究的主要对象、范围和理论基础等方面入手。

学习要点

旅游美学研究的主要对象是审美关系，而审美关系主要包括人与物的关系以及人与人的关系。从美学视野审视上述两种关系，需要把握一个核心概念，那就是"情景交融"。

世俗人生很看重结果，而审美世界更注重过程。需要从过程的角度理解旅游活动的美学特性。

美学基本原理是旅游美学研究的理论基础。一般认为，美学的基本理论框架包括四个组成部分：美的哲学、审美心理学、艺术社会学和审美教育学。

我国自20世纪70年代末、80年代初以来，旅游业获得长足发展。旅游美学是受此旅游热潮的推动而建立起来的一门具有交叉学科特点的新学科。理论界对旅游美学的定义有一个逐步深入的认识过程。一般认为，旅游美学是一门实用性很强、从审美角度研究旅游的新学科。

为旅游美学做学术定位，首先必须弄清楚这门学科的基本内涵。简言之，旅游美学是以美学基本原理为指导，研究旅游活动中的审美关系的一门具有高度实践指导意义的学问。要准确把握旅游美学的基本内涵，必须从研究的主要对象、范围和理论基础等方面入手。

第一节　旅游美学研究的主要对象

旅游美学研究以旅游活动中的审美关系为主要对象。旅游活动中的审美关系主要表现在两大方面：首先是旅游者与山水风光、社会风情以及艺术化的人文胜景所构成的主客体间的审美关系；其次是社会领域中所表现出来的人与人之间所构成的互为主客体的审美关系。

一、客观世界、景观世界和审美关系

景观之美，美在主客体之间审美关系的缔结。正是这种特殊的关系，使得客观世界具有美的属性，与通常人们所说的客观世界有着重要区别。因此，我们必须从客观世界与景观世界的差异辨析入手，去认识景观世界的美学属性，进而理解和把握其与作为主体的旅游者所构成的审美关系。

（一）客观世界和景观世界

客观世界与景观世界有着重要的区别。不以人的意志为转移的客观世界，是人的理性探究对象。人凭借对客观世界的真理性认识和把握，能动地改造世界，从而在符合客观实践规律中，使外在的客观世界成为有利于历史进步和人民利益的生活环境。客观世界是一个外在于人的主观认识的世界。人类与客观世界的关系，是主体认识和把握客观真理的过程。人类在客观世界面前所表现出来的主体功能，就是在历史和社会所能提供的可能性的基础上最大限度地接近客观规律。

景观世界与原生态的客观世界有着本质的区别，它是一片和人有着密切联系的审美文化天地。景观世界渗透着许多人文要素，是与荷载着文化的特定人类群体实践活动密切联系的对应物。它将动态过程中展示出来的人类文化创造力和内

在精神文明，凝结在静态的（相对固定的）审美形象之中。因此，在广袤的世界里，惟有人能将自身的文化属性通过与之相对应的外在形式表现出来。松、竹、梅超越作为客观世界的植物属性，进而获得了与人相关的社会审美意义，江、河、湖、海超逸自然地貌，不仅构成人类物质生活不可或缺的环境要素，而且成为文人墨客吟咏的对象。从这个意义上说，以客观世界为载体所构成的景观世界，是人的世界，是人性、人情和人生的外在表现形式。人的审美文化因素介入与否，是分析客观世界与景观世界差异性的重要标志。

作为主体的旅游者在行游天下的过程中所面对的景观世界，除了自然胜景、山水风光之外，富有特色的社会风情、民俗风貌和地方风物亦可被当做景观来欣赏，那些造型美观、环境温馨、风格独到的酒店客栈也常常作为景观被青睐，甚至一些提供旅游服务的从业人员，其训练有素、形式规范的举手投足、一招一式，也能成为游客所喜爱的美丽图景。可以这样说，旅游系统的各个空间层面，乃至与旅游业相关的诸多方面的感观生活现实，都有可能成为游客的审美对象，从而构成广泛意义上的人与景观世界的审美关系。

（二）景观世界和审美关系

景观不同于客观事物的地方首先在于它与人的审美实践的联系。本源意义上的自然是非人工化、非人文化的，与人及其社会活动不发生任何联系。景观是相对于人而言的。与人没有关联，对人来说没有审美价值的一般事物，人们不会把它当做景观。

景观与人类有着密切的联系。美学层面的这种联系，就叫做审美关系。一般而言，人与环境这对范畴，因观察角度的不同而呈现不同性质的关系。第一是认知关系，人们把客观事物当做科学探究的对象，运用科学理论和手段，“去粗取精，去伪存真，由此及彼，由表及里”地认识和把握其内在规律；第二是伦理关系，人们用功利的眼光去审视世界，想方设法使之导向于造福人类的目的；最后是审美关系，人们既不束缚于科学分析时操作的逻辑性，又能摆脱狭隘的功利目的的心理束缚，而始终与对象保持一定的心理距离，不即不离，满腔热忱地沉浸在超功利的美感过程之中。在美感过程中，或情随景迁、或景随情移，彼此影响，相互生成，从而进入情景交融的曼妙境界。

在审美关系中，只有人才能运用善于审美的眼睛和耳朵去感受景观的形式美，全身心地领略景观的内蕴美。正是这种具体感性的景观审美活动，使景观所潜藏的美的特质由可能变成现实。比如,多少年来,九寨沟"养在深闺无人识",自然的美学潜能被埋没了千百万年。正是包括普通游客在内的审美世界之开拓者,使自然变成人们所钦羡向往的审美景观,变成让置身其中的游人流连忘返的游憩天堂。

(三)审美关系与审美能力

美因人而生,由人而成,景观与人的审美关系的建立依赖于人类一系列能力的发挥和显现。

第一,实践能力。审美关系的建立,是全部文明发展史的积极成果,是人类实践的积极成果。趋向于"真"、导向于"善"的实践,使"美"的形象获得深刻的本体内涵,使创造美的人所特有的本质力量得到充分的显现和感性的确证,从而为审美关系的建立奠定了主客体两方面的基础。

第二,经济能力。审美属于人的较高层次的需求。只有当人的较低层次的需求,如吃、喝、住、穿等物质需求得到满足之后,才有可能萌发诸如审美等较高层次的精神需求。

第三,情感能力。在现代生活中,由于人的物质生活更加丰富,经济收入迅速提高,使得人具备产生高层次追求的现实可能性。解除"后顾之忧"的文化社会模式,常常表现出由精神需要所激发的炽烈情感。"无情不成书",创作如此,审美也不例外。没有相应等级的情商,情感内驱动力不足,便丧失美感共鸣的内在呼应机制。爱美的天性只有和一定的情感能力紧密配合,具备类似于"见花落泪"的三分艺术性气质,才能更好地与外部审美景观世界相结合,从而构成审美关系。

第四,欣赏能力。有更高的自由与自觉的本质力量定性的人,在审美方面表现出多方面的能力,比如,对明快的感观色彩、线条、形体和音响的感受力,以生活经验为基础的由表及里的领悟力,乃至以发散性的形象思维为基础从而创造"形神兼备"的意象的想象力,所有这些也是审美关系构成的重要内因。

第五,诱导能力。对于旅游组织部门来说,要吸引游客对旅游目的地的相应景观产生美感,由此而留下美好的记忆,就必须采用诸如广告、导游、题款等文化性诱导的技巧手段,将游客引向审美关系的特定情境之中。假设游人并不熟悉李白的名诗《赠汪伦》而被突然引到安徽泾县的桃花潭边,也许会感到茫然,甚至产生疑问:这个水塘有什么好看的?而这时,导游是否具有相应的文学修养,就会对游客是否能够进入审美境界起到关键性的作用。将真正具有艺术价值并载入史册的文学艺术作品介绍给游客，其实是在借助彼时彼地名人的高素质心理定性，渲染审美气氛，构筑有利于游客进入特定审美的情境。

从审美的起点和终点上考察，审美关系的形成离不开审美对象，离不开物态化的感性审美形象的吸引。因此，构建美的景观，亦即创造景观的工作、使旅游资源转化为旅游景观的开发工作，就成了促使审美关系建立的先决条件。我们必须按照美的规律进行旅游目的地的建设，使得塑造美的景观的过程，能够导向于一个蕴涵着巨大内在魅力的静态结果，即能够经得起时间的考验而成为广为流传并具有长久审美生命力的文化产品。假如没有这类美的产品之介入，审美关系的建立将成为呓语或空谈。

需要指出的是，此时此地的游客也能成为景观美的创造者、开掘者。倘若沉醉其中的游客具有艺术创造的才能，将眼前的美景，经过一番个性化的心灵过滤，酝酿加工，通过特定媒体，如摄影、绘画、游记、音乐和舞蹈等得以再现或表现出来，就能影响之后的景观审美者，从而使今后不断发生人与景观之审美关系的建构过程。由此可见，彼时彼地的游客（历史）对景观形象的天才塑造成为此时此地游客（现实）景观审美的心理铺垫和背景。

（四）情景交融

通常，人们总是用“情景交融”来赞美诗意盎然的抒情性文学作品。其实，旅游审美同样是主观的“情”和客观的“景”的融合汇聚、交互影响。身处美景中，充溢着七情六欲的人，一般不会无动于衷。他们在自然山水等景观之美的感染之下，会情不自禁地陶醉和共鸣，或欣喜或狂欢，或感伤或兴奋。这种缘景而发的主体审美的心理波动，是旅游美学需要着力观照的重要对象。

“情景交融”归根到底是人类主观情感世界和人所面对的客观景观世界的一种默契和共鸣。如此共鸣默契的萌生迸发，起源于人与景观审美关系的建立。如前所述，人与外部世界存在着至少三种关系：认知关系（知）、伦理关系（意）和审美关系。惟有后者，才能把旅游者引向沉醉于山水景观中的美感境界。面对一潭碧水，我们可以从科学认知的角度去分析它的分子结构，可以从伦理角度去论证它对人类社会发展的功用，但惟独审美眼光诱使人们从中发现美的底蕴，衍生出多少诸如“高山流水”、“小石潭记”、“平湖秋月”之类的曼妙意象故事。为什么审美关系会将人类的心智引向一种非常特殊的甚至“只可意会，难以言传”的美感境界呢？在什么前提下，才能使心灵的触角向美感方向延伸呢？换言之，人与景所构成的审美关系具有怎样的先决性条件呢？这就是旅游美学所要留意探讨的问题。

二、人与物之间的审美关系

传统意义上的旅游，其直接目的是观光。观光活动所沟通的是两个方面：旅游者和旅游目的地。就后者而言，指的是广袤的景观世界。

景观世界所涵盖的范围很广，从根本上说，主要涉及物象世界和人类世界两大方面。就物象而言，凡是具有美学价值的自然化山水风光、人文化居所风景，都被纳入旅游者所关注的审美领域。

（一）山水审美

在中国古老的美学词典中，有一个更带有华夏文明色彩的词汇，那就是山水。我们这个“诗国”中的相当一部分“触景生情”的诗篇，都被称做山水诗。一部中国游记文学史，其发展演变“构成了一部形象丰富的中国精神文化运动史”①。以山水来拟代内涵更为广泛的“景观”，有着深刻的历史文化根源。简言之，它体现了“阴阳相契而成宇宙”的传统哲学观念。山为阳，水为阴。作为阳刚美典型的“山”和作为阴柔美范例的“水”构成我们生活的这个世界的基础，构成人类生活的“根”。正因为如此，中国山水文学所沉淀和凝结的，是中国人根深蒂固的自然生态美学观。它是正在伴随当代人走向未来的具有博大生命力的传统智慧。也正因为如此，我们的旅游美学研究的主要对象之一，便是以自然山水为基础和主体的景观世界。

（二）居所审美

“人诗意地栖居在大地上”，荷尔德林的名句不胫而走，如今已经成为人们描述栖居理想境界的热门用语之一。我们的生活环境，无论城市还是乡村，除了与山水自然相关，还少不了日常居所。从栖身山野洞穴，到住进设计建造的房屋，这是与人相关的物质文明程度提升的重要标志。古往今来的旅游者醉心于游山玩水，其间，总不会忘记在制作精巧、造型美妙乃至于意味深长的居所前驻足欣赏，甚至于对有着“凝固的音乐”美誉的建筑形象予以经久流连和持续玩味。有研究对苏州园林的建筑纹样、室内装饰及家具陈设风格以及砖雕、堆石、石桌石凳等建筑小品的美学意味，做了具体生动的铺陈、渲染和介绍。其中，特别指出“苏州园林较少礼

---

① 梅新林、俞樟华. 中国游记文学史. 上海：学林出版社，2004：28.

数、正襟危坐和装腔作势，更多的是文人自由式的布置”①，更是一语道破江南园林的审美个性。与人类居所环境休戚相关的建筑（乃至于以居所为主体的整个硬件环境），作为艺术化的人文景观系列的主体，是旅游美学研究的重要对象。

三、人与人之间的审美关系

旅游美学所研究的主要对象，除了作为审美主体的旅游者与以山水风光为主体的景观世界之间的关系外，还需要研究人与人，特别是旅游者与旅游从业人员的审美关系。

（一）游客与旅游地民众的关系

旅游业是全社会都需关心、参与的一项文化性的经济产业。我们只要设想一下旅游的全部过程就可以发现，全社会的精神文明面貌和水准，将会在多大程度上左右着旅游业的健康发展。当旅游者走出家门，借助一系列交通工具，缩短住地与旅游目的地的空间距离时，正好处于温馨的家庭“安乐窝”与美丽的旅游景点之间的社会大环境中。这时，一些诸如空港、车站之类的所谓“窗口”单位的服务，就会先入为主地给游客造成心理影响。这种影响，有时是正面的，因而奠定整个游程愉快欢乐的基调；有时是负面的，就给之后的旅游蒙上了心理的阴影。旅游景点景区地居民的文明水准，作为社会形象直接映入游客的眼帘，或者在直接的社会交际过程中被真切地感受到。在遇到外地游客问路、搭车、寻找住宿等情形时，当地居民是否能怀有一种“东道主”的友好情怀，给予真挚实在的帮助，就成为衡量旅游目的地社会美水准的一把简单却有效的标尺。

（二）游客与游客的关系

俗话说，“在家千日好，出门一日难”。这表露的是过去人们对离家远游时的鞍马劳顿，尤其是因人生地不熟所产生的恐惧心理。这些想法在当今大众旅游热潮迭起的时代渐趋消失，其重要原因之一，就是社会整体文明水准的提升，即使遇到困难，大都能得到热心人的帮助，出门不再是想象的那样艰难。这里所说的社会整体文明水准的提升，重要的表现形式就是游客与游客之间的关系，尤其是陌路相逢的游客间的关系。虽然不能绝对排除会遇到不尽如人意的情境，但旅途中游客之间的互助和照应、彼此理解和宽容以及相互青睐和欣赏，正越来越多地出现在旅游活动中，甚至留在每个人的美好生活记忆里。旅游过程中的这类值得褒奖肯定的

---

① 居阅时. 庭院深处——苏州园林的文化含义. 北京：生活·读书·新知三联书店，2006：6—101.

社会图景，便是我们所推崇的游客与游客之间以和谐为主旋律的审美关系。有过丽江旅游经验的游客不难发现，这个玉龙雪山下洋溢着祥和气氛的水乡古城——“笑迎四方客的和平之城”①，作为“亲情、友情和爱情”的天堂，真的名不虚传。在丽江摩肩接踵的街头，并不相识的游客之间好像少了很多大城市里陌生人之间司空见惯的相互戒备，遇到困难（比如相机出了问题）时，即使未开口求助，也很容易遇到主动热心排忧解难的高人；即便是独行客，也很容易在某家酒吧邂逅不无“知音”意味的朋友，彼此倾心相诉。从某种意义上说，如此赏心悦目的社会公众场合所展现的人际关系图景，是丽江旅游吸引物的重要组成部分，抑或是游客所热衷于置身其中并感受其温馨祥和魅力的动因。

（三）游客与旅游从业人员的审美关系

旅游系统“输出”的最为关键的产品是服务。当代旅游服务所扮演的，不仅仅是满足人们日常物质生活需求的角色，比如，只是给因旅途劳顿而疲惫不堪、饥肠辘辘的游客提供食物，这是远远不够的。旅游服务的高级功能，是为游客提供与人性升华相联系的精神享受，因此，单纯满足人的物质需要的饮食，就变成了讲究色、香、味、形的“美食”，提供餐饮服务的工作人员（尤其在星级宾馆里）必须笑容可掬，包括身材容貌、衣着服饰在内的个人形象，必须自然协调并且与温馨的氛围相吻合。这时，旅游从业人员在旅游者的心目中，就成了审美的客体，其符合形式美要求的言行举止、服务态度和服务技能，就构成一幅美妙的图画，给人们带来无尽的精神享受。

高质量的服务作为旅游系统的“软件”，对于旅游业来说起着至关重要的作用。没有超一流的旅游服务，就没有超一流的旅游享受。哪怕游客住在五星级大酒店，倘若酒店服务不到位，也不会产生好的兴致。因此，旅游服务必须要做到优质高效超一流。按照国外酒店业的说法就是，需要把 Good Service（良好的服务）变成 Great Service（卓越的服务）。旅游美学所推崇的美的规律，包括形式美的规律，将帮助我们解开疑窦、诠释困惑。旅游美学理所应当担负起这样一种责任，帮助建立符合美的规律的旅游服务操作范式。比如，针对酒店服务人员礼仪风范的培养和训练，旅游美学可以提出一系列的指导性意见，设计出一整套让游客赏心悦目的行为程式。而这种战术性的构想，都将指向一个核心——旅游者和旅游从业人员审美关系的建立。旅游美学要探索的，正是旅游服务形象如何才能达到本源意义上

① 庄志民等. 古道西风瘦马——丽江的人文历史. 上海：上海科学技术文献出版社，2009：143.

的"尽善尽美"，旅游从业人员怎样才能在建立上述审美关系中起到主导作用，通过"宾至如归"的服务态度，"游刃有余"的服务技巧，促成旅游者萌发悦耳悦目、舒心惬意的美感体验。

第二节　旅游美学研究的基本范围

旅游美学研究的基本范围是旅游和旅游业。旅游与旅游者的切身利益和感受有关；旅游业与旅游企业的切身利益和发展目标有关。

当社会的经济文化发展到一定的水平之后，除了必要的社会劳动时间以外，人们有了足够的闲暇时间。当大家由于具备了种种外界条件而萌发了强烈的出游动机时，旅游就自然而然地出现在普通老百姓的日常生活空间。那么，旅游究竟意味着什么？旅游是如何发生、发展起来的？旅游将给人类的生活带来怎样的变化？诸如此类的问题是研究旅游美学时首先要解决的。

一、旅游

首先，必须回顾一下通常对于旅游本质属性的理解。何谓"旅游"？从字面上看，"旅"是离其本居而寄居他方，"游"即遨游，是指无事闲暇而游览他方。

现代旅游以"旅"为手段，以"游"为目的。"行旅"意味着旅游者空间位置的移动，这样的位移，归根到底，是为了到达旅游目的地去进行与自己的意愿情趣一致的游憩游览。

旅游一词中的"旅"，或凭借自己的体力，或借助交通工具，它是沟通旅游者的长久居住地和旅游目的地的桥梁。一般而言，当代旅游者很少以徒步旅行为手段来达到"游"的目的，通常是借助各种交通工具（比如火车、轮船、飞机）到达旅游目的地。旅游者对出游的交通工具的要求一般是：快捷、舒适和经济。

通常人们总是说，"旅要快，游要慢"。旅行的时候，要的是迅速快捷，以便节约时间。因此，只要经济条件允许，人们尽可能选择所谓的"便捷交通工具"。游览的时候要尽量闲然自得，避免"囫囵吞枣"，避免因过于匆忙而走马观花，茫茫然无所收获。作为旅游项目的策划者，则必须适应旅游者"游要慢"的特点，通过种种精巧的设计，使得游客于不经意间延长逗留时间。这是一举两得的做法：于旅游者，可以增进游览情趣，得到更多的精神享受；于经营者，则可得到增加营业收入的机会。

据有关记载，旅游古已有之。大约在公元前 4000 年左右，苏莫人（巴比伦人）发明了货币，贸易交往随之兴起，旅游的新时代也就开始了。在中国的古代传说中，曾出现过一位地位最高的“旅游家”周穆王。连西方现代旅游发展史家都把中国描绘成一架“苍穹之下载着他的双轮马拉战车”，穿过戈壁向北去拜见西王母和红鸟之乡，因为那儿有著名的玉器和美丽的姑娘。①

现代旅游最初盛行于西方世界。西方学者对它做过不少研究，并曾给旅游下过不少定义。其中，瑞士教授汉泽克尔拉普的定义有一定的启发性：“旅游是非定居者的旅行和暂时居留而引起的现象和关系的总和，这种人不会导致永久居留并且不从事赚钱的活动。”②

汉泽克尔拉普关于旅游的定义有这样几点值得注意：第一，旅游者离开自己的长久居住地而到其他区域去旅游是暂时的，换言之，旅游者在旅游目的地的停留是阶段性的，而非永久定居。第二，旅游者出游必须以一定水平的消费为支撑。以赚钱为目的的商业动机驱使下的旅行，原则上与本源意义上的旅游有着根本的区别。旅游学中所说的“商务旅游”，其本意是说，旅游者的成分是商人，他们离开居住地到达某地主要是为了从事商务活动，兼及观光游览。前者的目的是赚钱，后者既然是旅游，当然要消费，而这种消费是为了得到优质的服务，得到因品赏美景而萌生的舒畅欢悦的心理享受。第三，旅游所涉及的是“一种现象关系及其总和”。它说明旅游所具有的高度的综合性质。旅游与整个社会的各个方面，如交通运输业、餐饮服务业、银行金融业、市政建设和社区建设等，都有着千丝万缕的联系。

显然，上述定义突出了旅游的综合性，但是，它并没有说清楚旅游活动的本质属性，即旅游活动的目的和性质。旅游的目的和性质可以从四个方面来认识：第一，旅游是社会发展中的一种必然现象；第二，旅游是现代人们物质文化生活的一个有机组成部分；第三，旅游有益于修身养性、陶冶情操；第四，旅游是以经济活动表现出来的具有高度文化内涵的综合性社会活动。

从更为全面准确的意义上说，旅游是以寻求新的感受为目的，暂时离开长住地

---

① [美]罗伯特·麦金托什等. 旅游学——要素·实践·基本原理. 上海：上海文化出版社，1985：17.

② 杨时进、江新懋. 旅游概论. 北京：中国旅游出版社，1986：2.

的物质享受和精神享受相结合的动态生活流程，它是在一定社会条件下的综合性的社会经济文化活动。

二、旅游业

除了旅游，我们还有必要考察一下旅游业。旅游学的直接对象是旅游活动。旅游活动与人类文明在总体上呈现一种同步发展的正比例关系。即，在人类文明的初始阶段，已经出现了萌芽状态的旅游。随着人类文明程度的提高，旅游也越来越普及，旅游范围也就越来越广泛。

旅游业在这半个多世纪以来，由于交通运输通讯业的发展和人类经济文化水平的提高，在全世界许多国家和地区得到了长足发展。在我国，旅游业亦是一项方兴未艾的事业。越来越多的寻常百姓在闲暇时间出游，到风景名胜区去观光赏玩。旅游已经成为我国人民文化生活的一个很重要的组成部分、成为蒸蒸日上的朝阳产业、成为发展地方经济的新的生长点。为了顺应旅游业收入在整个产业体系中所占份额迅速增大的世界旅游发展大趋势，我国许多省、市、自治区，都不约而同地把旅游分别定为“支柱产业”、“创汇产业”、“先导产业”，将其当做发展地方经济的新增长点。

旅游日益成为提高人民生活质量的重要因素。无论是走在希望的田野上的农民，还是在四个现代化的过程中唱主角的都市民众，一旦经济生活逐步进入小康，人们就会萌发强烈的出游动机，将旅游当做调整心态、修身养性的消遣对象。

旅游逐渐发展成为加强各民族沟通和了解的重要渠道，成为促进区域经济合作和交往的辅助方式。所谓“旅游搭台，经济唱戏”的做法表明，地方经济的发展，越来越依赖于包括旅游在内的刺激人流、物流、资金流的社会活动。

三、旅游学

“实践出真知。”旅游实践的发达促使旅游学的诞生。尽管还不能说，旅游学已经成为一门成熟的学科，但诚如一些学者所说，“作为正在形成的边缘学科，它涉及美学、心理学、经济学、管理学、社会学等领域”①。可见，研究者们现在已经认识到旅游学与美学的交叉关系，在列举诸多与旅游学相关的学科时，把美学放在首位是一个非常值得注意的问题。

---

① ［美］罗伯特·麦金托什等. 旅游学——要素·实践·基本原理. 上海：上海文化出版社，1985：1.

从理论的层面来分析一下旅游学所面临的现实环境——作为过程的旅游业，显然是十分重要的。国外有学者对旅游业所下的定义是："在吸引和接待游客与来访者的过程中，游客、旅游设施、东道国政府和接待团体的相互影响，所产生的现象与关系的总和。"①由此可见，旅游作为一种行业，是一个"吸引和接待游客和来访者的过程"。我们应当深入探索和思考"过程"这一旅游美学时刻关注的关键词。

旅游活动通过提供旅游审美对象和旅游服务产品来介入上述"过程"。景观世界是旅游活动中旅游者所追慕的对象。当然，只有旅游才能使景观的美由可能变成现实。但景观是旅游活动作为一个过程真正得以发生的根本基础。同时，也正是景观审美的出现，才将旅游和通常的旅行区别开来。旅游者的"旅"是为了"游"，为了在美丽动人的景观世界之中得到曼妙的享受。而旅行则可完全不必理会目的地是否值得观赏和品味。因此，旅游业必须建立在有着足够审美吸引力的旅游景观基础之上。此外便是接待。接待涉及硬件和软件两个方面。就硬件而言，与旅游宾馆饭店和商店等旅游设施有着特别密切的联系；就软件而言，与旅游从业人员的服务联系紧密。前者涉及人和物的关系；后者涉及人与人的关系。从美学角度上看，无论是人与物还是人与人，都应当表现为审美关系。作为审美关系的双方，必须处于一种和谐统一而非对立冲突的状态。

综合来看，旅游是与大众生活方式息息相关的一种具有经济文化意义的社会活动，旅游业是受旅游目的地的诱导的旅游者与旅游设施、旅游服务的综合协调过程中发生发展起来的，其业态的推进者是政府、企业和相关组织。旅游学研究的任务之一，就是研究作为需求方的旅游者与作为供给方的旅游业彼此互动的发生机制。美学则着重阐释上述发生机制的审美关系及其正价值的审美效应。

第三节　旅游美学研究的理论基础

美学基本原理是旅游美学研究的理论基础。一般认为，美学的基本理论框架

---

① [美]罗伯特·麦金托什等. 旅游学——要素·实践·基本原理. 上海：上海文化出版社，1985：12.

包括四个组成部分:美的哲学、审美心理学、艺术社会学和审美教育学。

一、美的哲学

有关专家认为,美的哲学是从哲学角度对美和艺术的探讨,在20世纪以前,它基本上是西方美学的主干。在美学史上占据最为显赫地位的,常常是哲学家。美学史上最为重要的理论,常常是从哲学角度提出的美的理论或对美的阐述,例如柏拉图、康德、黑格尔、马克思、克罗齐、杜威等等。这种对美和人的哲学思辨,构成了随时代发展变化的人类学本体论。这种思辨,将永远随时代而更新,人的永恒存在,将使人的这种自我反思——哲学永恒存在,将使美的哲学探索永恒存在。①这种以人为中心的哲学美学将有助于我们思考这样一些问题:旅游的美学本质是什么?人们为什么要去旅游,在“游山玩水”的背后,在“潇洒走一回”的轻松愉快的出游动机背后,究竟隐含着怎样的人类形而上的深层精神追求?走入寻常百姓家的旅游作为一种新的个体生命存在方式,将对人类生活艺术化进程产生怎样深远的影响?

二、审美心理学

“如果说,美的哲学只是美学的导引和基础的话,那么审美心理学则大概是整个美学的中心和主体。”著名美学家李泽厚认为:“目前美学还完全处于前科学的不成熟阶段,审美心理学正是促使美学走向成熟的真正科学的路途。”②审美心理学运用诸如格式塔心理学、弗洛伊德心理学等基础理论,透视美的形象所诱发的犹如行云流水般的美感心理状态。审美心理学强调,美感萌生的内在原因是作为共同人性的审美心理结构,而审美心理结构是人类所创造的内在的精神文明极为重要的组成部分。以探究人类审美心理奥秘为己任的审美心理学将有助于我们思考这样一些问题:旅游者的出游动机是怎样受到审美心理结构的影响进而促成旅游抉择的?旅游者面对美的景观世界所产生的美感心理过程有些什么特点,旅游业(比如旅行社的导游、旅游促销广告等)怎样才能适应和诱导旅游者的审美心理、满足其旅游审美需求?旅游者的审美形式感的产生具有怎样的内在心理原因,它对于旅

---

① 李泽厚.美学的对象与范围.美学(第三期).上海:上海文艺出版社,1981:13—15.
② 李泽厚.美学的对象与范围.美学(第三期).上海:上海文艺出版社,1981:8.

游环境之美的创造，将会提供怎样有益的启示？

三、艺术社会学

同审美心理学一样，艺术社会学是构成今天的美学大厦的重要部分。社会生活是艺术的唯一源泉，作家艺术家总是处于一种真实的、特定的社会环境之中，其内在创作潜力和冲动，总是和外界社会条件联系在一起，艺术创作富于个性，但归根到底是一种社会行为。同时，艺术一旦产生就会对社会产生或积极、或消极的影响，艺术所反映的人类理想和规范，有助于促成社会创造新的习惯、道德、思想方式和生活方式。因此，艺术社会学注重研究艺术和社会的"互动"效应和机制。①国内有学者进一步认为，作为成熟的艺术社会学，不单纯像丹纳的《艺术哲学》那样，仅仅对产生艺术的"种族、环境、时代"做考察和描述，而应"把研究的重点深入到对特定社会历史条件下的艺术与特定的审美态度、审美感受和审美理想等因素的关系上……把艺术品、艺术史艺术批评作为审美对象的存在、历史和鉴赏来对待和研究。其主要目的是要弄清某一时代的艺术之所以美的道理，比如，为什么那些在我们看来不美的艺术，当时当地的人则视为美的；我们现在看上去很美的艺术品，当时当地的人则视为一种工具，等等"②。

在研究的方法上，20 世纪 60 年代以姚斯和伊瑟尔为代表的德国康斯坦茨学派所创立的"接受美学"理论是值得借鉴的。这种理论认为，艺术之美由可能变成现实，取决于审美者的接受过程。艺术"文本"具有未定性，是一个多层面的、未完成的图式结构。其存在本身并不能产生独立的意义，而意义的真正实现要靠审美者感同身受的"解读"。因此，艺术是艺术家和审美者的共同创造物。艺术社会学从表面上看起来，似乎与旅游美学并没有密切联系。其实不然，两者之间的联系至少表现在：作为旅游活动的恒久型社会效应，旅游文艺作品（比如山水诗画）以及相关的文化典籍，其美学魅力的阐释直接需要乞援于艺术社会学理论。钻研艺术社会学，将有助于我们解开许多疑惑：为什么陶渊明时代能面对山水吟咏出诸如"采菊东篱下，悠然见南山"的佳句，而现代人则不能？为什么同样是反映游历羁旅，李白的诗篇呈现飘逸的气韵，而杜甫的则流露沉郁的襟怀？为什么中国传统的哲学智

① [匈]阿诺德·豪泽尔. 艺术社会. 上海：学林出版社，1987：35.

② 滕守尧. 艺术社会学描述. 上海：上海人民出版社，1987：30—31.

慧融于极为浓郁的自然氛围里，玄妙的理趣，深奥的意气，自然而然地化为巍巍峻岭、潺潺溪流、幽谷鸟啼、巫峡猿鸣、苍天鲲鹏展翅九万里、石潭游鱼戏水逍遥游？如此艺术型文化产品将对当代人类的旅游（特别是回归自然游），以及当代人类的旅游审美心理动因，产生怎样的建构性意义？从本体论的层面分析，旅游是人生艺术化的一种前导形式，换言之，旅游是一种生活的艺术，那么，这种用步履写下的生命诗篇，与社会历史文化之间，具有怎样的内在隐秘关联以及互动关系？旅游将会以怎样的方式促进人类内在精神文明的建构，以美引真，以美导善？

四、审美教育学

美学研究的最终目的是帮助人类美化客观世界和主观世界。就后者而言，这种美学目的的实现依赖于审美教育学的实施。教育的使命在于培养能自由地运用规律造福社会的人，审美教育学的任务是通过提供美的刺激，诱导美感的产生，使受教育者在如沐和风、如浴细雨的情思陶冶过程中，建立"蕴于内而形诸外"的合目的性、合规律性的人性格局。这种美育过程，被有关专家称为"立美教育"。意思是说，审美教育以美的形象诱导为手段，以美感心理运动为中介，在犹如"随风潜入夜，润物细无声"地把"杂多导致和谐"的有序化美感滋养熏陶下，使受教育者的能动活动形式，具有合乎"真"的内容成为"科学美"，具有合乎"善"的内容则成为"社会美"。德国美学家席勒早就指出："要使感性的人成为理性的人，除了首先使他成为审美的人，没有其他途径。"①为尘世的感性琐屑束缚的人，只有在审美教育中经受精神的洗礼，才有可能产生超越，升华而进入理性的王国。因此，审美教育使得普通的人在哪怕纯粹自然状态中生活，在日常的"柴米油盐酱醋茶"的浸泡中，在"锅碗瓢勺"交响曲的熏染中，也能受到美的规律支配，创造一派美的天地。

人类在漫长的历史进程中，产生了总体的种系的审美心理结构，个体则经过一定的教育、特别是审美教育过程，将历史形成的美的图式结构，在个性化的心理空间建立起来。后者作为艺术教育学的伟大使命，同时也为旅游美学的感性显现，即在实际旅游过程中得到完满展示，提供可靠的保证。人是社会的主体，是社会领域中发生的旅游活动的主体，是最终使旅游成为实现人生艺术化目标的根本载体。倘若旅游者毫无审美的动机，倘若旅游者严重缺乏审美的能力而不幸成为"美盲"，

① ［德］席勒．美育书简．北京：中国文联出版公司，1984：116．

倘若旅游者一点也没有意识到旅游审美与自身的人性升华和个性美化之间存在的互动关系而没有沉醉于景观世界的心境，旅游的美学意义就不可能得到最终体现。从旅游业的基础——旅游服务上看，美的旅游环境需要人、尤其是旅游从业人员来创造。我们无法想象旅游从业人员对美浑然不觉、对美的形式反应迟钝、对美与自身形象品位之间存在的休戚相关的联系没有起码的认识。正因为如此，审美教育学对于旅游企业的员工培训所能起到的重要作用，正在为越来越多的旅游主管部门所重视。

五、美学研究的过去、现在和未来

由美的哲学、审美心理学、艺术社会学和审美教育学的结合而组成的美学大厦，建立在犹如“沉积岩”般深厚的美学思想发展历史的基础之上。从古希腊的柏拉图对“美”和“美的”之间的区别所做的深刻思辨，从中国春秋战国时代的孔子信奉的“美善相乐”观念，就可以发现，美学的智慧光芒早在人类文明发展的童年时代就熠熠生辉。一部《西方美学史》，一部《中国美学史》，其内在的丰富思想养料，涵养了远不止一代人。它们是全人类的共同财富，如同一棵枝繁叶茂的大树，扎根于邈远的历史沃土，得益于历时性行进中的当代雨露阳光的滋润，同时努力向无限光辉灿烂的未来苍穹伸展。

然而，美学作为一门学科，相对于哲学等，却只有200余年的历史。1750年德国哲学家鲍姆嘉登出版了一本被称做《美学》的著作，此书成了美学登上学科殿堂的奠基作，鲍姆嘉登也就此成为“美学之父”。在此之后，出现了哲学美学巨子黑格尔，审美心理学泰斗康德，审美教育学开山祖席勒，艺术社会学的创始群体丹纳、沃夫林、豪塞尔、普列汉诺夫等，他们的传世巨著成了美学研究的经典。马克思的《1844年经济学哲学手稿》则从历史唯物论的实践理性角度，对美学规律、自然的人化、美的本质和人的本质之间的关系等，做了深刻的、极其富有启发性的阐述。19世纪末20世纪初，西方的美学经过王国维、蔡元培、鲁迅等一代学术宗师的鼎力译介和推崇研讨，在我国理论界得到较为广泛的传播，从而与中国古老的美学传统一起，成为美学研究的学术基石。由朱光潜、宗白华领衔挂帅的北京大学成为我国现当代美学研究的重镇。20世纪50年代的美学大讨论，使这门对于中国人来说略显陌生的学科，至少在哲学、社会科学界成为学术研究的焦点之一。20世纪80年代带有群众性的“美学热”，把原本属于理性世界的美学，引向与千百万人民的生活密切相关的感性大地。那时的一本美学著作，销量动辄几十万，读者购阅场面之火爆，至今谈起都难以抑制内心的兴奋。现在的美学研究，从表面上看，似乎趋于沉寂，但如果深入探察就可以发现，它至少出现了两个不容忽视的特点。第一，一批执着于美学研究的学者，从对古今中外美学著作的学习宣传介绍，转向深入研究之后的探索性创造性主体理论建构；第二，美学向人类日常生活的一切领域渗透，出现了技术美学、装潢美学、爱情美学等不胜枚举的实用美学分支，旅游美学也是这种美学理论尘世化趋向中的产物之一。

显然，美学作为一门生命力极为旺盛的学科，所表现出来的学科交叉渗透特性，以及独特透镜功能，使旅游美学得以摆脱拘泥于感性现实而难以洞悉文化底蕴的狭隘视阈，成为对旅游和旅游业进行审美观照的有力工具。

第二章

自然景观世界及其审美

核心提示

在景观体系中，自然景观占有格外重要的基础性地位。自然景观是整个人类文明世界的根基，在某种意义上也是人类文明的归宿。从走向21世纪的人们日益萌发回归自然热望这一点上，便可以看到自然美所具有的巨大牵引力量。因此，自然审美对于人类的诗化生活境界之追求具有重要意义。

学习要点

自然景观世界涉及的范围很广，包括地貌、水体、太空、植物和动物等，均在旅游者的自然审美视域之内。

作为有修养的旅游者，需要具备感悟各类自然景观的审美能力，进而产生结合自身的审美经验对自然景观所诱发的美感进行描述的能力。

从推进旅游业发展的角度，需要特别关注旅游目的地的建设中如何充分发掘自然景观之美的特性的问题。

在对旅游之美进行深层的本质探索之前，有必要首先从现象出发，运用审美的眼睛和耳朵，审视和扫描大千世界的种种美妙景观，发掘内蕴的审美意味和情趣。

所谓自然景观，指的是非人工创造的、天生的、具有审美特性和旅游吸引力的无机或有机的物象形态。社会生态学告诉我们，人类生活所处的环境可以分为物理环境、生物环境和社会环境。自然景观所涉及的是无生命的物理环境和生命世界的生物环境。因此，对自然景观世界的考察，也就主要围绕着无机的地貌、水体、太空和有机的植物、动物来进行。

第一节　地貌之美

地貌，或地形，即地表的形态，是地球内力和外力长期作用的结果。一般来说，内力作用使地表趋于起伏，外力作用使地表趋于平坦。地貌按照常规分类，可以分为平原、盆地、高原、丘陵和山地。

山地之美特别引人注目，因为山地相对来说受人类改造自然的实践力量影响较小，较多地保留了原有地貌，显现的是原生态自然的质朴美。此外，山地空气清新，负离子含量高，有利于人类健康，特别适宜平时从事脑力劳动的旅游者。

地貌按照成因分类，可分为岩溶地貌、黄土地貌、丹霞地貌、风沙地貌、火山地貌、冰川地貌、海岸地貌等。各种地貌形态各异，美学风味迥然有别。在国际上被称做喀斯特地貌的岩溶地貌，能够形成诸如石笋、峰林、奇石、异洞等构成的景区，在国内负有盛名的岩溶地貌构成的旅游区有广西桂林漓江七星岩、浙江的“瑶林仙境”、江苏宜兴的善卷洞等。黄土地貌的美学价值在于其所体现的中国古文化摇篮的苍凉、质朴、浑厚的风情。古城西安及周边地区便是以黄土地貌为自然背景的地区。被称做道教祖庭的龙虎山，阴阳相契而生宇宙，浑然坐落在丹山碧水间的江西鹰潭，是典型的丹霞地貌。我国著名的敦煌壁窟则在大西北茫茫沙海之中，那里曾是古代“丝绸之路”穿过的地方。火山活动是一种自然灾害，但是，一些喷发平和或已经停止喷发的火山，却成为十分吸引人的旅游资源。日本的富士山成为其文化精神的一种象征；我国五大连池的天然火山博物馆成为人们一睹自然之壮观的观光场所。极地冰川成为少数国家得天独厚的旅游资源和拳头产品。漫漫长夜中的晶莹世界冷冻着沉睡的自然伟力，给探险旅游者以莫大的精神鼓舞和刺激。海岸线上的沙滩和海浪侵蚀形成的岩滩、海蚀穴、海蚀崖、海蚀柱等，都具有较高的观赏价值。

仔细品赏地貌景观所呈现的美，它们所具有的审美文化内蕴是极其意味深长的。

一、岩石之美

无论在山地，还是在海边，映入人们审美视野的，往往首先是以其质地、色泽（在光线作用下）、纹线形态等形式美因素取悦于人的岩石之美。岩石的质地直接决定其美的格调，花岗岩的粗犷、汉白玉的典雅、水晶石的玲珑剔透，无不与石头的质地有关。石头的色泽在渲染美的情思上也起着重要的作用。丹霞地貌的红石、石灰熔岩山洞的白色钟乳石，因其色泽的区别而给人带来审美感受的差异：红石显得热烈，白石显得纯洁。热烈的红石所诱发的情思往往因人而异。新疆吐鲁番火焰山的褐红色石头，曾经激发过《西游记》作者吴承恩的炽烈创作灵感。孙悟空借得铁扇公主的芭蕉扇之后，与火焰山的那番较量，或许就得益于对红石的审美感知。

石与人类的生存和繁衍息息相关。人类早年经历了一段漫长的石器时代。那时的人类把石当做生活中不可缺少的生产工具，也把石当做最早的装饰物品。“女娲补天”、“精卫填海”等远古神话，更是赋予顽石以灵性，由此而萌发石崇拜心理。如今人们的赏石之风以及石崇拜，或许也内蕴着一种对于人类先祖的深深敬畏。

作为“国粹”的中华奇石文化有着悠久的历史和深厚的内涵。我国从明代开始，奇石就被绘成图谱编入《四库全书》。画石、咏石、赞石的杰作层出不穷。有关研究显示，我国最早的一部诗歌总集《诗经》已有了玩玉赏石的记载。到了唐宋，赏石之风日盛。唐代的白居易、宋代的米芾都有爱石的癖好。米芾的《渔阴公石谱》，甚至提出相石四法：“瘦、秀、透、皱”，以此来鉴别石之优劣。清初的石涛、石溪、石谷等中国山水画家，将山石当做主要描写对象，成为古代爱石一族。现代著名画家傅抱石以石涛为师，给自己的画室取名为“抱石斋”。曾有评论说：“傅抱石得石涛妙谛，自创抱石皱法，熔乱柴斧劈点染于一炉，造成深邃的意境。”文人墨客的赏石爱石风尚，是当代普通旅游者进行岩石审美活动的典范样例。

岩石赖以传导美感的最重要形式是其千奇百怪的造型。造型有具象和抽象之分。天地造化，使得石头获得一种或具象或抽象的造型美。岩石的象形之美，指的是岩石本身的形态与人们的生活经验的高度相关性而形成的审美形态。比如，黄山的“四绝”之一便是“怪石”，其石之所以称做“怪”，是因为天地造化、鬼斧神工使一块块山岩，或像“喜鹊登枝”，或像“倒挂金靴”，或像“仙人下棋”，或像“金鸡叫天门”，或像“猴子望天平”……诸如此类的审美现象还可以在三峡的神女峰、云南石林的“阿诗玛”等处见到。

经验型的中国传统思维特性决定了象形石之美具有广泛的群众赏玩基础。除此之外，抽象的石头造型也很能博得具有高雅审美品位的人们的好感。明末清初的戏曲评论家李渔是一位嗜石成癖者，他从江南地区众多的园林奇石中，品评出三座石峰：以“透”见长的太湖石“瑞云峰”，丰润富态，现存于苏州市第十中学内；以“漏”闻名的太湖石“玉玲珑”，秀雅灵巧，现存于上海的豫园内；以“瘦”著称的英德石“绉云峰”，风姿绰约，现存于杭州苗圃。这类名石看上去很难说像什么，其美妙之处在于抽象造型之中渗融的富有特色的情韵。更有行家从象征角度发掘岩石造型之美的内在意境。石头的历史久远，使它成为一种长寿的象征，雅称为寿石；石头生性沉静，不随波逐流，却很容易在呵护中显温润之态，被借称于朋友之间的牢固友谊，所谓“石交”、“石友”；石头的坚硬如铁，常让人比德于石，所谓“石可破，不可夺其坚”。

有些体量巨大的石头，往往给人造成惊天地、泣鬼神的恐惧、诧异、尊奉、崇拜交织的复杂审美感受。从普陀山的“心字石”到海南三亚的“天涯海角”；从黄山的“飞来石”，到浙江绍兴吼山凌空兀立的奇石，都能传导一种宏阔、凌厉、博大、峻峭的气势。这对于生活过于安逸的当代旅游者来说，是一种求之不得的互补性心理体验。

倘若貌似天然的石头，在形式格局上显示某种不可名状的精巧安排，就会让人想入非非，在难以自圆其说的猜测中无端地滋生难以言尽的神秘意味。英国索尔兹伯里平原北部，挺立着两层围绕着中心祭坛环状排立的巨石柱林，石柱高 5 米至 7 米不等，双柱顶一梁，每根石梁重约 30 至 50 吨。据同位素测定，为距今 5 000 多年至 3 000 多年前陆续建成的远古建筑遗迹，其真实用途和意义成了难以考查的自然之谜。在现代人的眼里，这些奇怪地排列组合的石柱，成了“有意味的形式”，成了不无神秘意味的自然雕塑。有一位名叫霍金斯的天文学家经过研究发现，那些巨石的排列方式，隐含着可以用来确定节气的天文历。诸多石头互相连接而成的直线，分别在立夏、冬至或别的节气时，指向太阳和月球升起或降落的方向。此外，太阳光或月光穿过由石柱构成的一扇扇“石门”或“石窗”时，也标志着历法上的某个时刻。霍金斯甚至发现，这个巨石阵是一台可以用来计算日、月食周期的模拟数字计算机。他的结论不仅轰动了考古学界，而且引起了计算机科学家的巨大兴趣。更重要的是，这一结论促使众多游客愈加增添了前往探奇观览的浓厚兴趣。

需要指出的是，由于石头的审美价值带动了石头的收藏价值，一些别具慧眼的旅游者喜欢在旅游目的地觅购奇石作为特殊旅游纪念品。南京的雨花石、江西永丰的菊花水石、重庆巫山县的三峡石等，都是深受喜爱的高雅玩物。更有收集天下奇石而蔚为大观者，如福州左海中华奇石馆，馆内百余种千余块石头让观赏者目不暇接：千姿百态的钟乳石、古朴典雅的戈壁石、色彩绚烂的花岗石、晶莹剔透的玛瑙石等。在河南郑州奇石王国收藏馆里，有令人忍俊不禁的“笑”石，有五米之外能清晰地看到淡绿色荧光的全天然夜明石，更有价值连城的恐龙蛋化石。浙江的西湖奇石馆则更是成为一个集美学、地理学、古生物学、矿物学为一体，展示天下奇石、研究赏石文化、联系海内石友、交流赏石经验的多功能综合性游憩场所。

二、沙漠之美

风化的岩石或许首先成了沙，然后才变为土。温润的土地养育着尘世间的生命，而干涸的沙漠却扼杀着生命，使人面对它不寒而栗，产生莫名的怅惘和恐惧。

茫茫戈壁沙丘，素有“死亡之海”之称。即便如此，在特定的审美观照中，仍能透射出神采飞扬的魅力。

面对“死”的威胁，人们方能体会“生”的可贵。有位记者参加中英联合探险队，历时 60 天，完成人类徒步 1 500 公里横穿塔克拉玛干沙漠的壮举。他忘不掉在沙漠中出现的生命惊喜。在翻越了几天寸草不生的沙山之后，他突然看到骄傲地立足于无垠沙海间的金色胡杨、低矮碧绿的丛丛鹿角草和迎风摇曳的芦苇花。他更忘不掉一只白天鹅孤独地死在沙丘上，它没能飞出这片浩瀚的沙海，饥渴提前结束了它的生命。它的身体已经僵硬，可洁白的装束却丝毫不乱，只是安静地躺在那儿，长长的脖子缩在翅膀中。

由于死亡阴影的笼罩，沙海跋涉者格外珍惜人际间的友情，荒漠的原野催生着埋藏在人类心底的深爱、挚爱、诚爱。在非洲撒哈拉沙漠，有商队成群也有家族结伴，随“沙漠之舟”长途跋涉，经常一连几天看不到其他过路人。正因为沙漠中生命的稀罕，因而，当两支骆驼队相遇时，总是显得格外亲热。人们彼此热烈握手，互通姓名，真诚问候，寒暄时间长达几十分钟，意犹未尽。

从非洲撒哈拉沙漠，到我国的塔克拉玛干沙漠，到处都留下人类不屈的足迹。“大漠孤烟直，长河落日圆”，成了吟咏沙漠苍凉之美的旷世名句。在天际水平线上绵延起伏如汹涌波涛的沙海，横空出世，腾起一道烽烟，像在警示后人，那是生命与死亡搏斗的印迹。沙漠博大恢宏的气势，激发起人类的某种野性不驯的英雄气概，以及苏武牧羊短笛般的生命慷慨悲歌。这是“向死而后生”般的精神超越和腾飞。

沙漠总是不由地让人滋生浓烈的历史感。中国西部古代的“丝绸之路”，穿越沙漠，沟通中原和中东，那颓废的楼兰古城，每一道墙垣，每一片碎瓦，都在诉说着不容忘怀的由叮当驼铃演绎出来的历史故事。早已凝冻在典籍和古诗中的边塞征战风尘，则给沙漠平添几分肃穆和悲怆。与沙漠融为一体的惊天动地的文化宝库莫高窟，那幽暗中闪耀着神灵光辉的佛像，使死寂的沙海涌动着冥冥精气，那是化解不开的一团历史的浓密雾霭。

如今，国内旅游业界开发了探险旅游项目。这一项目开发的首选地域，便是沙漠。从美学的角度来分析，以沙漠为目的地的探险旅游，所奏响的是一曲英雄主义之歌。现在许多常年生活在温室里的人们，总感到自己太懦弱，太缺乏应有的阳刚之气和坚韧不拔的意志力。据说，在世界上，每间隔15分钟，就会有一家电台或电视台播放贝多芬的作品。“乐圣”那英雄主义的主旋律，持续永恒地在人类的精神家园回响。从阳刚之美和英雄主义的视野中观照探险旅游，就有充分理由肯定这一新开发的旅游产品。当然，从旅游服务层面尽量保障游客生命安全也是探险旅游组织的应有之义。毕竟，“安全第一”，旅游也不例外。

三、洞穴之美

洞穴的审美意义非同寻常。这种非凡的文化底蕴首先表现在它与沉潜于人类心灵深处的远祖崇拜有联系。洞穴是远古人类的栖息地，如北京周口店的人类早期生活遗迹。洞穴亦记载着人类早期活动的某些片断，如西班牙的一些山洞留存着展示原始人类狩猎场面的壁画。洞穴同时也是人类祭祀先祖、追慕往昔、崇拜宗教的天然庙宇，如大西北的莫高窟。走进洞穴，特别是走进积淀着人类丰厚历史陈迹的山洞，就是向我们的祖先靠拢，与我们的祖先进行心灵的对话。

洞穴之美，因为有其远祖崇拜情结的暗中牵引，而具有无比强大的心灵吸附作用。王安石的《游褒禅山记》留下名言："入之愈深，其进愈难，而其见愈奇。""世之奇伟、瑰怪、非常之观，常在于险远，而人之所罕至焉，故非有志者不能至也。"如此精辟之见，发端于神秘的山洞，实在不是一件偶然的事情。与先祖文化幽灵的隐隐沟通，本来就是文化生命力的重要源泉。惟其如此，才会使得徐霞客不避险远、不畏劳苦，走遍神州名山，探访山中的神奇洞穴，并留下精彩纷呈的记录。

如果说，山峦是阳性的、咄咄逼人的，那么，洞穴则是阴性的、循循善诱的。它曾是自然母亲的子宫，孕育过早期人类的生命。这一人类文化发生学上的事实，转而变成潜意识，进入人类的心灵空间。当从巍峨雄壮的山体折入洞穴的时候，其实，是重新进入人类的自然母体，从中寻觅本原意义上的安乐窝般的慰藉和依傍。洞穴是宁静的、安详的，偶尔传来的滴水声，更加反衬出黑暗中的静谧。或许是太鸦雀无声了，使人平添了几分担忧惊恐，但这种惊恐担忧绝不同于在黑夜的森林中巡游，在洞穴中探访"个中三昧"，内心似乎处于一种紧张的期待之中。神灵更容易在这种场合庇佑洞中人，就像远古时代保护山顶洞人一样。倘若那是一个水洞，洞中有条缓缓流淌的地下河，如江苏宜兴的善卷洞、广东肇庆的七星岩、辽宁本溪的谢家崴子水洞等，那就更能显示洞穴的柔美了。大自然的似水柔情，将把游客引向奇妙的屏息漫游之中。那份稳态的祥和气息，将游客吸引得如醉如痴，就像婴儿陶醉在母亲的双臂环抱中。

四、山峦之美

山峦在旅游地理学上属于狭义的山地景观范畴。具有一定海拔高度和坡度的地面叫山地。广义的山地包括高原、盆地和丘陵；狭义的山地仅指山脉及其分支，是由突起在地表上的岩石和松散堆积物组成的。旅游美学特别关注后者。

我们的祖先用"山水"来拟代现代旅游学常用的"景观"。因为，在古老的中国自然哲学——美学观念里，"阴阳相契相合而生宇宙"。宇宙景观之"阴"，以"水"为代表。宇宙景观之"阳"，则以"山"做表率了。正因为如此，地貌之美中最富有特色的就非山峦莫属了。欧阳修《醉翁亭记》中的所谓"醉翁之意不在酒，在乎山水之间也"，那使人陶醉的"山水"，毋宁说是整个宇宙景观世界。山的高尚峻伟和水的柔绵流动成了仁者智者的象征。

山峦之美集中体现在名山之中。名山，即著名的山峦，一般认为它是以壮美的自然景观和人类文明痕迹作为内涵被世人认识而知名的山地空间综合体。人们对名山的喜爱，起源于春秋战国时代的山神崇拜。因此而历史地形成所谓“五岳”：东岳泰山、西岳华山、南岳霍山（隋炀帝改南岳霍山为衡山，沿袭至今）、北岳恒山、中岳嵩山。魏晋南北朝以后，随着社会经济文化的发展，名山的数量大增，名山的含义也由自然崇拜的对象过渡到观景览胜之地。自唐至宋，游览名山蔚然成风，山水诗词、山水画、山水游记、山水园林等山水文化盛极一时。明代伟大的旅行家、地理学家徐霞客，在名山大川风景资源的科学考察和评价方面所做的贡献，更是前无古人。近代以来，不少中国学者对名山的地学，如庐山冰川、武夷山丹霞、桂林喀斯特、峨眉山植被等进行了大量研究。当代旅游业的发展，不仅使古老的名山作为旅游资源得到综合性的开发，而且使一些风景独特美丽但名不见经传的山岳，如九寨沟、金佛山等，跻身于名山之列。

名山的美学价值是无与伦比的。在我国，名山之美首先表现为其与宗教的融汇结合，由此而诱导登山游客萌发人生哲理层面的精神飞跃和意念升华。因此，就形成了所谓“四大佛教名山”、“四大道教名山”的说法，也出现诸如“天下名山僧占多”的俗谚。其间所包含的审美动因是耐人寻味的。在佛教，徒步登攀能够显示尘世沧桑的苦难；在道教，心与物游足以体验主体意志的自由。诸如杜甫的“会当凌绝顶，一览众山小”、柳宗元的“心凝形释，与万化冥合”、王维的“空山新雨后，天气晚来秋”等，便可看做是中国人由山峦景观之美而诱发的不无宗教意味的心态的形象记录。

山的壮美，使其经常能够触发游客的满怀激情。这或许与古老的山神崇拜向英雄崇拜的无形转移有关。在西方，人们总是喜欢把阿尔卑斯山和拿破仑这样的伟人联系在一起。在美国的南达科他州的拉什莫尔峰，人们把历史上最受尊敬的四位美国总统——华盛顿、林肯、杰弗逊、罗斯福的头像，镌刻在山体上。山，成了英雄品格的象征。

山的庞大体量和奇崛造型，使人于不经意间灵感凸显，迸射出“意料之外、情理之中”的象形联想，把整座山当做某位文化伟人的天然雕塑。据报道，道教全真派发祥地之一的威海著名风景区圣经山，有大型道教摩崖石刻《太上老子道德经》，堪称天作地合。近年又在其西侧发现一幅大型天然老子像，坐姿半身，呈三角形，高约 300 多米，雨水冲刷发白的石崖为底色，眉、眼、鼻、口为黛青色，胡须为白色，显得眉清目秀、高雅端庄,透露着一种仙风道骨的气质,引人入胜。

第二节 水体之美

水是万物之源,也是中国人智慧和情愫的催化剂。"问渠哪得清如许,为有源头活水来"是朱熹对根源文化的由衷赞美;"数声柔橹苍茫外,何处江村人夜归"描述了苏轼游子思念故里的情怀;"无边落木萧萧下,不尽长江滚滚来"则是杜甫对尘世沧桑不以人的意志为转移的无奈嗟叹。在中国古代诗苑里,把水和人的悲欢离合联系起来的,可以说不胜枚举。"日夜思君不见君,共饮长江水"在抒发离愁别苦;"孤帆远影碧空尽,唯见长江天际流"在传达朋友深情;"问君能有几多愁,恰似一江春水向东流"流露出无限感伤怨愁;"忆君心似西江水,日夜东流无歇时"表露了无尽的相思之情。

水的自然本性是温柔的。正因为如此,1996 度假休闲年的旅游节目中,没有哪一项主导性活动不与水相关:从海南三亚市亚龙湾的开幕式,到山东青岛的啤酒节;从湖南岳阳南湖旅游度假区的龙舟表演赛,到无锡太湖的钓鱼节;从广西北海银滩国家旅游度假区的沙滩排球赛,到福建东山岛的水上运动会等等。据不完全统计,在 1996 年,人们可以享受到的海滨旅游度假产品在 26 个以上,内湖旅游度假产品至少 15 个。这种似乎纯属偶然的节目策划安排,可以看做是一种文化象征的感性显现。具有和谐美学本质的休闲度假,与洋溢着优美美学情韵的水体旅游资源之间,存在着天然的相契相合的关系。

当然,在实际生活中所呈现的水体样式的美学品格更是丰富多彩的。江河的平稳流动、湖泊的浩淼无垠、瀑布的迅疾下泻、海洋的深邃博大、冰川的奇绝绚丽,其情感意味各不相同,耐人寻味。

一、江河之美

江河是人类文明之源。在世界文明中,凡是文明古国,都和一条河相伴。比如,尼罗河与古埃及文明、恒河与古印度文明、黄河与古中国中原文明、幼发拉底河与古巴比伦文明之间,构成了水乳交融的亲和关系。

江河的美学生命在于永远的流动。“户枢不蠹，流水不腐”，水流运动给人带来生生不息的美感。在物质存在方式的两大特性之中，空间的静止和时间的流动形成鲜明的对比。江河滔滔东流去，流逝的也是作为种系或个体的人类生命。刘白羽的《长江三日》、沈从文的《辰河途中》，所流露的是河流作为一个民族的象征性理念。

为了契合江河的这种美学特性，有的旅游区开发了漂流项目，比如小三峡大宁河漂流、龙虎山泸溪河漂流、浙南楠溪江漂流、广东乐昌金鸡岭的武江漂流等，让游客在顺水漂流中体验流动的人生况味，观赏流动风景线的韵致。这类旅游项目很受平时生活较为凝滞呆板的都市游客的欢迎。

从旅游地学的角度上说，一般江河景观的河源、上游和中游最为游人所青睐。其旅游美学原理在于，江河发源地常常不是冰川雪山，就是沼泽湖泊，如长江源头沱沱河，景色奇幻，人迹罕至，就像人类历史的远古时代，显得格外原始而神秘，让人不由地产生对上苍深深的敬畏感；上、中游因受奇峰夹峙而使峡谷急流翻腾、水势湍急，如长江三峡，给人以振奋、激励和刺激。有时江河会让人产生在巍巍自然面前人自身的微不足道之感，哪怕是出类拔萃的英才。

从形式美学的角度上分析，江河在处于高视点（站在高处）的人类感受中，有时成了天与地相契相合的连接线，成了天地融汇的结合点，成了宇宙永恒的准绳。何谓宇宙？“往古来今谓之宙，四方上下谓之宇。”陈子昂的那首《登幽州台歌》是何等脍炙人口：“前不见古人，后不见来者。念天地之悠悠，独怆然而涕下。”全诗的意象构造呈现一个“十”字坐标，横向的黄河西东走向和纵向的天空大地连贯。黄河谓“宙”，以此为视觉基点，上下扫描高低谓“宇”。如此统摄一切，气魄宏阔无以复加，因而有资格成为千古绝唱。

江河的象征有时可以呈现天造地设般的巧合。我国的两条最著名的河流（黄河和长江）都是西东走向，这一平面格局正好和中国古代建筑沿地平线铺开的宽厚稳重形象不谋而合。如此追求“一碗水端平”式的平面稳定性，也正好反映了中国人传统性格的某个侧面。与此相反，美国密西西比河的流向是纵向的，呈南北走向，就像英语中永远大写的那个“I”（我），因此西式建筑偏擅于立体升腾的形式美格局，从古典的哥特式教堂的尖顶到现代高耸入云的摩天大楼似乎都是如此。

二、湖泊之美

如果说河流是一条玉带，那么湖泊则是系在玉带上的一颗颗珍珠。

湖泊的蓄积特性，使其将流动着的江河文明因子积淀下来，形成厚实的文化堆积。我国的鄱阳湖、洞庭湖、太湖、西湖等，都是集中展示自然形胜之美和人文历史之美的观光胜地。

在内陆，难以一睹大海浩瀚之风采，因此，一望无际的湖泊就成了内陆民族感受水天邈远之壮观的最佳去处。当年杜甫登临岳阳楼，面对800里洞庭挥笔写下的名句“吴楚东南坼，乾坤日夜浮”，气魄是何等宏伟，视野是何等开阔。更有甚者，在青藏高原，大湖与大海被等量齐观，因此而有“青海湖”之称谓。

如果说，江河以“动”见长，湖泊则一般主“静”，更多地流露出静谧娴雅的格调，特别是某些积水潭型的湖泊，如我国新疆的天池、东北的镜泊湖、中国台湾的日月潭；美国西部俄勒冈州南部的喀斯喀特山上的火山湖，殷殷碧水如明镜般倒映着蓝天白云或星空皎月，以及周边的树木花草，显得特别幽静动人。

湖泊之美，在李白的笔下，在那首语言质朴淡泊却意味隽永的七绝《赠汪伦》中，被创造性地发挥成清澈透明的纯洁意念：“桃花潭水深千尺，不及汪伦送我情。”

湖泊之美，在散文大家朱自清的笔下，在那篇描写浙江仙岩梅雨潭的《绿》中，被升华成沁人肺腑的缠绵氤氲：“我的心随潭水的绿而摇荡。那醉人的绿呀，仿佛像一张极大极大的荷叶铺着……这平铺着，厚积着的绿，着实可爱。她松松的皱着，像少妇拖着的裙幅；她轻轻的摆弄着，像跳动的处女的心；她滑滑的明亮着，像涂了‘明油’一般，有鸡蛋清那样软，那样嫩，令人想起所曾接触过的最嫩的皮肤；她又不杂些儿尘滓，宛如一块温润的碧玉……”

三、泉瀑之美

泉是地下水流出地表的天然露头。这原本悄然潜行的地下水，一旦露了脸面，则活脱脱呈现出或雅秀或聪慧的流动美。温泉在流动中给人带来温馨的触觉抚慰感，其良好的医疗功用使人们总是把它和疗养休闲联系在一起；矿泉水是健身疗养和医疗治病非常重要的旅游资源，它的美妙之处在于，帮助人类维护内宇宙的生理平衡，有时还兼带心理效用；间歇泉，如美国黄石公园享有盛名的“老实泉”、湖北神农架板桥河山崖下新近发现的间歇泉，则执着于规规矩矩地表现泉流的自然节奏，有时这种间歇喷涌显得非常规律。

泉水在睿智的人们心中扮演了半个哲学家的角色。我国的二胡演奏家阿炳用一曲《二泉映月》，“如泣如诉”、“如怨如慕”地解析着人生之谜。日本著名画家东山魁夷则别具慧眼地用文字表达自己的感悟：“泉水从地层深处涌出来，不间断地奔流着，从古到今，阅尽地面的一切生物的生死、荣枯。”因此，泉成了圣灵的自然化身。尘世中的凡人也可以接近圣灵。

与江河的水平流动相比，泉水是立面喷涌的，往上腾跃需克服地心的引力，因此，总显得有点吃力，有时像在蠕动。可是，一旦它脱颖而出如射流，奋力向天际飞升，总能诱发游客胸臆怒放的心花。

将泉流与瀑布做审美对比是很有意思的。从力的运动方向上看，泉流具有上行性特点，相反，瀑布则呈现自然下坠性景象。上行升腾比较容易诱发诸如心花怒放一类的情感，下坠性瀑布则比较容易催生流利飞动的滑翔感。试读李白的“飞流直下三千尺，疑是银河落九天”，想象观赏香炉峰瀑布的情景，人们可以产生身心宣泄之感。将上述两种景观类型引用到园林设计中，由此设计而成的人工喷泉和人工瀑布，其审美的形象差异性将会表现得更加充分。

在泉流，特别是那些涓涓泉流面前，瀑布总是显得更大气。起初也许是河，也许是溪，往前流淌着，面对深堑，义无反顾地纵身一跃，跳入深涧。惟其如此，瀑布显得无比壮美。这样的感受，在观赏陕西山西交界处的黄河壶口瀑布时，也可以真切地体验到。有的旅游者在谈到壶口瀑布观感时说：“壶口不单是一道使人赏心悦目的风景，这里还充满着受到压抑的愤怒，充满着挣脱自由而粉身碎骨的决心。”

据说，世界上的著名瀑布，各自具有互不雷同的审美文化品格：非洲莫西奥图尼亚瀑布号称最优美；委内瑞拉安赫尔瀑布以落差最大而闻名；北美尼亚加拉瀑布被认为最怪；而北美哥伦比亚河上的瀑布最宽。相比之下，在著名作家周而复的眼中，我国贵州黄果树瀑布“从整体上看，瀑布成群，洞穴难数，星潭棋布。奇峰耸峙，千姿百态，变化多端，奇景迭出”，因此，“举世无双，天下第一”。

四、海域之美

水体的力量美有两种主要表现形式，其一是自上而下的瀑布，其二是平面铺开的海洋。

海洋的力量通过绵延起伏的涌浪得到充分体现。据行家说，在海里，开花为浪，无花为涌。且莫说狂风大作的时候，即使平素风和日丽，只要驾船出海，特别是进入外海，也会感受到这种悄然无声的涌浪的伟力。有位学者在描述自己冒险乘飞艇探海时，形象地把从内海驶向外海比做“从平原进入丘陵”，原本“平整如镜”的海水，此刻变得“像一面宽大的绿锦缎，正有一个巨人从天的那一头扯着它抖动，于是层层的大波就连绵不断地向我们推压过来”。小船就像“一只爬在被单上的小瓢虫”，被铺床的主人不经意地抖来抖去。他说：“这时我才感到要了解自然的伟大莫过于探海了。在陆地上登山，再高再陡的山也是脚踏实地，可停可歇……可是在海里呢，你才感到人的渺小，才理解人为什么要在自然之上幻化出一个神，来弥补自己对于自然的屈从。”西方世界流行的冲浪运动，可使海岸边的观赏者直观地感受到那柔绵水体所蕴蓄的巨大腾涌气势。在我国，则可以到观潮胜地——浙江海宁盐官，一睹“天排云阵千雷震，地卷山河万马腾”的涌浪奇观。涌浪既可看，也可听，能够带来视觉和听觉的双重享受。匍匐海塘，月夜听银涛，“万马奔腾声如雷”、“汹汹涛声欲摧屋”，在叩击心扉的涌浪节奏中，萌发一种催人奋进的精神力量，别有一番高雅情趣。自古以来，“涛声依旧”，人们从中不难感悟到永恒不变的自然美学哲理。

海湾是水体的平静梦乡。有臂弯般的地貌做屏障，海湾把大海的伟力雄心化为绕指柔。因此，远航的船儿总是喜欢把海湾当做自己可以依傍休憩的家。“军港的夜静悄悄，海浪把战舰轻轻地摇。”战风斗浪的军舰此时在海湾的呵护之下化成温馨的摇篮。这安乐窝般的感觉，就是大海对人类的另一项馈赠。海湾的清雅宜人，使其成为体现和谐美学特性的休闲度假好去处。在海南东部的日月湾，风平浪静、滩洁沙软、四季如春、风景秀丽，因而成为新的旅游度假胜地。因此，地处海湾的休闲旅游场所是很受游人欢迎的。

地球面积的70%是海洋。观赏海景使人胸襟开阔，这种风景旅游的审美体验本身，从主体心理反应的角度证明了海洋的确具有开放性审美文化品格。

海洋的生物世界绚烂多姿，具有很高的观赏价值。在生物海岸，特别是在热带和亚热带的浪平水清、阳光充足的浅水环境，有形如树枝、玲珑剔透的珊瑚丛；在河口三角洲和冲积平原的淤泥质海岸边，有涨潮时露出树冠的红树林。通过潜水旅游方式，则可深入水中探寻观赏海洋生物。据尝试者说：潜下海，我们欣赏游来游去的鱼，颜色绚丽多彩，再往下沉，看到海底的植物静静地开放着，比岸上的花美多了，这时我才体验到下海潜水的快乐。此外，观光潜艇也为想舒舒服服品赏海底迷人景色的游客提供了极大的方便。的确，宏阔的海洋，哪怕是深深的海底，一旦有了生物的点缀，就会平添无穷生气，给沉醉其间的游客带来生趣盎然的美感。

五、冰川之美

在我国西部高山区，有着极为丰富的冰川地貌风景，其高、寒、险、奇等特点，使这块几乎渺无人烟的地方，成为探险旅游的好去处。著名的珠穆朗玛峰是一座典型的角峰，外貌呈巨大的金字塔形，上部坡形陡而直，主峰与周围峰顶之间经常有锯齿形刃脊相连，看上去极为陡峭奇绝。陕西太白山的大太白海、二太白海，是冰川消退后积水而成的冰斗湖，湖面为藤椅状的陡峭冰壁所环绕，仿佛是天外飞来的一方粼粼丝绢，观赏价值极高。珠穆朗玛峰北侧的冰塔林世界，更是高山冰川奇观。冰面上矗立着数 10 米厚的冰墙，层叠累创，晶莹剔透，在阳光的照耀下，绚丽无比。冰塔林下部有冰下河流溶蚀而成的冰河、冰蘑菇、冰柱等怪异造型，宛如一座鬼斧神工造就的水晶宫殿。这类冰川风景，在乌鲁木齐以南 100 公里处的胜利达坂、云南玉龙雪山、四川贡嘎山东坡的海螺沟、距甘肃嘉峪关 100 公里处的祁连山冰川旅游区，都能观赏到。只是，如此探奇览胜赏美景，是需要有一定的冒险勇气和安全保障的。

极地长夜和长昼笼盖下的冰川，似乎永远是日头高悬、明月当空，显示了大自然坚韧恒久的美学品格。即便如此，浪漫达观的人类，仍然从中发掘出发展旅游的灵感。

极地冰川天地并非是人类可居可留的理想世界，而爱斯基摩人却在那儿倔强地生息、繁衍和发展。爱斯基摩人也就与冰川一起，构成了一道亮丽的风景线。

第三节　太空之美

苍天在上，笼盖世间的万事万物。似乎亘古不变的神秘太空，居高临下地俯视着大地，使得我们的祖先不得不俯首称臣，即便是据说能主宰自然的现代人类，在涵盖一切的上苍面前，也不敢胆大妄为，漠视宇宙的权威。

太空的魅力，在于它和人类处于一种“若即若离”的距离性审美关系。人们对上天可以敬而远之，九霄云外的事情可以暂且不闻不问，哪怕是星辰北斗，哪怕是月宫蟾兔，哪怕是银河鹊桥牛郎织女喜泣相逢，有兴趣姑且观看之，没情致，也可“躲进小楼成一统”，“窗外事”都可以“两耳不闻”，何况天上！但是，一汪湖海把天和地联系在一起。雷公电母发威，太阳公公冒火，白雪公主散花，雾霭懵兄撒气，雨伯作法肆意宣泄，陨石自甘堕落蒙头坠向大地，诸如此类的太空戏法，确是生活在尘世的人们所无法规避的。天与地本是一家，归宿在自然。人竭力想征服宇宙主宰自然超越时空，却发现，自己的“根”本来深扎在自然造物主那儿，与地与天，都存在千丝万缕的关联。

一、星星之美

星星是亲切的，亲切得与现实人生中的个体密不可分。“天上一颗星，地上一个人。”星座对应着肉身凡胎的性格和命运。倘若天上划过一道流星，人们会说，那是地上的一个人仙逝。因此而形成这样一种自然审美文化观念，太空的星象就像一幅与大地芸芸众生有着内在隐秘联系的奇妙美丽的画卷。占星术家就是想利用人们对上述联系的朦胧信从，从对星座的视觉感受中，发掘些许有关于个体命运的模糊推测和猜想。人生的旅游者，面对天上的繁星，仿佛面对迷茫的现实人生。星星就自然成了与自己未来生命旅途亲切相伴的无言“知音”。望星空，试图望穿星象解析人生之迷团，就成了漫漫长旅中的一个着实让人迷恋的“梦”。如今出现在都市里的有些夏夜露天花园酒吧，以星空天幕为背景，或许就是要诱导沉醉于“葡萄美酒夜光杯”的人们，在醉眼蒙眬中遥望黛青苍穹的星星，而进入诠释人生之谜的梦境。

星星的凡俗之美，使得它与人世间的七情六欲以及这种情欲遭受阻隔而生的苦痛结合在一起。在我国民间流传的牛郎织女的故事，就是典型的例子。我们何必要过于拘泥于这样一种科学事实呢：织女星和牛郎星之间的距离大约有 16.3 光年，如果真的要在它们之间架起一座桥，这座桥的长度可以在地球和太阳之间往返 50 万个来回，步行走过这座桥要两亿年时间，乘坐喷汽飞机要几千年，即使双方通一次电话，也要相隔 16 年才能听到对方的声音。清晰确凿、以“理”见长的科学认知常常会扼杀审美感。审美感以“情”为动力，借助幻化的联想和想象，在胸臆间创造美妙的意象图画。七月初七赏析银河星象，脑际浮想的是“迢迢牵牛星”，口中吟咏的是“纤纤织素手”,此等美感多么富有情趣!

星象之美,有时美在象形比拟。中国古代把北面夜空中的七颗明亮的星,叫做“北斗七星”,原因是七星的排列方式,很像勺子形状。同样是这七颗星,再加上附近的一些较为暗淡的星,在古希腊人的眼中,像一只巨大的、阔步行走的大熊,因此被称为“大熊星座”。星象的象形性欣赏是星星尘世化审美倾向的一种反映。

二、月亮之美

学者研究指出,在我国古代文人墨客的眼中,月亮要比其他太空景象更要富于审美趣味。夜空中的一弯新月如钩,或一轮满月如盘,足以激发诗人们无尽的曼妙想象,从而谱就多少流芳百世的华章。

与星星一样,月亮也是非常温情动人的一个太空意象。两者在审美意味上的区别在于,星星的亲切是个体化的,总是和个体生命的际遇命运相关联,月亮则是一个群体化的审美形象,所象征的是一个民族或特定社会群体的共同理想、情感和思绪。据报道,海外华侨评选的最受欢迎的中国古典诗词,李白的《静夜思》名列榜首。“床前明月月光,疑是地上霜。举头望明月,低头思故乡。”那苍穹中的一轮明月,是海外游子心中不朽的故乡,其所寄托的是千百年来炎黄子孙一脉相承的“故乡恋”。张九龄《望月怀远》中的“海上生明月,天涯共此时”,传导出远隔天涯的情人同望明月异地相思的真挚爱恋。王维《山居秋暝》中的“明月松间照,清泉石上流”,清澈幽静的月色所濡染的则是一种闲适孤寂的禅意,它反映的是一切避世隐居超脱于红尘的人们的共同感受。

即便“月亮代表我的心”,这颗心也决不是自恋自爱地只想着自己,而是牵挂着、惦记着同在一轮月儿下的另一个贴心知己。因此,人们会说:“月亮心是一种痴情。一年 365 个日夜,你朝朝暮暮地苦觅,不停不息地追寻,在觅觅寻寻中老了伊人,瘦了佳人!”

阿根廷诗人和小说家博尔赫斯的一首题为《月亮》的诗开头便说,“这些黄金充满孤寂”,诗里有一种暮年难免会有的伤感之情。与此不同,圆月对于中国人来说具有特别的人性抚慰意义。圆圆的中秋明月,加上圆圆的月饼,再加上团圆欢聚的一家人,整体象征着圆满美好的生活图景。八月十五的月亮,在古今流传的关于月宫蟾兔、吴刚伐桂、七仙女下凡的传说氛围的烘托下,显现出温润甜美的情思意境,历来受到人们的喜爱和关注。中秋赏月之风延续至今，已经被旅游企业家开发为季节性的旅游产品。

月亮的盈亏是一个天文现象，但在诗化的审美视野里，它却拥有意味深长的象征表现力。新月妩媚灵秀："可怜九月初三夜，露似珍珠月似弓"；圆月人见人爱："却下水晶帘，玲珑望秋月"；残月愁丝萦绕："峨眉山月半轮秋，影入平羌江水流。"苏轼的一曲《水调歌头》唱尽多少的人生感叹和悲慨："人有悲欢离合，月有阴晴圆缺，此事古难全，但愿人长久，千里共婵娟。"

因为月亮的特殊审美意义，临江望月楼之类的处所，就成为万籁俱寂的夜晚，敏感的人们感恩上苍、思慕人间至爱真情、追思不可复得的圆满体验的神圣祭坛。

我国的赏月佳处很多，最著名的有杭州西湖小瀛洲的"三潭印月"、广西桂林的"象山夜月"、无锡惠山的"二泉映月"、青岛崂山的"太清水月"、苏州城南的"石湖串月"、宜宾市的"三江映双月"、扬州的"二十四桥明月"等。

三、太阳之美

迥然有别于月亮，太阳总是充满着阳刚之气。春天里的灿烂朝阳，预示着朝气蓬勃的青春所拥有的亮丽未来；冬日中午的温暖阳光，显露出圣明对苍生的关怀沐浴；秋季满山枫叶红遍时的落日晚霞，透射出"老骥伏枥"的壮志豪情；夏天的太阳洒在海滨的沙滩上，火辣辣的势头多少有点像浪漫男女的热烈情焰。

"天无二日，地无二君。"后羿射日而留下的那轮不可或缺的太阳是天之骄子，理所应当成为万民仰望崇拜的审美对象。在"天人合一"观念支配下的人们，把自己所尊敬的国家领袖比做太阳，从这样的比喻中汲取信念的力量。在陕北高原上，当信天游在耳边回响的时候，远望旭日东升，胸襟激扬起的是一股在天地间回荡的浩然正气，所浮现的是对"为人民谋幸福"的革命领袖的无限敬仰之情。太阳之美的感召力是无穷无尽的。

太阳因其无限崇高而容易诱发人们的朝圣感。在号称"世界屋脊"的西藏，在这荡漾着"阿姐鼓"的地方，有着最接近太阳的藏传佛教文化，它具有一种特殊的吸引力，吸引那些竭力想逃避城市文化的精神故乡的追慕者。巴荒就是其中的一位。她，一个弱女子，意志却十分坚强，几度进藏，为的是寻觅人生"回归"的"大彻大悟"。她说："每走一遍西藏，都是一次朝圣，每一次朝圣，都是在自身未知的领域再度旅行……”①文化苦旅的成果，是综合性艺术画册《阳光和荒原的诱惑》的出版，接着，同名散文集问世。这本散文集的第一篇，赫然题名《拉萨日光城印象》。在日光城拉萨，每天，太阳首先从布达拉宫——这座拉萨最高、历史最悠久的建筑那直插云霄的宫顶升起，仿佛升起一面精神的旗帜。那使梵高变得疯狂的阳光，照在寺院的金顶、红墙、巨大的转经筒和老百姓手中的摩尼轮上，照在八廓街自由市场上琳琅满目的杂货摊上，“就像铁锤敲在铜幢上迸溅出火星”。“回到拉萨，回到拉萨”，在朝圣者眼里，这正是自己孜孜以求的圣洁的精神境界。

在太阳多变的自然形态中，也许从地平线上升起时候的景象，是最激动人心的。所以，观日出是一大旅游快事。“旭日东升”是泰山四大奇观之一，有着很高的知名度。庐山的朝阳，因有鄱阳湖水光的衬托，显得极其瑰丽。黄山北海清凉台是观赏日出的最佳处所，翻腾的云海之中跃起的那轮红彤彤的太阳，散发出生机勃勃的光辉。

与朝阳相对，夕阳西下时分的满天晚霞，也是非常诱人的景色。当代人直接用霞为旅游景点命名，如河南鸡公山的“晚霞夕照”、浙江东钱湖的“霞屿锁岚”、江西彭泽的“观客流霞”等。古代文人笔下的“落霞与孤鹜齐飞，秋水共长天一色”、“乱猿啼处访高唐，路入烟霞草木香”等，都是抒写晚霞印象的。夕阳和晚霞在过去总是给人造成格调低沉的印象。“夕阳西下，断肠人在天涯”，抒发游子离乡背井的感伤情怀；“夕阳无限好，只是近黄昏”，在感叹人生晚境的凄凉。“过尽千帆皆不是，斜辉脉脉水悠悠，肠断白苹洲”流露出渴望亲人归来而不得的惆怅。但也有较为达观的人，对夕阳西照表现出执着的热爱。明代的李攀龙在深秋登临太华山绝顶时吟咏道：“地敞中原秋色尽，天开万里夕阳红。”由于站得高、看得远，胸襟容易宏大宽广，落日意境也就能摆脱消极低迷的窠臼。日本散文家德富芦花对落日的审美感受与众不同，他由落日而滋生圣洁情怀：“在风平浪静的黄昏观看落日，大有守侍圣哲临终之感。庄严之极，平和之极。纵然一个凡夫俗子，也会感到已将身子包裹于灵光之中，肉体消融，只留下灵魂端然伫立于永恒的海滨之上。”

四、气象之美

的确，万千气象虽然变化多端，却很少单独构成风景，它通常作为其他主体景

① 巴荒.阳光和荒原的诱惑.上海：东方出版中心，1997：2.

象的陪衬，从而体现其审美价值。中国古代诗人极为善于运用气象细节，构筑文字形象的风景综合体，立体地展示大自然的美。名句“鸡声茅店月，人迹板桥霜”、“细雨鱼儿出，微风燕子斜”、“野火烧不尽，春风吹又生”、“风乍起，吹皱一池春水”、“孤舟蓑笠翁，独钓寒江雪”、“雾沉霞落天宇开，万户千门月明里”、“天开云雾东南碧，日射波涛上下红”等莫不如此。

雪景在气象之美的体系中占据着重要地位。诚如梁实秋所说：“雪，是越下得大越好，只要不成灾。雨雪霏霏，像空中撒盐，像柳絮飞舞，缓缓而下，真是有趣，没有人不喜欢。有人喜雨，有人苦雨，不曾听说过谁厌恶雪。”大家喜欢雪的审美文化根源，在于她是纯洁灵魂的象征。因此，才会给“公主”戴上“白雪”的桂冠。所以，人们才向往用雪天美景装点成一个纯洁无瑕的世界。每年的圣诞，倘若没有皑皑白雪，那将会大煞风景。有鉴于此，同样是西方基督文化传统影响下的澳大利亚和新西兰，地处南半球，圣诞时值盛夏，圣诞老人的装束就有点难办，没有雪的衬托，节日气氛要差得远。

雪在中国古时的“比德”习俗下是坚贞品格的反衬。“梅花欢喜漫天雪”、“大雪压青松，青松挺且直”等，无一不是在以雪作为严峻生活境遇象征的衬托下，展示不屈不挠的英雄性格特征。正因为如此，柳宗元笔下的那位“独钓寒江雪”的长者，千百年来，才成为“威武不能屈”的楷模。

雪景在更多的时候是作为纯粹的难以言尽的“有意味的形式”被欣赏的。在苍茫的雪夜，具有修养的人们会感到：“晶莹剔透的雪花，像飘动的音符，弹奏着恢宏的乐章。”“她飘落的是风神，凝聚的是风韵，抒写的是风骨，蕴含的是哲理。”

每逢下雪，总是“银装素裹”。但在南极和北极地区，仿佛是天神做法，打翻了颜料缸，从天而降的彩雪给大地披上彩色的装束。科学家解释说，这是大风把远处大量繁殖的藻类或黄沙携带到降雪地区所造成的。据介绍，目前见到的有红雪、绿雪、褐雪、黑雪等。人们只能从纯形式的角度观赏大自然的美学杰作。

此外，一些长江以南的名山（如黄山）近年来开始打破冬季旅游的沉寂，把寒冬登山观赏“山舞银蛇，原驰蜡象”的雪景，当做拳头旅游产品向游客推出，收到了很好的反响。

雪，按照鲁迅的说法，是“雨的精魂”。水汽在天寒地冻的环境中，便成了雪；气温升高，天宇旷野的水汽便成了雨滴。

雨，有细雨、骤雨之分。细雨优美如少女，骤雨壮美似壮汉。细雨适宜与湖泊做伴，骤雨天然应当是海洋的朋友。翻检中国古代诗集，虽有“春潮带雨晚来急，野渡无人舟自横”之句，更多的却是“细雨湿衣看不见，闲花落地听无声”、“半壕春水一城花，烟雨暗千家”之类。细雨爱和湖泊交朋友。于“山色空蒙雨亦奇”中游西湖，能够格外体味婉约温润的美。“春雨断桥人不度，小舟撑出柳荫来。”这是个雨丝柳丝和情思彼此融合的抒情惬意之所在。当然，在俊逸灵秀的山间胜景中，在被誉为“神州大地浓缩了的盆景”的雁荡山中，迷濛的细雨，也能造成一种如梦似幻的感觉。稀疏的小雨，好像空中千条万缕被揉碎的丝。因此，游人会觉得，这委实给人一种缥缈空灵的感觉，细微缠绵、恍惚迷离的雨，给雁荡群峰抹上神秘的色彩，使得“犀牛望月”、“仙猴献桃”、“负荆请罪”、“八戒招赘”、“苍鹰展翅”等景观具有朦胧美。

靠海的马来西亚，下起雨来可不像江南这样优雅、斯文和飘洒温柔。有一位游客描述道：“噼噼啪啪地打过来，铺天盖地地扫过来，爽爽快快，干脆利落，大有男子汉行事的气魄。”有种被粗粗的木柱四面撑起的高脚小屋，屋顶是铁皮锌板做的。雨骤时，“金戈铁马声盈屋，沿铁皮凹坑泻下的水帘声响，从四壁迫来，全方位的音场令你‘发烧’，联想江南雨的那种缠绵实在有点小家子气”。走在街上，酷暑难当，于是谁都渴望下雨。在槟城街头意外遇上雨，那份惊喜令人雀跃。

风和雨经常交织成一体。杜甫的名句“细雨鱼儿出，微风燕子斜”，就是以“雨”对“风”。如此相对渲染的是祥和闲适的意境。唐诗中有“秋风万里芙蓉国，暮雨千家薜荔村”。将“秋风”中的荷花竞相开放的美景，和“暮雨”中生民憔悴的萧索做对比，内在情韵就有些沉重如铅了。

一般而言，较之于“狂风暴雨”，中国人的心目中更喜欢“和风细雨”，喜欢“吹面不寒杨柳风”，喜欢“不知细叶谁裁出，二月春风似剪刀”。那首戴望舒的《雨巷》，不知激发了多少少男少女的遐思和冥想。

对于趣味高雅的人来说，“听雨”能催生富于优雅节奏韵律的美感。残花落叶一副破败相，看不得，但却听得。古诗中有“留得残荷听雨声”的名句。“雨打芭蕉”更是自然交响诗。由此而得到启示，雨的声音美，需要借助外部环境，比如某种植物的衬托。有位作家，在春雨淅淅沥沥的时候，喜欢听雨打“泡桐叶”的柔柔的啪啪声，那是楼下邻居家院内那株硕大的泡桐树，树冠有三四层楼高。可有一天，那棵泡桐树被砍掉了。又到了春雨淅淅沥沥的时候，他沮丧地感到，“已失去往年听雨那份盼望的快意”。

云雾景本身由于具有一种视觉形式的遮蔽作用，能够催生类似于“隔雾看花”的审美朦胧感。中国古代画诀中有“山欲高，烟霞锁其腰”的说法。在咫尺画幅中，意欲展露山的高耸峻峭，必须在半山腰设以空白以拟代缭绕山体的云霭。艺术如此，其实，生活中的山景观赏也不例外。倘若没有适当的云遮雾障，将山体面貌看得过于真切，反而不能产生浓郁的美感。长江三峡的神女峰，如果没有披上薄如蝉翼的云裳雾巾，神话味道就要被冲淡很多。黄山“四绝”之一，就是云海。倘若没有云气雾霭，“排云亭”将名不副实；清晨在清凉台上看日出时，东升旭日因无云海衬托而缺少喷薄欲出的壮观气势。

云雾能够诱发产生似幻似真的审美感受。王维《终南山》中的“白云回望合，青霭入看无”，细腻地描绘出了游山时的奇妙体验，远处眺望，白云缭绕；入山观看，却不见云气。由于已经步入迷茫的五里云雾之中，此时的游人很容易萌发腾云驾雾、飘然欲仙的感觉。

云雾中的小水滴，由于光线的折射、衍射和全反射作用，能形成诸如佛光、海市蜃楼等幻景。在峨眉山金顶，无风的晴天下午，日光透过云层，岩下便会出现以金顶上观赏者为中心的七色光环，“光环随人动，人影在环中”，神奇而绚烂的景色令人难忘。在山东蓬莱阁，游人立于阁前，凝望雾气蒸腾的海面，会看到诸如宫室、台观、城堞、人物、车马等幻景。

有暴风骤雨，就会有电闪雷鸣。暴风骤雨有人赞美，有本小说就以此为书名，讴歌战火中的青春，追思逝去的挚友；电闪雷鸣也是景仰崇高者所敬畏的自然美景，人们用拟人化的审美眼光称道：“雷声其实是我快乐的欢呼，爱情的笑声”；“没有火花的灵魂是黯哑的。我情愿只活一秒钟去照亮世界，而不愿意在灰暗的角落里苟活一万年。”

当然，对自然的审美需要距离，即间隔着一定的物理距离。比如，在旅馆待着，隔着客房的窗玻璃，看夜晚的惊天动地的电闪雷鸣；也间隔着一定的心理距离，排除对于轰顶雷电可能给人类生存造成危害的焦虑。这时，我们就可以“静观”的态度欣赏雷霆万钧之力的美，体验这种美对胸臆空间所造成的强烈震撼冲击波。人是要有一点精神的，人的拼搏奋求精神，部分来源于爆发性的自然力。

第四节 植物之美

人与环境的和谐关系是人生美学的一个永恒的课题。生物世界中的植物王国，是装点人类生存环境使之更加符合社会未来发展需要的不可或缺的重要因素。人们常说，阳光、水和土地，是生命世界的主要保障。这是颠扑不破的真理。同时我们应当看到，这种保障倘若脱离了植物的环节，将对人类生存发展毫无意义。阳光沐浴雨露滋润的是土地上的花草树木，是土地上的稼禾果蔬。人是要靠稼禾果蔬以及花草树木，才能生存下去。

当满足温饱时，日常生活中的稼禾果蔬，乡村田野里的某些农作物，从距离性的审美眼光看来，会变得饶有情趣。古代文人墨客早已意识到平淡如水的农耕生活所洋溢的诗意，因此，才会吟唱作为百姓寻常视野司空见惯的生活场景："平畴交远风，两苗亦怀新"、"一水护田将绿绕，两山排闼送青来"、"大儿锄豆溪东，中儿正织鸡笼。最喜小儿亡赖，溪头卧剥莲蓬"。如今的都市居民，也开始把这种整天置身其中的人们未必当回事的乡野即景，当成"回归自然游"的对象。从城市返归乡间体验农耕文化情韵，正在成为整天生活在钢筋混凝土森林中的人们消费闲暇时间的重要选择。

毫无疑问，最能体现审美魅力的植物种类，是对百姓日常生计没有直接功利作用的花草树木。它们彼此映衬，相互配合，构成大自然万紫千红绚烂多姿的美丽图景。"春来草色一万里，芍药牡丹相间红"描写绿草红花相得益彰，显得格外醒目；"海棠不惜胭脂色，独立蒙蒙细雨中"描写绵长的细雨沐浴使海棠花出落得更加精神；"四面荷花三面柳，一城山色半城湖"描写柔柳艳荷配上殷殷大明湖把一个济南美化得成了人见人爱的好地方；"梨花院落溶溶月，柳絮池塘淡淡风"说出了风月场中的白洁梨花和轻柔柳絮的一段情缘；"今宵酒醒何处？杨柳岸，晓风残月"道不尽月挂柳梢时的醉生梦死；"日出江花红胜火，春来江水绿如蓝。能不忆江南?"则是在歌唱如诗如画的水乡江南好风光。诸如此类，无不表露出诗人们运用想象美化环境的高超艺术。他们把植物之美与太空之美、水体之美和地貌之美乃至于动物之美结合成为风景综合体，立体化地展现大自然的旖旎美丽。

一、花之美

花首先是柔情的象征。因此,才有“花为媒”的艳遇佳话。西方歌坛有首曲子,《送你一束玫瑰花》,以花作为传情达意的媒介,玫瑰成为爱情的象征家喻户晓。在我国,这类用花卉含蓄地传递似水柔情的故事也很丰富。唐代的崔护在诗坛实在微不足道。但他的一首《游城南诗》,记载着一个民间流传的美丽爱情故事,因而被千古称颂:“去年今日此门中,人面桃花相映红。人面不知何处去,桃花依旧笑春风。”可以想象,旧地重游,当年景物犹在,而思慕之人不见,睹物思人,深情眷恋是多么炽烈。

其实,花的审美品格是多种多样的:有红杏出墙,有雨打芭蕉,有昙花一现,有“出淤泥而不染”的清高荷花,有“叶满丛深殷似火,不惟烧眼更烧心”的热烈红蕉花,有“疏影横斜水清浅,暗香浮动月黄昏”的孤寂梅花。如果怀揣着一颗珍惜生命的心,睁大热爱生活的眼睛,我们就会发现,自然界的花卉世界包孕着无穷的等待解读的审美文化语言。

在西方社会,花语是人在文明社会与人交际的一门生活必修课。这门“课程”在我国经传播也日益大众化。如上所述,玫瑰花象征爱情,深究下去,如要向人赠玫瑰,则红玫瑰意味着“炽烈的爱情”,白玫瑰传递爱的“洁白无瑕”,一束黄玫瑰是对妻子表示“夫妻的恩爱”。“心地坦荡”的白色紫罗兰、“彼此友情为重”的蓝色紫罗兰和带点儿“调皮”的二叶舌唇兰,在总体上有谦逊虚心的意思,送给任何年龄的女士都是适宜的。而表示“母爱”的紫丁香只适于送给已婚的少妇。象征“纯洁”的白百合和白丁香,只能送给姑娘,这些花拿在成熟女性的手中,据说“显得有点可笑”。有些精心设计的礼仪花卉具有特殊的交际功能。一个用来探望病人题名为“祝君健康”的花篮,配以几种含义相近的花卉——“有避邪之意”的唐菖蒲和康宁、“健康”的六出花以及“适应力强,能改变生活,使人生更美好”的鸢尾,传导的花语是“愿朋友早日驱走病魔,恢复健康”。

花的自然形态具有季节性,因此花卉大家族的美也因季节不同而各显特征:所谓“春兰”、“夏荷”、“秋菊”和“冬梅”。在古代诗歌中,我们可以看到,早春有“雪消门外千山绿,花发江边二月晴”,盛夏有“接天莲叶无穷碧,映日荷花别样红”,秋日有菊花“满城尽戴黄金甲”,在严冬季节傲雪斗霜的红梅“俏也不争春,只把春来报”。由此形成一年又一年的轮回。

花卉的高雅意味，使其被用来作为一个民族、一个国家或者一个城市的象征。国内许多城市都有自己的“市花”，如上海的白玉兰、中国香港的紫荆花、洛阳的牡丹花等。花美，用花为古老的村落命名而使这个地方添其美，著名诗人将这类以花命名的村落编织在诗化的艺术氛围之中，更是美上加美。杜牧《清明》一诗有名句云：“借问酒家何处有？牧童遥指杏花村。”有人做过调查，我国各地有80多个地方取名为杏花村。其中最著名的有六处：山西杏花村、山东杏花村、江苏南京城外杏花村、江苏徐州杏花村、湖北杏花村、安徽杏花村。据《贵池县志》记载，杏花村故址在安徽贵池县城西郊，古时，方圆十里，一片杏林，阳春三月，杏花怒放。村内有酒店叫“黄公酒垆”。店内有井。世称黄公井，产名酒。杜牧曾任池州刺史，当地建有杜公祠。因此，有专家断言，安徽的池州（贵池）杏花村最有可能是杜牧原诗中提及的那个杏花村。

盛开的鲜花是一种美，落花残花也不失为美。流水落花的比喻意味着，花总是格外受到时间的纠缠，因而象征了曼妙生命如昙花一现的短暂。所谓“春去也，飞红万点愁如海”就是表现这种惜春怜花的心情。残花之美常常见诸诗人的笔端：“踏花归来马蹄香”；“落花满路无人惜，踏作花泥透脚香。”有时，“无可奈何花落去”的感叹，会催生人们的某些人生哲理的联想：赏花时节莫错过，青春时光别虚度。然而，落花毕竟是一种生命的大不幸。李清照的“满地黄花堆积”，用凋零的残花道出人生的不尽哀婉感伤，《红楼梦》中的黛玉葬花，则把残花景象上升到悲剧之美的境界。这种“花殇”变成一种文化传统流传下来。中南海西花厅是敬爱的周恩来总理生前工作的地方，那儿的院落盛开海棠花。龚自珍在《己亥杂诗》写道：“落红不是无情物，化作春泥更护花。”花虽落，灵魂不死，它将作为历史文化遗产进入时代和社会发展的永恒。这样的残花之美，无疑在感伤中蕴含着浓郁的崇高情韵。

由于花卉与现代文明人的文化生活具有越来越密切的联系，全国性的花卉博览会接二连三地在各地举行，越来越多的市民将花卉作为居家装饰的必需品，诸多城市的鲜花消费量逐年攀升。人们如此热衷赏花和购花的现象，潜藏着旅游发展的绝好契机，从而，使得赏花胜地应运而生。比如，山东菏泽有据称当今世界最大的牡丹园，井冈山、神农架、峨眉山和贵州西南部山区，成为我国四大杜鹃品赏胜地。

二、草之美

从白居易《钱塘湖春行》的描写中，我们可以看到花与草相伴时的和谐美："乱花渐欲迷人眼，浅草才能没马蹄。"这类激赏草之美的审美心理，被凝冻在数不胜数的古代诗词赋以及其他文学艺术作品当中。

人们发现，草也有自身独特而复杂的审美价值。"野火烧不尽，春风吹又生"赞颂的是草的倔强生命力。关于还魂草的传说本身具有寓言象征的意味，草虽贱，但惟其普通才不娇嫩，具有大难不死的柔韧性与顽强。草的锄（除）后又生，则正好被用来做"剪不断，理还乱"的愁绪之喻："离恨恰如春草，更行更远还生。"伤心时，草能给人以体贴宽慰，屈原《离骚》中有句"揽茹蕙以掩涕兮，沾余襟之浪浪"。悲极而泣用来擦拭泪涕的正是柔软的蕙草。草的确蕴含着并不娇艳的柔情："天街小雨润如酥，草色遥看近却无。"娇艳的柔媚以外部形象的和谐为支撑，温馨的柔情却来自真挚的内心。草的柔美是彻彻底底由内而外的情愫。

因此而想起"香草美人"的古老比喻。屈原《楚辞·九歌》中歌咏的湘夫人湘水女神，以水草做伴，筑室水中，用荷叶盖顶，用荪草饰壁，桂木做梁，兰木做椽，辛夷香木做卧房门楣，石兰香草陈设于屋里取其芬芳。屈原，这位我国文学史上第一位浪漫主义大诗人，所殷切思慕的女神，就是与香木香草的不解之缘，以至于"搴汀州兮杜若，将以遗兮远者"。赠送给远行湘水女神的，又是水中沙洲的杜若香草。如此审美文化传统的影响，使幽香扑鼻的芳草，成了心中追慕着的广义爱恋之人的化身。草很普通，较之于名贵的花卉，要容易寻觅得多。因此，失恋的人会得到"枝上柳绵吹又少，天涯何处无芳草"的人生美学劝告。

体现博大宏阔之美的是草原。《敕勒歌》形象地展示了草原连接天地宇宙的那种谁看了都会被震撼的美。在地球平原的任何一个地方，都没有像草原那样，能够把生命的绿意铺陈得如此无尽无涯。

绿，是生命力的象征。因此绿茵球场就成了勃发和宣泄青春生命的战场。被称为"世界第一运动"的足球，就是在绿茵草地上演绎力之美的体育竞技"战争"。绿色的草地，是体育竞技和全民健身的良好舞台，绿草文化也将映入眼帘，印入心底，成为绿色舞台表演者内在精神文明的有机组成部分。

三、树之美

森林是人类生存环境的主角，也是社会文化创造的重要生态土壤。艺术社会学理论告诉我们，气候和地理环境，如海洋、河流、湖泊、森林生态系统等，是一个民族性格乃至民族文化形态建构的重要动因。以德国文化和森林的相关性为例。德国音乐的创作源泉之一就是森林，莫扎特的单簧管所刻画的自然景观常有德国森林迷人的色彩和氛围。森林，是德国诗歌的一个重要主题，也是德国哲学的摇篮。是“森林间的孤寂”，是“森林才能营造出来的那种深沉而甜美的宁静”，培育了哲学家走向内心进行深刻反思的逻辑品格。存在主义哲学家雅斯贝尔斯从小就有这个习惯，在自我挣扎和内心冲突最激烈的时候，总爱独自一人跑到森林中寻求精神出路和信仰。连量子物理学创始人普朗克都喜欢到柏林近郊森林中去散步，为的是琢磨热辐射实验结果与理论之间的矛盾。走进德国的图林根森林和黑森林，就好像走进德意志民族的心灵深处，听到她的心声，感觉到她的脉搏在跳动。所以，有学者认为，“在德意志民族的性格里，好像有种大森林的气质：深沉、内向、稳重和静穆”。

森林是自然化的历史教科书。因为，森林中的大树老树，比人要活得长久。面对它，仿佛面对消殒的岁月年华，面对流逝的尘世沧桑。有位著名画家说得真切：“少小离家老大回的游子最珍惜老树……抚摸老树，仿佛抚摸了逝去的故旧亲朋，老树仍抽枝发叶，它尚活着，它自然认识世世代代的主人，至于千年古柏古松，更阅尽帝王将相，成为读不尽的历史卷轴。”

树的美学品格异彩纷呈。在富有审美修养的人们的笔下，有赞美松树坚贞品格的（陶铸《松树的风格》）、有赞美白杨正直刚毅的（茅盾《白杨礼赞》）、有赞美垂柳婀娜多姿的（丰子恺《杨柳》）、有赞美紫荆树肝胆相照的（秦牧《彩蝶树》）、有赞美梧桐树勇敢坚韧的（苏雪林《秃的梧桐》），也有赞美榕树魁伟庄严的（刘再复《榕树，生命进行曲》）。

欣赏树的美可以依照审美主体的情趣择时而行。季节差异与树的生长形态有关。造型不同，审美意味就大相径庭。一般认为，森林的美在于其郁郁葱葱的景象。但现代著名作家王统照却主张，到森林里去旅游的最佳时节是秋天。他说：“‘春’以花艳，‘夏’以叶鲜，说到‘秋’来，便不能不以林显了。”春花因俏丽而美，夏叶因茂密而美，秋林则以疏朗而美。在这位感受细腻的作家眼中，“茂林、密林、丛林，固然是令人有苍苍翳翳之感，然而终究不如秃枯的林木，在那些曲径之旁，飞蓬之下，分外有诗意，有异感”。画家吴冠中的看法大致相近，只是稍有不同。他认为，“夏木荫浓固有郁郁葱葱之美，而冬天的树，赤裸着身躯，更见体态魁梧或婀娜多姿之美，那纯是线结构之美，进入抽象美的范畴了”。冬天荒秃的树，能够显现强劲的筋骨，因此更便于透视树的精灵。这种审美感受别具一格，它给我们的旅游审美文化启示是深刻的，森林旅游未必非得冲着绿色的表象而去，绿色森林旅游能够从“悦耳悦目”走向“悦心悦意”，但是倘若心理定位较高，不拘泥于表象的热闹精彩，善于把握森林树木的“精灵”，就可以在仿佛并不起眼的疏林朗照和枯树秃枝中，进入更进一层的“悦志悦神”的美感境界。

树之美，有时的确美在树叶。北京西山红叶、南京栖霞红叶和苏州天平红枫，为我国三大观枫胜地，在秋季，枫叶之美能给游客带来“如火如荼”般热烈壮观的美感享受。杜牧《山行》中的名句“停车坐爱枫林晚，霜叶红于二月花”，更是给秋岚红叶的美景增添无穷的发人深省的文化底蕴。

第五节　动物之美

同样是生物世界，与植物相比较，动物与人类有着更多的相关性。人从其自然本性来说，也是动物。因此，最富于拟人化美学效应的自然物，就是各种动物。童话世界的主角往往由动物充任就是鲜明的例证。

大千世界因有了包括鸟兽虫鱼在内的各种动物而生趣盎然。一般认为，动物的造型因素，主要体现在奇特逗乐、珍稀名贵等方面。动物的奇特逗乐特性在鸟类和哺乳类中表现得最为明显。非洲鸵鸟的体态庞大和美洲蜂鸟身材“迷你”形成鲜明的对比。极乐鸟、相思鸟、火烈鸟的艳丽色彩引人注目，画眉、百灵、琴鸟的悦耳啼鸣动人心弦。“鹦鹉学舌”令人忍俊不禁。孔雀开屏、金蛇狂舞、猴群捞月、海豚顶绣球、大象吹口琴等动物奇观，让游客大开眼界。物以稀为贵，有的动物数量很少，仅仅分布于特定地区，有的濒临灭绝，因此引起人们的高度重视，被列为保护动物。在我国，被列为一类保护动物的有金丝猴、大熊猫、白鳍豚、扬子鳄、中华鲟、金斑喙凤蝶等40余种。这些珍稀动物当然成为人们意欲一饱眼福的首要观赏对象。

综合性的或单一性的野生动物自然保护区，如肯尼亚内罗毕、中国四川卧龙等，因是珍稀动物的真正故乡而得到人们的珍视。动物园倘若尽可能多地饲养展示列入国家一级保护对象的珍稀动物，能极大地提高自身的档次，赢得游客的青睐。

动物受人保护的程度和观赏价值成反比。越是处于野生的无人看护喂养的状态，越具有盎然野趣，反之，在几乎类似于家畜的精心看护状态下，动物的野性就会退化，从而造成观赏价值的降低。目前，世界上的动物观赏有四种模式：第一，笼养状态。这是传统的城市动物园高保护性展示动物的模式；第二，圈养状态，目前国内的深圳野生动物园和上海野生动物园属于这种模式，澳大利亚西郊 Featherdale 野生动物园也是以圈养方式，使那儿成为本地土生土长的动物（如袋鼠）的天堂；第三，半开放式大面积野生动物园，在非洲内罗毕天然动物园，游客可以开着犹如“铁甲虫”般的汽车，在 117 平方千米范围内的旷野中，追寻 3 群共 50—60 头狮子；第四，开放式自然保护区范围内的野生动物园。如非洲坦桑尼亚北部的塞伦盖蒂国家公园，有 5 万平方千米的荒野，在那儿可以看到狮子、豹子、猎豹、鬣狗等，更可以看到 50 万头瞪羚、15 万头斑马在荒原上奔驰的壮观景象。

动物受到人类的褒贬有时大相径庭。诸如“老虎美不美”的问题本身就模棱两可。一般而言，在自然界的动物对人的生命安全造成严重威胁的情况下，人们不会有兴致去欣赏动物的美。景阳冈上的武松面对的吊睛白额大虫绝无美感可言。但当动物和人类“和平共处”，就成为环境美的有机组成部分。尽管如此，文化社会的人们，仍然是从独特的文化视角去品味动物的美的。以狐狸为例，人们可以欣赏它狡猾中的聪明机灵，也可以批评它狡猾中的奸诈刁钻。这种审美差异在童话寓言作家那里表现得尤为充分。

文明社会从某种意义上说是个场面宏大温文尔雅的“假面舞会”，每个人在规定的社会角色中生活，稳态化的秩序规范笼罩其全身心。这是法制社会安定的需要，是文明创造力得以顺利发挥的需要。但是，从另一方面看，个体的人因背上了文化的包袱失去了本真的“根”，抑制了本我中的攻击性本能宣泄渠道。文明人只有在拿起苍蝇拍打苍蝇的时候，才有机会“过把瘾”，体会一点厮杀的快感。卫生的生活条件使得人们连拿苍蝇拍的必要也失去了。其他文明化的攻击性本能宣泄途径，就要到原野中去觅求，在野生动物“弱肉强食”的生物链图景中去寻找了。当在非洲内罗毕天然动物园，或在上海野生动物园中，蜗居在游览车内，看见狮虎们撕咬啖食猎物时，或许可以宣泄若干人的攻击性本能，从而，在回到文明社会中时，心态会变得平和一些。野生动物的美，是家养的动物形态所蕴含的情韵所不可比拟的，因为那是一种野性的呼唤。本来在竞争社会的残酷现实面前缺乏足够勇气的人，在动物世界野性搏杀场面的锤炼下，或许能锻炼一下过于脆弱的神经，意志会变得坚强些。

一、鱼之美

在和平生活的岁月，鱼之美总是凸显其温润自由的侧面。“鱼翔浅底”与“鹰击长空”相对，这就意味着，鱼儿通常给人的印象总是柔顺的、平和的、自由自在的。柳宗元《小石潭记》中的那些“似与游人相乐”的鱼儿，受温暖阳光沐浴，以清澈潭水为家，虽然寂寥，却过活得逍遥得意。这样的自然无为境界为中国老百姓所喜闻乐见，并作为一种审美传统得到播扬，决不是偶然的。这是中国人，也可以说是一切爱好和平人类心目中的祥和生活的感性象征。莺歌燕舞毕竟是人类普通生活世界的理想主旋律。

从形式美上看，鱼的造型具有流动顺滑的特点。与凝结呆板不同，也与枯涩蹇滞不同，抛物线状的鱼儿体形本身就具有独特的欣赏价值。仿生学中的技术工艺制造所模仿的重要对象，往往就是水中那些体形健美的鱼。远古时代的人类，把鱼状饰纹和涟漪波纹联系在一起，画在彩陶上，仿佛要用如此从象形到抽象的形式祭奠，来表示流动感对于社会发展的无比重要性的文化潜意识。

二、兽之美

兽类的审美文化特性特别引人注目。如果说最富于拟人化美学效应的自然物是各种动物，那么，兽类因在进化论意义上比鱼类更加靠近人，而成为人类社会的感性象征物。这从字典翻检中也可以得到证明。形容人的形象、面貌、品格、秉性的词汇中，与兽类相关的占有相当大的比例，描绘的逼真程度也特别高。诸如虎背熊腰、贼眉鼠眼、生龙活虎、狼狈为奸、狐假虎威等等。

在人们的审美视野中，动物世界到处充满着人类性格的象征性印记。牛的勤勉、狗的忠厚、猫的乖巧、猴的调皮、兔的温顺、狐的狡诈、熊的愚钝、狼的凶残……这样的类型模式对于天真的小孩而言，具有极大的美学吸引力。未谙世事的稚童通过这种比较容易直观把握的童话色彩的故事场景，接受人生最初的伦理道德和智慧教育。正因为如此，公园里的动物天地，也是少年儿童的欢乐世界。

某些兽类的群聚生活特性，能够使游客产生对于人类社会现象的联想，审美文化的启迪意义非同一般。峨眉山的猴群是一大奇观，猴群喝水的情景更是奇中之奇。峨眉山岭高涧深，猴子要喝水时，一只猴子倒挂金钩，后肢抓住岩边一根粗树枝，前肢抓住另一只猴子的后肢。这样一只连一只，直达水面。待第一只猴子喝饱后，再顺着"猴链"爬上来，接替抓树枝的位置。这样循环往复，一直到所有的猴子喝足了，才依次爬上来散开。这样的情景，诱发的就不仅仅是"猴子捞月亮"的童话色彩的联想，而是与"物竞天择"原理相反的生物协同生存的社会学启示。

正因为兽类与人类具有高度相关性，在考虑选择节庆之类社会活动吉祥物的时候，人们才格外喜欢让那些包含正面象征含义的野兽家畜品种担当主角。根据设计，1997年的中国旅游年标志是人们早已熟知的马踏飞燕和长城，吉祥物是国宝级珍稀动物熊猫。

动物之美的赏析，离不开地理环境和植物环境的衬托。人们常常由特定的环境入手，进入对动物，特别是兽类审美文化情韵的感悟。由沙漠，人们不禁会想起被誉为"沙漠之舟"的骆驼，沙漠驼铃声声入耳，演化成对生命心扉的重重叩击。由草原，人们自然会想起驰骋疆场的骏马，马蹄声碎，如同催人奋进的战鼓咚咚，让你很难安逸懒散下去。由锦绣江南的水乡，人们不会忘记那辛勤劳作的水牛，耿直的犄角和强健的体魄，静静地迸射出一种扛起命运重负的坚韧倔强，教人面对现实境遇中的困难，不会轻易退缩落泪。只要用心观赏，我们就可以发现，在大地上生活的各种兽类，能够赐予同样在大地上生活的人类很多精神财富，那是一种内在力量的传达，是一种最高灵境的启示。

三、禽之美

古代诗人早就告诉我们，鸟儿从来就是人类的好朋友。当冬眠的狗熊还在安乐窝里睡大觉的时候，柔弱的鸟儿便坦荡荡地担任报春使者，"春禽处处讲新声，细草欣欣贺嫩晴"；有了鸟的歌声，再加上又绿江南岸的春风，"池塘生春草，园柳变鸣禽"，平淡如水的农耕图景，也就从平庸倦怠中超拔出来，生发出无限灵动之气；倘若远行，"徐行不记山深浅，一路莺啼送到家"，有鸟的啼唱做伴，孤寂的人生之路也就不会太寂寞；天广地阔，偌大的生存空间，自然的欢声笑语四处回荡，活脱脱一幅"千里莺啼绿映红，水村山郭酒旗风"，那是多美的情景！

鸟是在天空中飞翔的最引人注目、最富于审美趣味的自然生物。生物世界的流动美，在水里是鱼，在地面是兽，在天空就是鸟。庄子寓言中的“鲲鹏展翅九万里”，就是通过想象凸显鸟类流动之美的象征意义。正因为鸟儿所传导的是自然流动的气韵，它才能释放人们内心的郁闷块垒，诱发积极向上的朝气。自古以来我国就有“悲秋”的文化传统。所谓“悲哉，秋之为气也”，意味着万物萧索的秋天沉浸在一股萧瑟的悲凉气氛之中。唐代诗人刘禹锡则一改寂寥悲风，强调秋高气爽的意韵，气宇不凡地吟咏道：“晴空一鹤排云上，便引诗情到碧霄。”一鹤高翔，矫健凌云，轻捷翱飞的姿态，便成为激励人生壮志豪情的审美刺激物。

鸟类的审美文化象征意义也是非常强烈的。在我国，有“鹤寿”的审美文化观念，把仙鹤看做长寿的象征。当仙鹤起舞、成百上千的黑颈鹤成为云贵高原的一道自然风景线的时候，当百鸟争趣、几乎占世界总数一半的600多只丹顶鹤在江苏盐城两万公顷滩涂鹤场振羽飞翔的时候，不仅是因为它是国家珍稀保护动物，而且应当看做是民俗审美文化观念的高扬飞举，是“鹤寿延年”的人类美好生活理想在苍苍天际翔舞的象征。日本也许是受汉文化传统的影响，也有折“千纸鹤”的习俗，用纸折千鹤那柔韧的祈祷，表达对深受病魔之害的人康复的祝愿。在西方社会，白天鹅具有洁白纯洁的人类情怀象征意义。一出舞剧“天鹅湖”集中表露了这种高雅的审美观念。我国民间乐曲《百鸟朝凤》则代表了喜庆吉祥的美好祝福，乐曲以模仿性的鸟鸣声开头，意味着吉祥之鸟的歌声，将给人们带来好运气，一些地区的民间婚嫁庆典，总是少不了演奏这只曲子。与回荡阳刚之气的“龙”相对，“凤”成了阴柔美的集中体现。而凤凰本身作为想象虚构的民间艺术典型，集天下鸟类美丽之大成，是个精巧拼凑起来的角色。因此，象征情味也就格外浓郁感人。

鸟，特别是野生珍禽，具有不可小觑的旅游观赏价值。但鸟类对生存环境有其特殊要求，候鸟总是在特定的季节到特定的区域栖息。倘若客观环境质量下降，栖息的旧有合适条件被破坏，鸟就会不得不移居别处。因此，保护鸟类的传统栖息地显得格外重要。从旅游美学的角度上看，爱鸟、爱自然，本身是人类拯救自已，提升自身文化品位的重要举措，这一举措有利于构筑人和自然相和谐的祥和图景。有一篇游记这样写道：“到过英国伦敦圣詹姆斯广场的人，都不会忘记这样一幕：成千上万只麻雀密密麻麻地落在广场的地上，落在人们的肩上、头上、颈上，甚至臂上和手心上，它们是如此放心大胆地与人密切相处，尽情地享受着人类对它们的关心和呵护，甚至宠爱。人们平静地用手中的食物喂这些麻雀，而这些麻雀也泰然自若地从人们的掌心取食，甚至在人们身上嬉戏。更有趣的是，在人行道旁的铁栅栏上，许许多多的麻雀整整齐齐地排成一行，一个个如流动的音符一样沿着栅栏向一个方向移动，秩序井然地横向挪步，一只只犹如绅士一样，彬彬有礼地从游客的手中叼走它们排队取得的食物。整个广场成了人与麻雀友好共处的乐园，在看似杂乱的场景中却显示一种深刻的和谐。”

有的鸟，比如企鹅，由于拟人象形而博得人们的青睐。澳大利亚有一种身长仅40厘米的企鹅，在陆地上走路的时候，成群结队，摇摇晃晃，蹒跚而行，那洁白的胸脯、蓝色的背部和头顶，看上去活像一群穿着燕尾服的西方绅士，因此而获得“仙企鹅”的雅称。

鸟儿其实也很有灵性。有些人与鸟欢聚一堂的游乐场所，鸟儿能表演一些逗乐的节目，比如，黄雀叼水桶、喜鹊开抽屉、丝光鸟挥手即来、鹦鹉报幕升旗走钢丝等等。休闲旅游的人们可以因此玩得很开心。

四、昆虫之美

一般而言，昆虫体量小，在自然进化的链索中，处于比兽类和禽类低一级的层次，因此，在大千世界美景卷轴之中仅仅起着点缀作用。尽管如此，昆虫的审美文化意味仍不可轻视。日本作家清少纳言在一篇散文的开头便说：“铃虫、松虫、纺织娘、蟋蟀、蝴蝶、裂壳虫、蜉蝣、萤虫，都是有意思的。”

昆虫对于人类的“意思”首先在于，它能起到激发生活情趣的作用。这在细腻地观察身边琐事的古代诗人笔下，得到充分的再现。从“黄梅时节家家雨，青草池塘处处蛙”，到“稻花香里话丰年，听取蛙声一片”，再到“穿花蛱蝶深深见，点水蜻蜓款款飞”，勾勒出一幅幅极富朴实生活情趣的乡间即景。法国作家列那尔在散文《自然素描》中，为昆虫造像超越了惟妙惟肖的象形，达到生趣四溢的境界：萤火虫“为了给鸟儿的谈情说爱照明”；蝴蝶“这封轻柔的短函对折着，正在寻找一个花儿投递处”；在四处“游荡够了”的蟋蟀“停止散步，回去细心修补他乱七八糟的领地……首先，他耙平狭小的沙子通道。他锯下细屑，撒在住地入口处。他锉倒那株专给他添麻烦的大草根……”昆虫虽小，有时却能帮助人们领悟人生的大道理。伯乐难遇的生活感慨使人反向萌生知音的精神渴求。有伯牙幸会钟子期的古老传说故事垫底，乍见乡野池塘中，“小荷才露尖尖角，早有蜻蜓立上头”，就会喜不自禁，暖流从胸中油然而生。苏轼在《前赤壁赋》中借用蜉蝣，抒发“人生苦短”的无尽喟叹:“寄蜉蝣于天地,渺沧海之一粟”,让人不由地对这丁点儿大的虫子产生触景生情的怜爱。

在审美象征文化方面,昆虫经常扮演重要的角色。蝴蝶就是个典型的例证。中国古代词苑中的著名曲牌“蝶恋花”本身多少有些暗示“蝴蝶恋”的意思,把五彩斑斓的蝴蝶和男女生死恋情联系在一起。江浙一带民间流传的梁山伯与祝英台的悲剧故事,给蝴蝶增添了一层哀婉感伤的气息。唐代诗人杜牧的《秋夕》中有一句“银烛秋光冷画屏,轻罗小扇扑流萤”,勾画了这样的人生图景:宫中银烛高照,画屏铮亮,然而秋寒光冷,宫女深感孤寂,偶尔发现飞萤,便用轻罗小扇扑打,以形写神,刻画了幽禁宫中丧失青春的宫女的愁闷心情,由单薄的流萤,不禁使人联想起宫女的轻盈体态,由此而产生流萤和宫女“同是天涯沦落人”的联想。此外,蚂蚁啃骨头所体现的“韧”劲、飞蛾扑火的自我牺牲气概、蜜蜂辛勤酿蜜的无私劳作、蜗牛蜷缩在壳里的孤独寂寥等,都是意味深长的审美象征意象。

不容忽视的是,昆虫有时能够占据观赏性景观的主导位置。云南大理的著名风景蝴蝶泉和蝴蝶会,就是蝴蝶唱主角的例证。著名作家冯牧在《澜沧江边的蝴蝶会》一文中,用诗化妙笔描写了他亲身经历的发生在西双版纳橄榄坝的蝴蝶会奇观:在一片茂密的树林边的草坪上面,有株硕大的菩提树,它那向四面伸张的枝丫和浓茂的树叶,像一把巨大的阳伞似的遮盖着整个草坪。草坪中央几方丈的地方,聚集着数以万计的美丽的蝴蝶,它们互相拥挤着、攀附着、重叠着。蝴蝶的翅膀背面是嫩绿色的,停伫不动时就像绿色小草一样,翅膀的正面却是金黄色的,上面还有美丽的花纹,这就使它们在扑动翅膀时像朵朵金色的小花。天空中像雪花似的飞散着密密的花粉,它和森林中飘来的野花还有菩提的气味,混合成一组刺鼻的浓香。“面对着这种自然界中的奇景,我们每个人几乎都目瞪口呆了”冯牧说,“站在千万只翩然飞舞的蝴蝶当中,我们觉得自己好像是多余的了……我完全被这片童话般的自然景象所陶醉了……”

第三章 社会景观世界及其审美

核心提示

以人及其活动为中心的社会景象也是旅游以及旅游业关注的重要对象。从大旅游发展的视野来看,旅游活动的异地性使得旅游目的地的异国他乡民俗风情、时令节庆乃至社会风貌,包括旅游从业人员乃至于当地居民的德行操守、社区文化活动状貌、社会建设成就以及流行时风,变成重要的旅游吸引物。本章旨在从审美层面解析社会景观世界是如何激活人们的"爱美之心",显现其引人入胜的文化魅力的。

学习要点

社会旅游资源之美以人及其特定活动为载体,具体表现在民族习俗美和社会风貌美等两大方面。

人作为自由自觉的高级群居性生物的前提,使得人群的彼此理解和欣赏成为可能,尤其是在旅游情境中,其所具有的灵犀相通的交流功能获得了超越日常生活存在方式的审美意义。

从旅游业发展的角度,我们需要探究的是,如何从资源整合角度理解民族风情之美和社会风貌之美彼此间的联系。

一般的旅游学著作对于旅游资源,采取的是两分法:自然旅游资源和人文旅游资源。也有将两分法细化为五种风景的:山地风景、水域风景、天文气象风景、生物风景和人文风景。无论怎样划分，似乎都没有将以人及其活动为核心的社会景观考虑进去。

现代旅游实践已经表明，以社会领域中的人为载体的民情风俗、节日庆典、社区文化、建设成就等，甚至包括人自身的美，都能作为大旅游环境的一个不能忽视的组成部分，作为经过开发深度加工包装而能吸引招徕游客的重要旅游资源。有的地区已经将诸如乡村农民稼穑耕作、城市市民居家生活、热闹的民间节庆歌舞、繁荣的商都集市购销等，作为旅游产品，有针对性地向特定客源群体推出，构成特色旅游项目。

第一节 民族习俗美

通常认为，旅游和游憩的区别点之一，就是前者具有异地性，必须通过空间位移离开长期居住地到另一个文化区域，比如，上海人到苏州去，可以称之为旅游；后者则是在自己长期居住的区域做消遣性的嬉游小憩，游憩主体没有离开本地，就像上海市区的居民到社区公园内散步闲逛一样。

居住地和旅游目的地之间的空间距离分割着文化区域界限。一般说来，距离越远，界限就越明晰，文化“沟壑”就可能越深，反向激发的探究愿望就可能越强烈。当旅游者的长期居住地与某旅游胜地之间被空间分割时，彼此的文化差异就会凸显出来，彼地的具有不同文化内涵的旅游项目，对此地的人们就会产生激发旅游动机的作用。因此而形成的旅游异地性与民族习俗的审美魅力具有高度的相关性。

民族习俗是人类的自由自觉的本质力量的特有表现形式。人的认识世界、改造世界的实践力量，在人类特殊群体，如少数民族那里，通过具有地域文化特色的信仰崇拜、图腾祭祀等方式表现出来。我国佤族的山崇拜、彝族的虎崇拜、高山族的月亮崇拜等，都是民俗特色极为鲜明的具有高度吸引力的社会审美对象。诸如此类的民族习俗所体现的人与客观世界的关系，在科学发达的当代视野中，也许是“无稽之谈”，但稚拙之中未必毫无天才智慧的萌芽。这种看起来如同“儿戏”、带点“迷信”的民族习俗，以及沉淀在古代神话中的故事，如女娲补天、精卫填海等，所包含的对上苍的观念、对死生的看法、对人和自然关系的处理方式等，能给文明人类以深刻的人生哲理启示，有时，这类启示甚至具有振聋发聩的功效。

民族习俗根深蒂固的历史渊源，决定其在文化上具有不断推陈出新的现代科学所不可替代的价值。从某种意义上说，民族习俗是现代人类心灵的真正家园，是苍生灵魂的安身之所。因此，富足、阔绰、潇洒起来的文明人尽管生活在现代化的物质环境中，民俗对他们仍然有一种无形的亲和力。站在那根雕刻着似乎狰狞可怕的人物头像的图腾柱面前，或在“阿姐鼓”的音乐烘托中看着蓝天白云下的藏胞虔诚地推动着转轮，或在越剧余韵缭绕时坐在绍兴水乡乌篷船上看着涟漪阵阵在眼前晃悠着漂过，人们会情不自禁地从心底油然而生敬畏亲切的情感。如此诚惶诚恐的敬畏或温润淡雅的亲切，转而变成一种心理慰藉，一种由于心灵朝圣之后而萌生的受到神灵庇佑的安定感，一种由于胸臆的洗礼而滋生的贴近“根”源与大地母亲同呼吸共命运的祥和感。仿佛，原先为尘世物欲利益的蛊惑诱引而乱了的方寸，此时此刻，受到陶冶和整合，就像孩子归家似的，有了依傍的心灵靠山。

从审美文化象征的层面上看，民族习俗的魅力之所以永存，在于它是宽泛意义上的人类梦绕魂牵的精神家园。无论那儿是不是你的出生地或祖籍，你只要接触过这种文化，并且为它所感染，就会产生深深的认同感。倘若我们的民俗风情旅游产品能够超越一般的猎奇览胜，达到这一“梦归故乡”的文化高度，就意味着真正进入了旅游美学的境界。

一、民俗风情之美

研究表明，所谓民俗风情游是以真实地展示具有地域文化特色的人类生活风貌为主要内容，兼及观赏物态化的民俗形象，诸如居住环境和艺术作品（主要是民间文学艺术作品、民间工艺品等）的一种特色旅游方式。

设若把人类文化可以分成三个层面，物质文化、体制文化和心理文化，这三个文化层面在民俗中都有相应的表现形式。

（一）物质文化层面的民俗风情

物质文化层面的民俗风情具体包括：(1)民俗工艺品和民族服饰，如蜡染服装、手绣坎肩等；(2)也包括民族特色鲜明的居住环境，如土家吊脚楼、客家围屋等；(3)亦包括特定的浸润着民俗风情的地形地貌自然美，如海南黎族同胞与万泉河、五指山，东北鄂伦春族与林海雪原，蒙古族与大草原。

民俗工艺品，作为物质文化的民俗，是民俗风情的凝炼化表现形式。欣赏这类物态化民俗，需要一定的鉴赏力和文化修养。

有些物态化的民俗产品，由于体积庞大、制作工艺复杂、价格昂贵等原因，一般游客难以作为旅游纪念品买回家作陈设，必须在特定的情境中操作体验。比如，浙江某度假村创办一个农家博物馆，搜集了一大批以前农家用来抗旱的水车、碾米的石臼、加工麦粉的麦磨、织布的布机等劳动工具，陈列在小竹楼、小木屋内，供来自城里的年轻旅游者“体验生活”。这类可供参与的物态化民俗产品，只有放在当地特定环境中，才能充分体现民俗“古色古香”或“土得可爱”的魅力。

有些物态化的民俗产品，只有“化静为动”，在观赏其实际制作、演出过程时，才会格外领悟其所洋溢的浓郁的民间文化气息。比如舞龙、舞狮，作为工艺品的龙或狮，本身就是制作精良的绣品，具有极高的观赏价值，但静态形象毕竟使看客若有所失，只有在群众演艺活动中使其变成翻江倒海的游龙，变成腾挪活跃的雄狮，才显得富有生气。再如剪纸、刺绣、插花、捏面人、书法国画等，倘若在旅游节庆时分向游客做特别展示表演，把凝冻化的作品所形成的具体过程逐一展演，让人们在动态流程的观赏中走向静态的固化造型品味，就能充分显现民俗风情绝无僵化蹇滞之态的活力生趣。在一些地区性的民俗文化节上，人们往往不难看到这类现场感极强的民间工艺绝技的表演。

（二）体制文化层面的民俗风情

体制（主要表现为人际关系）文化层面的民俗风情通过诸如白族的三道茶、傣族的泼水节、苗家的芦笙会、彝族白族纳西族的火把节、每年五月端午湖南汨罗江畔的龙舟竞渡等民俗活动，深入体验内在的人际关系、风俗礼仪等。作为体制文化的民俗，表现为稍纵即逝的时间意象，需要感同身受地沉浸到特定情境中去体验，难以原汁原味地被游客带回家。这就有点类似于现场音乐会。你没有机会亲临现场参加某个原创音乐演唱会，仍可以在这之后，购买高保真实况录音带回家静下心来欣赏，但是，“耳听为虚，眼见为实”的感知心理将会使人们觉得，单一听觉通道的音乐感受，仍不如视听并重的“双管齐下”式的欣赏。当然，如今可以用录像带和光碟在家庭影院再造现场音效。然而，倘若要真正感受在时间中流逝的与生命流程同行的情感韵味，感受本真意义上的民俗风情，非得身临现场不可。这种时间性的一去不复返的审美特性，把身临其境直接参与的旅游，和居家观赏各种风光音像制品根本区别开来。我们很难设想，不走进苗寨，一道道地喝“拉路酒”、“打油茶”乃至于“交杯酒”，怎能真正感受像苗家迎宾曲那样雄浑有力的苗家人旷达疏朗的性格；不到壮乡，大伙一起穿上“同心板鞋”，难得潇洒走一遭，怎能领略齐心协力的群体文化底蕴；不坐上陕西农家窑洞的热炕，怎能深切体会北方农村热忱淳朴的待客之礼；不在正月十五敲打着锣鼓“闹元宵”，又怎能真正沉浸在民间过年欢欢喜喜的氛围里。

（三）心理文化层面的民俗风情

心理文化层面的民俗风情看不见摸不着，渗融浸润在形象深处，通过物化的感性文化形态以及人化的社会文化形态得到真实的流露。物化的感性文化形态，例如建筑、工艺品等，具有“蕴于内而形诸外”的特点，其人类心理文化无形地渗透在可见可闻的感性形象深处。有一定文化和审美修养的人，能够由表及里，通过有形把握无形，通过具象进入抽象，进而体验和领略内在三昧。西藏拉萨著名的布达拉宫，太阳每天首先在它直插云霄的宫顶燃起，把它的金顶铜钟烧成火炬一般炽烈，但这座依山而起的拉萨最高、历史最悠久的宫殿建筑，与它脚下生息繁衍的世俗欢乐相比，俨然如不问人间是何年的天宫。无论太阳和大地多么热烈，幽深的庭院、寂寞的高墙和僻静的石铺路面，终日在冷峻中度过它的春夏秋冬。透过对如此感性形象的悟性解析，富有文化审美眼光的人会蓦然领悟，红白相间的布达拉宫是“如此的古朴和冷峻，它漠视一切沸腾的热烈”①。

除了物化的感性文化形态，我们还可以通过以人为中心的社会文化活动，在参与真实地展示具有地域文化特色的人类生活风貌的民俗活动中，在与当地民众的直接交谈接触中，体验人类心理文化的理趣和情味。比如，新疆塔克拉玛干沙漠腹地，世代隐居着被人称做“古西域土著的活标本”的克里雅人。以游牧狩猎为生、民风古朴的克里雅人，常为远道而来的探访者专设家具行李齐备的棚屋，并不留人看管，任由客人自行居住，而从不计较报酬。旅游者正是在克里雅人营造的古朴氛围中生活，才能多少体验到些许封闭文化状态所维护的人际间淳朴可贵的信任和友情。

旅游业的发展要求旅游景点具有交通可达性和一定的经济基础。云南南部的拉祜族，在 1949 年中华人民共和国成立之前，还处于原始社会末期，流行着“有肉同吃，有酒同喝”的传统风尚。村里谁家杀猪，全村人都可以来吃，哪家酿了酒，全

① 巴荒. 阳光与荒原的诱惑. 上海：东方出版中心，1997：9.

寨老少都可以来喝。当第一批旅游者到这个边寨时，拉祜族旧习尚存，因此可以作为人类学意义上远古社会体制文化的活化石。游客可以在亲身经历之后，产生对于特定历史环境中形成的原始共产主义文化形态的实际体验。这种独特的体验，就是民俗文化旅游的产品。

当然，由于开放搞活的商品经济影响，上述古风如今已不复存在。一些带头经商的拉祜族农民办起小吃店，无论亲戚还是朋友，一律不赊不欠。这当然是体现时代进步的可喜现象。但对民俗风情游，却是一个不无遗憾的损失。另有报道说，外出打工的川东土家族同胞挣了钱，纷纷在家乡把“土得掉渣”却具有独特民俗意义的吊脚楼拆建成小洋楼，而且还装上卫星接收器。显然，那个已经脱去“贫困村”帽子全是小洋楼的土家村寨，如今是无法开展民俗风情游的。但是现在，越来越多的民俗在悄然离去：湘西土家族姑娘的“哭嫁”，据说将会成为千古“绝唱”；新疆维吾尔族姑娘的小辫子，如今也开始被时髦的发型所代替；贵州苗族村寨住户的木槌、石碓之类传统生活用具，也因落伍被淘汰，取而代之的将是冰箱电饭锅；上海奉贤的皮影戏曾被人誉为“原始的木偶电影”，但在现代影视文化的冲击之下濒临失传，唯一存留的皮影班艺人都已经七八十岁。

二、时令节庆之美

时令节庆是在特定的时间和空间范围内集中表现民俗风情之美的最佳机缘。节庆活动的时间范围比较集中，单个节庆一般短则一天，长则数天，民间的春节，从年关过到正月十五，算是一个例外。从空间范围上看，节庆一般具有地域性，它在同一文化圈内或认同同一文化理念的人类群体中发生。泼水节是傣族的节日，火把节的范围大一些，春节是中华民族文化圈内的节日，涉及的人数就更多，三八妇女节、五一劳动节则是跨国界具有国际性的特定人类群体的节日。至于诸如植树节之类，是根据“物以类聚，人以群分”的原则，在持有共同生活理想或社会责任感的人群中起作用。表现民俗风情之美的时令节庆具有引人注目的泛化效应。对同一文化圈内的人来说，这类节庆是日常生活的一个有机组成部分。只要是中国人，每年总要过春节，只要是傣族人，每年不会忘记过泼水节。对“圈”外人来说，异域文化所濡染的节庆活动，他们不必也不可能年复一年一次不落地置身其间。但由于距离所造成的令人神往的吸引力，会诱使异国他乡的人们以旅游的方式，跨越千山万水，投身于和本土文化差异很大的异域节庆活动氛围之中。

时令节庆以人类富有文化特色的生活为内容，其所高扬的是人类主体性的旗帜。时令节庆活动主体，是在孕育这种节庆活动的文化土壤中长期生活的特定人类群体；时令节庆活动的观赏主体，是来自于异地或不同文化区域的旅游者或本地的一些因为某种原因没有参与其间的居民；上述两类群体同时可以作为时令节庆活动的心理体验和享受主体。

（一）时令节庆的历史文化积淀及其美学魅力

时令节庆的美学生命在于其所具有强烈情感冲击力的浓郁文化氛围。人是至少一种文化的荷载者。宽泛意义上的“文化”人从时令节庆中，或者出于认同心理，觅求聊作慰藉的“似曾相识”的文化传统，或者，受探究心理影响，寻找足以激发兴趣的“人生面不熟”的新鲜状貌。以已有 2 000 多年历史、如今被誉为“神州第一鼓”的安塞腰鼓为例，这行如游龙、跃如猛虎、剽悍威武、气势磅礴的鼓阵，对于本土文化区域的农民来说，是庆贺丰收、欢度节日时表露内心喜悦的宣泄形式，对来自异域文化的旅游者来说，八面威风的安塞腰鼓，是理解安塞人六种劲头（能劲、狠劲、蛮劲、猛劲、虎劲、牛劲）的一把由感性通向理性的“钥匙”。六股劲拧成一团所迸发的鼓声，雷霆万钧，犹如排山倒海，那种豪壮气势，作为文化底蕴，无形中极大地感染着观赏者。这就是节庆活动中民俗文化的传播扩展。

一般而言，都市型的旅游节庆的文化外延可以划分为三大类：民俗文化、商业文化和艺术文化。上海旅游节的前身黄浦旅游节，在策划时，就十分注意体现富有地域特色的民俗文化，如“上海之根”活动，以古城松江为依托，集寻古、探源、观光为一体，追仰上海这块土地上所积淀的华夏古代文明；青浦大观园红楼文化活动，则熔民俗、民风、民情、民间礼仪于一炉，展示瑰丽的国粹画卷。加上包括戏剧、电影、音乐、美术、曲艺在内的各种艺术节目表演，再加上包括衣食茶酒扇等在内的商业文化展销，构成立体的节庆文化内涵的网络架构。

节庆活动越是历史悠久，越可能在长期的文化积累中形成鲜明的民俗特色，从而蕴含旺盛的生命力，获得被广大群众认同的高度可能性。柬埔寨的风筝节因战乱而中断多年。1994 年，在该国文化部的组织下，又重新恢复举行。原因是这个节日的历史渊源，可以追溯到 10 个世纪以前。法国远东学校的一位考古学家乔治·塞戴斯在柬埔寨发现了一块公元 971 年的石碑，碑文上清楚地记载着皇家风筝节的仪式和多种奖品。关于风筝，在柬埔寨还流传着主题是友谊和爱情的传说，因此，在那儿放飞风筝，也就是在放飞爱情和友谊。这就给我们以深刻的启示，节庆以民俗文化为根基，才具备为社会所普遍认同的群众基础，倘若新近创设的节庆，臆想编造的成分太多，文化内涵苍白，历史根源空洞，往往缺乏持续发展的可能性。

(二) 民俗节庆作为旅游的重头戏

民俗节庆活动是民俗风情游的重头戏。如广西三江侗族自治县的民俗风情通过传统的花炮节和芦笙节得到体现；山东省的民俗风情游产品系列，通过许多在国内外具有一定影响的节庆活动，诸如1月的淄博元宵节灯会、4月的潍坊国际风筝会、7月的荣成国际渔民节、8月的青岛啤酒节、9月的国际孔子文化节等，好像红丝贯珍珠，把具有民俗特色的旅游节目有机组合在一起。

民俗节庆活动有时可以作为旅游活动安排的主体内容，有时可以作为一根贯穿始终的主线，以滚动的态势，通过不断向公众推出富有创意而具有传统根基的节庆，构成招徕游客的旅游审美形象。新加坡的旅游业极为发达。其成功的旅游营销，是和五彩斑斓的展示民间文化和习俗的节庆活动密切相关的。翻检新加坡1996年节庆活动目录，我们可以发现，这个城市国家几乎月月有节庆：1月，有印度教丰收节、约翰走路高尔夫球锦标赛、回教亮灯节；2月，有印度教大宝森节、名剧《孤星泪》公演、新春妆艺大游行；3月，有“伸出双手——献给年轻人”的国际表演艺术节、克利斯帝第五届新加坡拍卖会；4月，有第九届新加坡国际影展、新加坡世纪艺术展、头发与梳子展等；5月，有卫塞节、新加坡交响乐团演奏会等。最终目的还是吸引游客购物。这种安排，体现了“以民俗文化为灵魂，以旅游节庆为载体，以繁荣商业经济为目的”的特色，很有借鉴意义。

与犹如“弹丸之地”的新加坡不同，我国地大物博、幅员辽阔，全国有影响的节庆活动如果经过一番精心组合搭配，可以从宏观上显示出时间流逝中的空间位移所造成的运动感。这就把时间流动性和空间变幻性有机地结合起来。

(三) 旅游节庆的万民同欢特性

从理论上说，旅游节庆是人民大众心目中的盛大节日，应当具有“万民同乐、普天同庆”的参与性质和泛化效应。节庆活动是人们感性生活美好体验的绝好机缘。参与节庆是一个与生命同时向前推延的过程。大家走出小家，置身于群众性的娱乐活动之中，观赏和参与在时间中不断推移转换的节庆活动，体验其中令人称羡的祥和气氛。地方性的旅游节，如何在显示地域文化特色的同时，区别于一般的大型联谊活动，而成为参与者覆盖面非常广泛的群众性欢乐庆典，是我国旅游业发展中遇到的一个值得进一步探讨的新课题。

第二节　社会风貌美

狭隘的旅游观念把旅游目的地囿于旅游风景区、度假区，其实，社会风貌也能构成吸引旅游者的旅游产品。如前所说的民俗风情、时令节庆，实际上也可以归入广义的社会风貌范围。狭义的社会风貌主要指的是旅游从业人员乃至于当地居民的德行操守、社区文化活动状貌、社会建设成就以及流行时风等，这些方面倘若按照美学的规律有机组合形成具有一定审美价值和令人赏心悦目形象特征的社会风貌美，本身就可以成为旅游目的地，用以招徕特定地区的客源，使之成为观光、购物、采风、商务考察、学习取经等旅游项目的客体。

一、德行操守之美

德行操守属于伦理学范畴，其核心支撑是人的意志力，从华夏文化传统上看，其与美学范畴所关注的审美感有着内在的深刻联系。

（一）美善相乐

人的美是和善密不可分的。我国古代先哲早就提出以“美善相乐”作为对人的整体审美判断标准。一个人，只有当他的言行举止自觉体现了导向于善的历史进步和社会发展利益的时候，才能真正成其为美。所谓德行操守之美，意味着必须以一己小我的某种意义和层面上的牺牲，换取大我的幸福快乐。倘若就像弗洛伊德的精神分析学那样，把整个人格精神分成本我、自我和超我，那么，德行操守的美就要求，人必须遵从超我的道德指令，抑制受“快乐原则”支配的本我的利己冲动，在现实社会中，以极大的意志控制力，作出世俗通常难以做到的某些有利于群体利益的事情。

超越受快乐原则支配的“本我”享乐主义潜意识的羁绊；与“见钱眼开”相反，有的出租车司机或酒店客房服务员拾金不昧，拾到游客放有巨额现款的钱包不动心，立即上缴，并且积极提供线索帮助寻找失主。这样的行为，超越了一般的世俗心理，表现出高度的精神文明境界，可以认为是一种社会美。有的旅游企业，员工拾金不昧已经蔚然成风，并多次见诸报端，在公众中树立了企业社会风貌美的良好形象，从而提高了公众对这个企业的信赖度。如果其中有些人产生旅游消费的需求，就会情不自禁地首先把这些企业当做通向接受服务的桥梁。

有的旅游区具有民风纯正的良好口碑，这在一定程度上会起到激发旅游动机的作用。有个故事发人深省：西藏阿里地区的藏族老乡有个传统，不管是在路边还是在草地，你放下一件东西，只要在上边压下一块石头，这就意味着这件东西已有了主人，无论多少天都不会有人动的。为了印证这个地方习俗的真实性，一群游客在离开狮泉河前往普兰的路上，将一个装有一个面包、一本笔记本和一支圆珠笔的档案袋，放在显眼的地方，压上一块小石头，就上路了。3 天后返回时，远远地，就看见他们原先放在那儿原封不动的档案袋。可以设想，旅游者对如此朴实的民风是情有独钟的。广西桂林阳朔县城内的西街，每年光顾的海外游客达 50 万，因此有“中西文化民间交流街”的美誉。“金发碧眼”的外国旅游者，在餐馆酒吧咖啡厅里用餐小憩消闲，从不用担心店主会“宰客”，因此生意格外兴隆。据观察，外国人在那儿的中国餐馆消费水准都不高，一顿饭顶多近 10 元，一瓶 5 元钱的啤酒要坐在那儿喝几个小时。热情淳朴的阳朔人并没有嫌弃老外吝啬，即使客人不消费，也照旧像朋友般与其友好地聊天。因此人们总结，“除了‘甲天下’的山水田园风光以外，热情纯厚的阳朔民风，也是吸引海外游人纷至沓来的因素之一”。

（二）文明蔚然成风而成风景

德行操守之美，有时候表现为超越“随大流”心理影响，坚持原则性的行为方式，作出平常情景中一般人做不到的有益于公众和环境的事情。以保持公共卫生的好习惯为例，把需要丢弃的废品杂物放进“马甲袋”，在一些欧美发达国家，已经成为公众自觉的行为，不足为奇。但在来自尚未普遍养成这类文明习惯的国家游客眼里，这就成了一种社会美。在我国，倘若一个城市的绝大多数民众都能自觉遵守城市环境保护条例和公民卫生守则，就会成为都市文明风景线上的一个亮丽的节点。

其实，像雷锋那样的德行操守之美的典范，目前在整个公众范围内毕竟是少数。对于大多数人来说，需要从小处着眼，逐步追求道德的自我完善。比如在上海，多年来新闻媒体一直坚持宣传，人生追求完美从“七不”开始。“七不”的内容说起来非常简单，但要使全体人民做到并不容易：不随地吐痰、不乱扔垃圾、不损坏公物、不破坏绿化、不乱穿马路、不在公共场所吸烟、不说粗话脏话。社会文明风尚的养成，有时需要经过艰苦的努力，需要从一点一滴做起。

文明的生活习惯的养成的确离不开舆论氛围的有效濡染。英国伦敦的市容市貌整治也经历了一个并不轻松的宣传过程。第二次世界大战后不久，伦敦百废待兴，人们对环境卫生的观念似乎也淡漠了。在泰晤士河两岸的大小街道上，不少人随手丢弃废物，垃圾成为一时之患。伦敦人别出心裁，组织学龄儿童走上街头，跟在成人身后，拾起成人遗落的废弃物，并告诉他们，请爱惜伦敦，请不要乱扔垃圾，然后还深深鞠一躬，道一声“谢谢”。任你是最冷漠的心肠，也会被童心所打动。让孩子教育父母、教育成年人，这种方法很快收到良好的效果。

如果每个人都“从我做起”，以德行操守之美为生活理想和日常行为准则，就能展示以人类文明为基础的整个社会风貌的美。这样，充分体现了人性向善的祥和协调的社会景象，本身就成为一件生活化的艺术品。曾有艺术家创作一个题为“大地走红”的艺术展，内容是以大地为纸，将两万把大红伞以造型随意点缀，穿插于青山绿水花草间，形成被称做后现代艺术的满园春色红满大地的巨幅美景。这一开放式大型艺术展，在国内诸多城市展出时，多次遇到红伞被窃、被人为毁坏的令人不愉快的事情。由于媒体的正确引导，当同一展览在上海植物园举行的时候，令主办者忧心忡忡的事情没有发生。记者报道说：“但见游客熙攘，徜徉于红绿相间的草坪、花木之中。有的在用画笔描绘这美不胜收的佳景，有的在摄影留念，始终未发现有游客恶意玩弄红伞的现象。即使有的游客随意借用红伞照张倩影，用后便又将红伞轻轻放回原处。此举顿时让人感到，不仅景美人也美。”我们可以想见，变“美”了的“人”本身也融合在“景”之中，构成美景的一个组成部分。

由此生发开去，如果某个城市的民众都能自觉遵守交通规则，如果某个村落至今仍路不拾遗、夜不闭户、和睦共处、相互帮助，如果某个学校的学生都能努力学习、尊师守纪、彬彬有礼、言行举止具有艺术分寸感，那么可以认为这就是一种值得赏鉴的社会美景。有篇游记曾以这样的语句结尾：“在鸡足山三天，好像生活在君子国，又好像走进了我们祖先梦寐以求的大同世界。”引起如此深沉感慨的，是在那片白族世代生息的土地上亲自经历的几件让人可以以小见大的事情。在鸡足山旅游，到处喝茶不要钱，而且，当地老乡还让你把水壶灌满了带走。心地同样坦荡诚实的旅游者心里思忖，开水是要柴烧，茶叶是要钱买的，这样义务供应茶水，岂不蚀本吗？对此问题，一家小店主人的回答是：“客人来一次鸡足山不容易，我们没有别的招待，供应点茶水是应该的。”鸡足山下的有个叫沙址的小集镇，店肆从无关门习惯，敞开的店面，既无门框，也无门板，更无钢卷闸门，从未因此而遭偷窃。有客人住在祝圣寺旁的一家兼营旅店的个体饭馆里，三大玻璃瓶药酒放在桌上，喝多少随你要，不另收费。晚饭后，女主人离店，就干脆把整个店铺交给偶尔投宿的陌生客。临别时，还热忱关照好好休息，明天一早她就回来。如此礼仪之邦的言行举止，让深受世俗濡染的游客惊诧不已。显然，谁都会被这朴实文化土地所酿就的美酒所陶醉。而令人陶醉的审美对象恰恰就是生活中的德行操守之美。

二、社区文化之美

所谓社区，是指由聚居在一定范围内的人们所组成的社会生活共同体。这样的社会生活共同体设若表现出诸如同心同德、朴实亲切、宾至如归、集聚共融和系统协调等特点时，便构成了具有莫大视觉（官能）冲击力和心理召唤力的社会美图景。

（一）同心同德的社区和谐美

人类文明发展依赖于群体协调所形成的合力。所谓“众人拾柴火焰高”，意味着无论是大规模的生产活动，还是展示地域文化综合魅力的社区活动，都需要一种同心协力的集体主义精神，以及在这种精神鼓舞下，汇聚人气集合智慧所形成的群众性创造力。以滥觞于当代文明社会的志愿者现象为例。举办现代大型节事活动，除了政府的组织协调、还离不开全民的积极参与，包括形成一支富有献身公益热忱和娴熟服务技能的志愿工作者队伍。2008 年北京奥运会和 2010 年上海世博会，城市社区志愿者们热心为公众服务的杰出表现，成为节事活动举办地的一道亮丽的文化风景线，因而赢得海内外普遍赞誉，其所蕴含的道理值得深入体悟。

全民性是社区文化之所以成其为美的一种重要原因。因为，全民参与是人民团结的象征。同心同德拧成一股绳的力量，是社区文化之美的灵魂。所谓“帮困送温暖”是较小范围内的社区文化之美，“希望工程”是较大范围内的社区文化之美。越是在社区成员之间、在社区与社区之间形成彼此沟通、相互学习、你我互助的风尚，越能显示群体的力量，越能显示因这种力量的支撑而促成的个体有所依傍的安定感。外国（外地）游客来到我国而青睐“家庭旅游”，意欲在某个社区的组织下“深入生活”，“当一天普通市民（村民）”，其实是想体验一种与西方社会个体至上的价值观念决然不同的东方文明意识，体验中国普通家庭里所流露出来的心心相印的亲情。如此情感也许会表现为大家动手拣菜剁馅包饺子，或表现为大家团团坐不分你我吃火锅，乃至于和主人一起到公园学打太极拳、手拎菜篮子上市场买菜。这类人生审美感受，可以在许多场合被鲜活地激发出来。

（二）朴实亲切的社区生活美

其实，社区首先是老百姓生活的地方，而不是什么供人观览欣赏的旅游目的地；但一个具有诗意栖居意味的社区，让整天置身其中的本地居民感到亲切，有着难以割舍的亲和力，有着很高的满意度和幸福感，本身就潜藏着某种招徕访客的吸引力。我们中国人走出国门到欧洲旅游，很多时候，津津乐道、流连忘返的正是那些充满生活气息的社区景象，比如德国的特里尔、法国的安纳西、比利时的根特以及意大利的威尼斯。

一些外国游客对中国城市社区普通老百姓的市井生活十分感兴趣。在他们看来，都市社区是了解中国的一本充满生气的书。他们在北京乐意“胡同游”，占全城1/3总面积的数千条胡同，凝缩着北京古老的历史文化，又是今天北京人活的博物馆，既古老又新鲜。在上海，他们则喜爱串里弄，而且还串出“名堂”，抓住一早一晚的最佳时机，从中发掘民俗文化的象征意蕴。在这些异乡客的眼里，上海里弄的早晨是“现实主义”的：妇女们拎着小菜篮子急匆匆出弄堂，丈夫们骑着自行车去取牛奶，老年人迈着小步出里弄上街头伸手弯腰，急着去上学的孩子站在里弄口等待父母买早点回来。上海里弄的晚上则是“浪漫主义”的：一对对夫妇、情侣挽着胳膊彼此依偎着陆陆续续走出里弄，或去剧院，或逛街或走亲访友。因此得出结论，上海市民大多数既会工作又会休闲。

（三）宾至如归的社区家园美

社区是居民的家，从宽泛的文化象征意义上看，又是一切生息在都市环境中的人们广义的足以依傍并能从中寻找心灵慰藉的精神家园。因此，走向未来的都市空间形象的塑造，就必须考虑到本地市民乃至于一切意欲到此一游暂时以此为家的人们的高级需求。从旅游美学的视野中，都市社区应当成为全体文明人类广义的家园，换言之，无论你来自何方，都能够在社区文化的海洋中畅游而有所收获，从中感受到某种人类所共同倾慕的温馨、散淡、闲雅、情意绵绵，从而让游客真挚地体验人生文明的曼妙娴雅。

作为一个开放型的都市空间，必须考虑到越来越多的境外游客或较长时间在我国居住的某些外国人（如外商和他们的家属）的社区活动需求。异域文化的烙印使得这些外国朋友，一方面由于探奇览胜的心理动机而对具有中国特色的文化传统及其旅游节目倍感兴趣，另一方面，他们又会受自身的文化之“根”的牵引而希求在陌生的国度里找到聊以医治乡愁或温习乡音的场所。上海雁荡路的原韩国领事馆，上海虹口区的第二次世界大战期间犹太难民居住地遗址等，都是来自相关国度的历史感极强的游客必然光顾之地。

（四）集聚共融的社区广场美

如今越来越多的城市（社区）广场，其所呈现出来的文化图景引起人们包括游客的高度关注。这类广场审美文化体现了两方面的内容，一方面是指广场建筑本身所蕴含的文化，如具有浓郁的地域特点和文化品位的广场建筑、雕塑以及相关配套设施；另一方面则是指在广场上开展的各类文化活动，比如专业或业余的各种艺术表演或展示、群众性的各种娱乐、体育等休闲活动。

如今，中国都市的社区大都十分重视广场文化的建设。在北京，每天清晨，天安门广场的升旗仪式，是许多外地游客、也是北京本地居民喜爱的一项神圣的观赏体验活动。人们观赏的是国旗班战士威武的仪态、五星红旗随着东升旭日冉冉升起的景象，体验的是民族的自尊心、自豪感和爱国主义的崇高情怀。上海的广场文化也很有特色。外滩陈毅广场的群众性露天音乐会，主题丰富多彩，有“喜迎东亚运，千童献爱心”，有江南丝竹演奏交流会，有“美的旋律·外滩音乐会”，有喜庆香港回归浦江两岸群众合唱会，因此而成为上海的一道璀璨的文化景观。有评论认为，“上海的广场文化充分展示了巨大的开放性”，主要表现为能接纳规模宏大而具有影响的文化活动，诸如百筝合奏、千笛竞鸣等强大的规模效应，是任何剧场都无法展示的。广场文化还是一个“社区性、地域性很强的空间文化集合系统”，卢湾区的广场文化与淮海路浓郁的现代商业气氛和历史形成的高雅文化传统相结合，黄浦区则依托外滩、黄浦江的丰厚人文内涵以及南京路独领风骚的商业文化氛围。上海是一座拥挤的城市，室内空间被高度利用，这就使得上海人养成喜欢参与户外文化活动的习惯。社区广场文化的出现，则为市民自娱自乐提供了活动空间和机缘，也为文化活动与旅游资源提供了结合的可能。

（五）系统协调的社区文化生态美

社区文化以人为中心，但作为社区活动主体的人，总是按照自己理想中的蓝图来构筑社区整体形象风貌，并以这种诉诸视觉感受的社区形象风貌，表现内在的文化水准，表现社会的精神文明建设所达到的高度。以英国伦敦为例。这座世界名城，是欧洲重要的旅游中心城市。研究认为，伦敦旅游业的兴旺与这座城市“在市容、市貌建设方面有让人瞩目的成绩，有自己的风格与特色”不无关系。到那儿游览的中国旅游者对伦敦的市容市貌的美丽留下深刻的印象：伦敦的大街小巷，状如鱼网，有几分扑朔迷离，但不乏清净幽深。商业街区的落地橱窗宽大敞亮，展示方式立意新颖、赏心悦目；市内的各大公园，一年四季绿草如毯，碧草如洗；园内湖水清澈，天鹅和各类水鸟，随意畅游其间，与儿童嬉戏；古老建筑，从哥特式到维多利亚式，使伦敦城区更显古朴端庄。伦敦街头，数以万计的街心花园和大小广场，大多有雕像点缀其间。在著名的鸽子广场中心，竖有引发英法人士间诸多争议的纳尔逊将军柱，在西敏寺大教堂可以瞻仰莎士比亚的雕像，雕像成百上千，任人评头论足，任人思索回味。曾经臭气熏天、鱼虾绝迹、令人望而生畏的泰晤士河，经过几十年的治理，如今已有近 50 种鱼类生存，两岸茶肆酒馆林立，游人如织。由此可见，作为一个旅游中心城市，在社区文化的感性外观的建设上，需要在这样几个方面作出精心筹划和刻苦努力：第一，在进行大规模现代化建设的同时，不忘保存古建筑“古朴端庄”的风貌；第二，商业街区的橱窗格调要“赏心悦目”；第三，要使具有传统文化底蕴的城市街道洋溢“清净幽深”的气氛；第四，生态环境质量要好，体现人与自然的和谐；第五，至少要有一条环境宜人的风景河道；第六，要有大量开放式的公园和广场以供游憩和人际沟通交流；第七，城市空间要用雕塑等做点缀以增加艺术情调。我们不难发现，国内的那些社会经济文化协调发展的城市，已经在这七个方面做了大量努力，从而向创设出能给游客留下良好印象的都市社区美丽的环境风貌迈开坚实的步伐。

三、乡土文化之美

如前所述，都市人的“根”在乡村。只是由于快捷节奏的生活和日益提升的物质追求，使得长久居住于城市的人们忘却了自己生命的源头，忘却了自己祖先赖以生息的土地。但是，只要“故乡情结”不在心头彻底泯灭，总有一天，归乡之梦会在心头缠绕，并且，他们会用实际行动来将这乡梦由“臆想”亦或“呓语”变成活生生的现实。

（一）旅游审美的“围城”现象

文明人类所面对的，主要是人工化的世界。随着历史的发展，人工世界的技术含量越来越高。微波炉代替了柴草灶，公寓楼代替了小茅屋，电视电话代替了画像书信，飞机火车快艇代替了马车牛车和木船。如此的生活的确使人们活得很省力，少了鞍马劳顿，少了风餐露宿，少了蚊虫叮咬，也少了荡桨摇橹夜行船。少了诸多野性体验的现代化算是高品质的生活吗？走向后工业化的人们提出反诘。

于是，在高技术的氛围中生活的人们，走出了都市的安乐窝，投入野外大自然的怀抱。有关抽样调查表明，在上海市区的居民中，51.4%的人将那些空气清新、有野趣的地方作为旅游目的地的首要选择。这或许多少反映了旅游中所谓的“围城”现象：城外的人想进城，看看这繁华喧闹的精彩世界；城里的人想出城，短暂地离开钢筋混凝土铸就的高楼森林，到小三峡去漂流，到黄山清凉台观日出，到南北雁荡去沉醉于如梦似幻的如同浓缩了的山水盆景园的氛围之中。从这个意义上去解读唐代诗人韦应物的《滁州西涧》，就会感悟出别有洞天的人生美学意蕴：“独怜幽草涧边生，上有黄鹂深树鸣。春潮带雨晚来急，野渡无人舟自横。”从文化象征的层面上理解，那“无人”的“夜渡”，所造就的是新时代的人生之舟的驾驭者。“苦旅”而能成“甜游”，就是因为在羁旅的苦累之中，能够激发人那潜在的旺盛生命力，从而振奋精神，意气风发地创造全新的美好生活。

于是，都市人的出游呈现出令人费解但又合乎文化互补逻辑的趋向：比一般的回归自然游更近一层，从妩媚清真秀美娴雅的山水，转向坚实中见淳朴的土地和艰辛中见野趣的田园。暂时离开城市的“安乐窝”，到乡村当几天农民，成了城市人追求的时尚。在德国，越来越多的人涌向农村，20世纪末，已有近60万德国人在郊外乡村拥有自己的别墅，仅1994年，就有400万德国人在乡村度过难忘的假期生活。于是一项新的业务也应运而生，那就是组织人们到农庄或牧场去度假，其间要充当义务的农场工人，在呼吸新鲜空气的同时，通过辛勤劳作，把白净的手弄黑些，把白净的皮肤晒黑些。在美国，竟然有群年轻人，主动要求到中国农村，一住就是半年，体验“面朝黄土背朝天”的劳动艰辛。

（二）乡土文化是生活的醍醐

或许，在紧张的都市竞争环境中生活的人们，需要在回归自然、田园和农桑中，追求“繁华过后”的宁静淡泊之美。就像有人所由衷感叹，宽阔的原野“令人着迷”，因为它使人能够获得“心灵的宁静与丰盈”。在崇尚“平平淡淡才是真”的人生哲学的人那里，乡土文化是生活的醍醐，它使人在“悠然见南山”般的境界之中，感受人生的平淡、恬适、豁达以及大彻大悟后的精神升华。

既然如此，我们就不难瞥见如今逐渐成为旅游业关注热点之一的农业观光休闲旅游的美学意义。从本体的意义上看，从城市到乡村，应理解为人类文明进化的一个大轮回、一个上行性螺旋，在离开乡村的日子里，人们似乎若有所失，有一种犹如柳絮随风飘拂无根底的失落感，因此，人们意欲回归广义的“故里”，脚踏实地地走在乡间的小路上，听一听那“路边的老牛在歌唱”，在“牧童短笛”的悠扬声中，追寻梦牵魂绕的乡情乡音，以使向往本真纯美的精神饥渴感得到缓解。

四、流行时尚之美

历史的车轮滚滚向前，不可阻挡。时代的发展轨迹，在日常人们的审美视野中，具体表现为处于不停流动变化之中的时尚新潮。在当今世界，人类生命的绵延和发展，特别是人类创造灵感的迸发和闪射，都会在社会流行时尚中得到感性显现。

（一）生生不息的流行时尚情韵

在社会领域，绝大多数的人们总是按照传统的或习惯成自然的方式生活，这样令人熟悉亲切的景象，久而久之，也会不由地使人萌发单调乏味的感觉。这时，体现生生不息之审美情韵的流行时尚，就会产生别开生面的诱惑性魅力，在人们眼前展示见所未见、闻所未闻的新世界、新场景、新气派、新氛围。流行时尚，对于超脱于流行文化圈之外的人们，对于心底仍旧蕴藏着革新创造企求的人们，具有启迪心智、拓宽眼界的新鲜刺激感。这是流行时装、流行音乐等文化样式具有巨大心理吸附聚集功能的重要社会心理原因。倘若某些地方总是在某些方面站在时代演变的前列，领导流行时尚的新潮，比如法国的巴黎时装和艺术、美国的百老汇歌舞好莱坞电影，那么，就有可能成为一种特殊的社会美景，对并非长久居住在此种文化环境中的人们构成旅游的吸引力。

（二）流行时尚与文化上的互补需求

流行文化景观可以满足人们在文化上的互补需求。流行，意味着运动。动感强劲的流行文化对于在稳态文化区域中生活太久的人们构成一种吸引力。反之亦然。以新世纪音乐为例，这种以宁静温馨、优美浪漫为特色的音乐样式，如 *Pure Moods*、《树的记忆》、《阿姐鼓》等，雅致而不艰涩，悦耳而不浅俗，对于长久地在快节奏的都市文化状态中过活而不免疲惫倦怠的人们，无疑具有容易被接受的充足理由，其在 20 世纪末的流行，绝不是偶然的。大都市不倦的流行新潮，从时装到家具，从快餐厅到咖啡馆，从花样不断翻新的市民休闲方式到街市橱窗不断更替的展品不断创新的美工，其实完全可以成为召唤亘古未变的乡村农耕文化区域中的人们的旅游吸引物。

“户枢不蠹，流水不腐。”生生不息地流动着的鲜活气韵，渗融在流行时尚的感性形态当中，透射出“长江后浪推前浪”的时代气息，给人以深刻隽永的心理享受。这是与那种“钻石恒久远，一颗永相随”式情感相辅相成的思绪。永恒与流行，其实反映的是生活中的变与不变的辩证法。不变是相对的，变才是绝对的。换言之，不断的流行是生活永远的主流。从这样的层面来感受和理解流行时尚，就会感悟其中难以言喻的美。

（三）今天的流行成为明天的经典

流行时尚总被认为是一种类似于昙花流星般稍纵即逝的东西。其实，真正广泛流行过并且深刻地打动受众心扉的文化形态，决不会因其感性形态的退隐而完全消失，其文化积淀会进入人们的内心深处，进入历史，一旦条件成熟，就会重新出现在社会活动的舞台，出现在可以感触的现实生活领域。就像服饰的流行色，以若干年为一个周期，特定色彩及其组合在由盛而衰之后，消停一段时间，会重新出现在T形舞台的时装模特身上，出现在日常生活的普通百姓的身上。与历史的必然相联系的流行文化，往往会倔强地以“换汤不换药”或“旧瓶换新酒”的方式展示在人们的面前，这时，个中人的“怀旧”心绪就会油然而生。

（四）一味跟随流行与本真自我的失落

凡事须从两面看，流行其实是一把双刃剑。不懂流行，便是老土，不追随流行，肯定落伍。但是，如果一味跟着流行走，就已经不是自己了。你要成为你自己，只有走自己的路。当然，人具有社会性。如今时代，要使自己完全与流行绝缘，也就放弃了与社会沟通的话语权。流行的使命是创新，流行的前提是开放。但是，创新不是一味标新立异，开放不是不要把关。这些问题也是我们必须要认真思考的。

以城市化与现代化作为当今世界流行的文明演化大趋势为例。走向现代化的都市，是否注定必须以涤荡一切旧有的历史陈迹因而改地换天旧貌变新颜，其实是个应当认真讨论和反思的问题。著名旅美华人董鼎山在美国常说“上海是我的家乡”，但在1978年他在别离家乡31年后初次回上海，却在精神上产生“陌生感”，如此感慨，是因为新上海高速度的建设，毁灭了他“少年的记忆”，许多当年的“旧迹”不见了。以后多次到上海，大兴土木把他记忆中的上海完全改变。在他的“回国印象记”的结尾是这样写的：“有人问我，喜欢不喜欢上海，要不要再回来？我只能说，在我记忆中还有几件珍贵的保留：霞飞路(现淮海路)、不远的兰馨大戏院、静安寺等，都尚存在。半个世纪前常去的戏院外我踯躅着，希望能重温初恋时期的味道。”这是一位“少小离家老大回”的海外游子内心的怀旧情结。

其实，即便一直在这个大都市中生活的老上海，一方面不断为日新月异的都市新貌而欢呼雀跃，另一方面又不时为都市旧貌的迅速变迁，从心底感到丝丝缕缕的失落。有人为上海会馆街最后也是最古老的一条弹硌路的去或留而揪心，有人为上海的一批在高楼大厦包围之中的明清时期的老房子的摇摇欲坠感到惋惜，也有建筑专家指出，上海南京路淮海路经改造虽变得漂亮了，但因为老街“整容”丢掉了原有的文化特色，而让人感到陌生，更有著名美学家为上海历史上留下来的建筑没有得到应有的保护，以至于消失在大量新建筑中，感到可惜。从这些发自肺腑的呼吁中，我们不难看到，都市社区形象面貌的改造，绝不仅仅是个城市建设的问题，而是一个有关人类文化心态平衡的问题，是与人对精神家园的终极追求密切相关的，因此，也可以说是一个人生美学问题，倘若把都市社区看做是都市旅游的一个有机组成部分，那么，这又是一个旅游美学的问题。如今越来越多的来自实践的城市建设例证表明，拒绝“流行”的老城旧貌，从某种意义上说也是“奇”货可居、待价而沽的旅游产品。

第四章 人类景观世界及其审美

核心提示

人以自身的形象为载体，可以构成社会领域中的一道不可缺少的具有观赏价值的风景线。人的形象美是一个内外相称有机组合的整体。外在的层次包括人的身高、身材、容貌表情、衣服妆饰等，所起的效果主要是悦耳悦目，即如通常人们所说的"顺眼顺耳"；内在的层次包括举止动作、仪态风度、气质个性等，所起的效果主要是悦心悦意，即通常所说的"顺心顺意"。

学习要点

人是自然性与社会性的统一。人体美是整体形象美的自然基础；服饰则是人整体形象美的文化体现；包括动作和表情在内，人的举止以具有艺术分寸感为美；气质之美是人的形象美的灵魂，其所体现的是人的文化水准和文明水准；在社会中与人交际的语言运用方式，是与提升自身的礼仪文化品位不无关系的形象塑造系列工程的必要组成部分。

作为旅游者，需要学会欣赏人类景观世界在旅游中的具体展示形态。从旅游服务角度上，我们必须思考怎样从人体美、服饰美、举止美、气质美和语言美高度协调的角度树立旅游从业人员的美好公众形象？

在整个社会旅游景观体系之中，人的美是诸如民族习俗美和社会风貌美的基础和本源。体现社会文明程度但又以个体面貌出现的语言美、行为美等，是促使民俗习俗、社会风尚真正成为美丽的观赏性社会风景线的重要前提。社会景观之美的创造，应当充分重视人自身的美所起的主导作用。

第一节　人体美

人体美，美在它的形式。构成人体形式美的三个基本要素是：人体表面的肤色质感、人体空间线条轮廓和人体整体形象比例。

一、人体肤色质感之美

人体表面的肌肤美，一是指肌肤的色彩光泽，二是指肌肤的抚摸质感。在世界各民族大家庭中，肌肤的色泽互有区别，一般可分为白、黄、棕、黑、红等肤色。每一种肤色的民族，总有自己的肤色审美标准。这就说明，肤色之美具有相对性。任何一种肤色，只要符合特定肤色的民族的审美标准，就可以被认为是美。

我们中国人对本民族的肤色之美也有比较一致的追求。这种追求表现在水色、血色和气色等三个方面。水色之美：滋润、细嫩、柔洁、透明；血色之美：面色红润、双颊红晕、满面红光；气色之美：实际上是水色、气色和精神状态的结合体在面部的最佳表现形式。倘若肤色与理想的标准有所偏离，人们就会想方设法来补救。比如，在澳大利亚，人们一度认为被太阳晒黑的皮肤，比纯真自然的白皮肤更美，因此，那里兴起过一股沙滩阳光浴的热潮；在中国，有美容专家刻意推销适合黄色人种的美容“皮肤修正液”，据说，对于有的皮肤偏黄的中国女性，先涂上一层这种修正液，能够为而后进一步化妆取得理想效果奠定基础；在戏剧舞台上，平常看来极为理想的肤色，在强光灯的影响下黯然失色，因此，少不了表演前的一番打扮。

此外，摩挲性的质感也是肌肤美的重要方面。所谓质感，是肌肤表面的客观物质特性给人以实际的或想象（间接）的抚摸感觉。以颇为常见的“青春痘”为例，这种东西，斑斑点点，既破坏肌肤的统一协调色泽，又造成抚摸上不顺畅滑润的负价值质感，也难怪，它令沾染此“痘”的少男少女平添烦恼、望而生“厌”。如今时尚的各种雪花膏、护肤霜，各种手法按摩、蒸汽熏蒸、香料敷抹，以人工的方式保护肌肤的自然弹性和光泽，从而获得良好的触摸质感和与此相关联的视觉美感。据专家的介绍，经常食用新鲜的蔬菜水果，也有养颜润肤的功效。

二、人体线条轮廓之美

人体体量的空间线条之美，具体表现在身高、身材和容貌表情等方面。通常在人们的审美观念里，美的人体总是和一定的身高标准联系在一起。身体特别矮小则成侏儒，如此天生的体量上的不健全值得同情，但毕竟和通常人们的人体审美观念是相互背离的，所以体量偏矮，难以呈现令人赏心悦目的礼仪风范。这就是为什么仪仗队队员总有特定的身高要求。有些特殊行业在招收员工时，比如，空中小姐、时装模特儿、餐厅服务生、宾馆礼仪先生，总有明确的身高标准，这其中就有可以理解的服务美学上的原因。

具有一定身高的人体，其轮廓线条应具有顺畅流动的美感。人体线条之美主要由直线和曲线所组成，人体是以直线为中轴的。常言道"站如松，坐如钟，行如风，睡如弓"。前两句所强调的，就是人在清醒状态下以直线为主干的审美形态。在直线的支撑之下求得身体的稳定感，然后，与曲线构成千变万化的精巧组合，形成美的人体轮廓线。

有人曾描述过这样四种女性人体线条的组合方式。第一，苗条，直线与曲线的协调组合，但以直线为主；第二，丰满，曲线与直线的协调组合，但以曲线为主；第三，干瘪，曲线紧贴直线，甚至向内陷落，直至消失；第四，臃肿，曲线完全掩盖了直线并向外膨胀，近于球体。我们不难区分上述人体线条的四种组合方式何为美，何为不美。

三、人体形象比例之美

从线条上分析人体美，意味着身高与身材有密切联系。身高符合标准，如果身材过胖或过瘦，身体的各个部分比例失调，也会因人的整体缺乏和谐，而不具备应有的职业上的外在形象吸引力。古往今来，许许多多的中外美学家、艺术家都在寻找人体美的合适比例。古希腊的数学家毕达哥拉斯的所谓"黄金分割律"规定，取一根线分成两部分，使长的那部分的平方等于短的那部分乘全线段，这样，所求出的图形的长和宽之比为 1∶1.618。人们惊奇地发现，无论哪种民族，理想的人体比例总是符合黄金分割率的：如果把手臂垂直，从头到中指尖为大部分，从中指尖到脚底为小部分，那么，这两部分之比，正好等于黄金分割率，则是最美的人体比例；如果以脐部为界，脐部至头顶为大部分，脐部至脚底为小部分，两者之比等于黄金分割率，亦是最美的人体比例。达·芬奇在研究中得出结论，有关于身高的合适比例为，从头到脚的纵向高度和双臂平伸的横向宽度相等。也就是说，人高和双臂平伸的宽度相等，并可容于一个正方形内；双臂向上左右伸直与头平行，下肢左右尽量伸开，则恰恰是在一个以脐为中心点的圆圈内。

我国民间流传的有关人体理想比例的程式性口诀，如"三庭、五眼"；"站七、坐五、盘三半"，与西方的人体黄金分割率有着异曲同工之妙。三庭：指人的长度比例。由发际至印堂（两眉之间）为上庭，由眉至鼻的下端为中庭，由鼻的下端至地脚下颌为下庭。这三庭基本相等。人的脸即为此三庭之和。五眼：指脸的宽度有五个眼宽。两眼之间有一个眼的宽度，两眼的左右各加一眼宽，共五眼。站七：人站立时的全长有七个头高。坐五：人坐时有五个头高。盘三半：人盘膝而坐时有三个半头高。

从总体上说，人体美，美在协调和自然。一副仙鹤腿，个子再高，也给人以重心不稳的感觉，这是因为身材比例缺乏协调性；体态容貌俱佳，可动作线条生涩，毫无流畅感，这是举止缺乏协调性。人体美一般认为是自然美的最高阶段，换言之，人的身材体型容貌举止之美的最高境界是"清水出芙蓉，天然去雕饰"，即便是化妆美容，也是遵循"自然就是美"的法则，美容的结果是离开了这一境界，便是美的失落。人体美的性别特征也应以自然美为上。健美运动的目标如果是让女性生成一身男性般的雄健肌肉，便离开了女性以"优美"为本的美学属性。蓄意为之的性别倒错，如"人妖"之类，扭曲人体性别的自然美，也许可以满足人们的猎奇心理，细究底蕴，却很难真正给人们带来高雅的美感。

第二节　服饰美

人是自然性与社会性的统一。人体美是整体形象美的自然基础；服饰则是人整体形象美的文化体现。井然有序、有条不紊的形式美格局，与粗放自然状态的杂乱无章、浑浊不堪相对立，获得有所追求的文明人类的由衷青睐。人们把这种对美的向往渗融在服饰的精心设计、制作中。这时的服饰，就远远超越了单纯的遮羞功用，成为与人的自我意识有着千丝万缕联系的审美创造物，因而获得更高层次的文化性质。人的服饰之美，主要表现在文明、个性、色彩和款式等方面。

一、服饰文明美

人的外表服饰，只有在与显现内在道德秉性并行不悖时，才有文化上的肯定意义。不文明不文雅的举止言行损害了这些人的整体形象美，因而，使得单独看来卓越非凡的服饰，在旁人的眼中毫无诱人的光彩。外在的服饰美，只有以内在的文明修养做支撑，才能真正焕发美的光彩。

如今，越来越多的企业领导人懂得了企业员工职业服与经营销售之间的辩证关系。作为企业形象重要组成部分的职业服，被看做是“企业形象的流动名片”。人们可以从职业服的款式、色彩、面料上，透视企业的特征、实力和文化品位，自然而然地产生信任感和亲和力，从而间接地有助于企业经济效益的提高。

二、服饰个性美

寻常的服饰具有艺术的境界而具有美的魅力，必须和艺术家所创作的作品一样，具有与众不同的个性品格。文明人类在服饰之美中所寄予的，是对自身聪明、才智和力量的肯定。服饰是人的内在文化本质的外在表现。懂得这一点十分重要。它将帮助我们把握运用服饰美化自身形象的灵魂，从而举一反三，装点出一个充溢着青春个性的自己。

当今世界的审美潮流，呈现出独树一帜的个性化趋向。据有关预测，一哄而起的流行装已不再吃香，独特别致、富于想象创造力的服饰已经成为时髦。为了赶这种“时髦”，有的时装“发烧友”开始不再迷恋名牌和精品，相反，他们会追求标新立异的自我设计，自己给自己制造流行，将心仪已久的梦想变成活生生的现实。这些有主见的人爱美，但并不盲从，常常根据自己的年龄、身材、气质及规定情境，独辟蹊径地选择和制作最适合自己个性的装束。

现代人越来越意识到：时装是一首诗、一幅画，但要可心可意，还得自己动手选料扯布来描画。一位在中外合资企业工作的小姐，自己动手制作了一袭上衣宽松、下摆较紧的连衣裙，面料是米色的，用灰色在领口、袖口、下摆等处镶边，不对称的下摆一侧还缀了一个黑色的大蝴蝶结，显得颇为得体入时。另一位少女，参考画报为自己度身设计，再请个体裁缝缝制成衣。那是件白底印黑图案的长袖裙，V字形领，上紧下宽。穿上身后，在脖子上似乎漫不经地系一根同样面料的窄布带，看起来飘逸流动又不失端庄高雅。富于个性化的服饰妆点出一个万紫千红、千姿百态的社会风景线。这将给来自异域他乡的旅游者带来极为良好的审美印象。

当然，显示个性品格的服饰，不是空洞的，而是通过具体的色彩搭配、造型韵律和款式风格体现出来的。

三、服饰色彩美

一般认为，色彩是服饰的灵魂。一般人在选择服装时，首先关注的是色彩，其次，才会考虑款式和质地。专家们认为，色彩、款式和质地，是构成服饰的三个最为关键的要素。三者相比较，色彩最活跃、最醒目、最敏感。色彩作为服饰的灵魂，是人与服饰之间的第一媒介。①因此，色彩成了人们对于服饰之美的第一选择。有材料表明，在国外，纺织品的色彩与纺织品的命运休戚相关。

现代人对于服饰色彩之美的选择，带有鲜明的时代特点，总体趋势上，呈现出对明快简洁、雅致舒展和清新自然等三个方面的追求。首先是明快简洁。在服饰色彩的流行总趋势上，人们大致上倾向于"简洁即美"的观念。当然，要简洁而不单调，常常需借助彼此呼应的形式美法则。一套衣服有许多互不相同的颜色，很容易使人感觉凌乱，倘若一种颜色多处使用，就会因为呼应而产生和谐统一。比如，穿了件红T恤衫，就用红色头绳来系辫子；有了银灰色的裙子，就撑一把银灰色的晴雨伞。如果穿了条彩色印花紧身裤，手上拿了件更为斑斓的印花上衣，贴身T恤衫的颜色也很浓艳，那么，周身装束一定要有一种主导性的颜色（比如绿色）反复出现，从而在看似单纯的重复中构成呼应，获得整体简洁明快的美感效果。

其次是雅致舒展。古代的中国人非常推崇君子风度，现代人（特别是注重礼节的英国人）则很钦羡绅士风度。无论君子还是绅士，在服饰色彩追求上，总会要求雅致舒展。惟其雅致，才能给人以"温良恭俭让"的宽仁大度之感；惟其舒展，才会显现"游刃有余"的从容不迫之风。欧洲一位设计名家说过："让人称为男士的高雅的，是因为它自然得不引人注意，但只要仔细分析其细节，就会显出高贵丰富的内

① 王金海.现代实用服饰美学.重庆：重庆出版社，1986：17.

涵。”我们可以从这位设计师那格言式的总结中得到有益的启示：男性服饰的雅致，首先必须自然而不突兀，绝对杜绝任何招摇过市的因素，其次必须耐人寻味，蕴藉隽永，饱含着一种内在的魅力。有鉴于此，男子的衬衫色彩花里胡哨也许可以被认为是洒脱，但绝不是高雅，因为显得整体格调不够自然；男子的T恤风格与鞋袜不相配，也许可以被认为是不拘小节，但谈不上高雅，因为显得整体形象经不起推敲。

第三是清新自然。现代人，特别是现代都市人，由于长久地居住在钢筋水泥森林的环境之中，往往会产生一种回归自然的冲动。有套典型的清雅纯情装曾一度格外引人注目，本色的真丝提花长喇叭裙，象牙白真丝衬衣，领肩处用咖啡丝带略加点缀。其实，无论对于男女，黑、白、以及作为两者混合的灰色，都将是最具聪慧眼光的色彩选择。

四、服饰款式美

如前所述，人们选购服装，首先关心的是色彩，其次便是款式。色彩感是人类最为大众化的一种美感形式。其所体现的是直觉情绪，诸如红色的温暖、蓝色的深邃、绿色的劲健、黄色的高贵。款式所给人们带来的感受，更多地渗融着理性的思考，包孕着较为复杂的社会内容。换言之，服装款式所体现的是一种特殊的文化内蕴，正是散发着文化氤氲的服饰款式，由表及里，传导和衬托出特定民族、特定个体的精神向往和追求。

有关服饰发展历史的材料表明，服饰文化内涵往往通过款式得到鲜明的表达。作为西方社会文化摇篮的古希腊，其典雅、飘逸而豪迈的民族性格，通过他们的典型服饰得到淋漓尽致的表达：男性穿无袖的短至膝盖的朵尼克式宽敞长袍，女性穿长至脚踝的爱奥尼亚式的无袖长袍，有时还披一件无袖的宽敞外衣。在精神受到严格禁锢的中世纪，服装款式极为单调乏味、最典型的是修女的装束，周身被罩在黑色的宽大筒袍里，用白色的硬领束缚颈部，脸上蒙着只露出眼睛和嘴巴的纱质口罩，还披上黑色齐肩的披风。近代以来的西方社会，普遍崇尚人的尊严、伟力和雄心，应运而生的服饰自然体现了这种文化理想。17世纪的意大利，流行一种巴洛克式的服装，框架博大、形式夸张、样式富丽堂皇。19世纪初拿破仑时代的法国，服饰风格模仿古代希腊罗马的典雅高尚，宽敞舒展的女式长裙，追求腰高腿长的“黄金分割律”效果，飘逸潇洒的下摆，去除繁琐的装饰，给人以高贵端庄的感觉。当代的西方服饰，极为注重人体美和个性美的展示。这一点，可以从时装之都层出不穷的流行款式中得到有力的证明。

与西方社会一样，我国的服装款式演化也是与历史文明的发展相同步的。且不论先秦的古朴敦厚、两汉的雄健庄重、唐代的博大开放、宋代的典雅俊秀、明代的清新纤巧，也不说清代服饰求宽、求长，用外在装束掩蔽人体美的封闭形式，单就现代一度流行的两种典型服装做分析：一是男式中山装，高度讲究对称，四个有盖的方形口袋，在单纯中有丰富，在严肃中有深邃；二是女式列宁装，翻领，双排扣，束腰带，斜插袋，充满活力的飒爽英姿，透射出勃勃朝气。这些无不彰显服装款式与历史发展的密切联系。

现如今的人们对时装有着更进一步的文化追求。现代人尤其希望超越传统的农耕文化，克服这种文化的某种粗放和简陋的状态，进行人格重塑，甚至力图进行自我外在形象的重新包装，以求与现代工业文明的舒展雅致情韵相一致。文明社会的绅士风度和白领丽人的品位，是当今社会都市时尚所追求的一种礼仪美学风格。正因为如此，在经济条件许可的前提下，现代人向往运用名牌服饰来包装自己，从而在感觉中提升自己的文化品位。

当然，服装的款式，往往通过种种形式美要素得到淋漓尽致的展示。这些形式美的要素主要表现在三个方面。第一是线条韵律的和谐。服装主要通过线条组成的节奏来传达意味无穷的韵律。以服装造型的轮廓线为例。无论哪种款式的服装，从外形上看，都有轮廓线。直腰式轮廓线给人以整齐、大方、端庄的美感，男式服装轮廓线大都采用这种形式；曲腰式轮廓线显现活泼、秀丽、苗条的魅力，女式服装大都采用这种形式。第二是总体格局的平衡。通过观察不难发现，人类本身的造型就是一个天造地设的高度对称的生命有机体。“以己度物”，人们自然倾向于用自身的平衡尺度去要求一切形象（包括服饰形象）具有平衡的特性。一般而言，服装只有在人的视觉感受中获得平衡的认同，才能真正诱发美感。否则，就会让人觉得不舒坦、不快慰、不惬意。第三是面料选用的得体。面料是直接影响服饰款式之美的一种不可忽视的形式美因素。设若把时装看做一种精妙的艺术组合，那么，款式和面料之间的互相呼应所完成的是一种由“无声”到“有声”的发声过程；如果说款式是一个构思的主题，那么，面料就是把这个主题表现出来的具体内容。即便是十分高雅的时装款式，如果脱离了合适面料运用的支撑，服饰之美也就变成了没有血肉的躯壳。正因为如此，一流的时装设计师们总是殚精竭虑地在面料的“花花世界”里做选择，寻求最能体现款式魅力的表现手段，从而凸显服饰之美。

第三节 举止美

人的举止之美，一般包括人的动作和表情，日常生活中人的一举手一投足、一颦一笑，都可以概括为举止。本节所要着重讨论的是，如何使举手投足富于艺术分寸感。

人的动作举止，在西方文化习俗中归入广义的社会性语言之中，所谓身体语言(body language)、姿势语言(gesture language)，说的是人类在特定的文化环境之中，逐渐形成的一种约定俗成的表达方式，那就是用整个身体为媒介来传导思想感情，甚至传导某些通常意义上的概念性语言所难以表达的内容。"言为心声"，身体姿势也是语言。因此，人体动作也是人的内在思绪情愫的外在表征。

就语言的发生发展历史而言，传导信息的媒介，身体动作要早于狭义的文字性语言。在人类还未发明文字性语言时，就已经学会用身体动作来交流思想感情了。这一点，从至今尚存的人类历史文化的"活化石"——某些原始部落的具有表情表意功能的动作姿势中，可以得到证明。

即便是文明人类，往往也习惯于运用某些身体动作，来简洁地表达复杂的意思。有些特殊的意思，在特定的民众群体之中，早已与特定的动作姿势建立稳定的联系，并且越来越在广泛的范围内获得认同。例如，OK、胜利、很好等。

文明人类在实践中发现，当人体动作具备某些形式美要素时，就会变成静止的图画，或变成流动的舞蹈，让人看了赏心悦目，获得难以言喻的美感。古人云："站如松，坐如钟，睡如弓，行如风。"前三句是人体的静态美，最后一句说的是人体的动态美。无论静态、还是动态，都具有艺术性。站立如同青松般的挺拔俊伟、端坐好像铜钟般的稳重安定、睡觉恰似弯弓般蓄势待发，这样的姿势好像绘画；走路好比轻风行云般的起伏流动，这样的姿势如同舞蹈。

从艺术辩证法的角度来看，人体静态美讲究稳态镇定；人体动态美讲究动态飘逸。静态要像绘画讲究平衡对称的构图章法；动态要像舞蹈体现张弛有致的韵律节奏。

在日常生活中，设若将具有表达思想情感功能的人体动作图案化、舞蹈化了，也就是说，隐含着绘画般的匀称格局、蕴含着舞蹈般的和谐节奏了，那么，此时此刻的人体动作，就成为人形象美的一个有机组成部分，成为人的内在性格品行之美的外在表现形式。

日常生活中的动作美化，有其基本要求。这些要求主要表现在四个方面。

一、彬彬有礼

绝对和粗鲁、野蛮风马牛不相及，举止的彬彬有礼要求举手投足的文雅悠闲、富有教养。彬彬有礼的举止往往和特定的礼貌用语结合在一起，构成待人接物的礼仪风范。以接待客人时说的两个字“请坐”为例。我们能够设想，在说“请坐”时，非常得体地作出相应的动作，以体现一种彬彬有礼的君子风度。在做“请坐”的动作时，需要用左手或右手轻轻一扬，手抬得太高，显得过于随意，不够谦恭，手抬得太低，又似乎过于局促，显得太拘谨了一些。扬起的手臂与身体之间，应该处于合适的夹角才显得美观。倘若接待的是不常见面的年长客人，扬手动作太快太慢都不合适。太快了，有点漫不经心的样子，未免显得过于随随便便；太慢了，或者显得有气无力的样子，精神不够饱满，或者像在开玩笑，给人一种不庄重的印象。可见，彬彬有礼也意味着，扬手的动作节奏快慢必须恰到好处。

客人坐下后，接下来的待客程序是敬茶。一般来说，向客人敬茶，端杯的具体姿势可以有变化，但一定要用双手，特别是招待重要来客时。成双成对，对于中国人来说，具有特殊的文化象征意义。如果手拿托盘，盘中放着数杯香茗，为多位客人敬茶，格外得体的做法是将托盘放在桌子上，然后一一用双手捧杯向客人。当然，也有例外。例如，在茶馆，服务员一手托茶盘，来到客人的桌前，然后用另一手，分别将一杯杯茶，轻轻放在每位客人的面前。如此做法并不有失礼仪。

彬彬有礼，与人在特定场合走路的频率也有关系。不妨从对自然现象的观察入手，来理解走路快慢中的礼仪问题。在拟人化的人们眼中，企鹅总是被冠以绅士的头衔，原因之一，或许就是企鹅走路总是显得慢条斯理、不慌不忙的样子。这就给我们以启示，绅士淑女般的彬彬有礼，要求有一派走路的从容不迫的风度。待人接物的社会交际场合，东窜西窜像老鼠似的走路，是缺乏应有的礼仪规范的表现。朝气蓬勃的青少年，举止绝不能弄得像东烘学究，老气横秋。因此，需要从小养成一种彬彬有礼的风范，在特定的该讲究规矩的场合，言行举止能够有板有眼、能够斯斯文文、能够温良恭俭让、显示一派富有教养的气度。

二、落落大方

与害羞而忸怩、胆小而拘谨相反，落落大方追求的是待人接物的一份真挚的洒脱。拿自然美来比喻，人的举止落落大方如同瀑布。落落大方的瀑布，理应纵身一跃跳坠山涧，一点儿也不含糊，洒脱而无所羁绊，没有迟疑、没有困顿、没有犹豫不决、没有左右为难。因此，在待人接物的时候，就应该抛却太多不必要的顾虑、丢弃太多不必要的禁忌，果断一点，潇洒一点，坦荡一点，一举一动显示出青少年应有的开放襟怀，显示新时代的人们应有的健康向上、光明磊落的胸臆。

与浮躁粗疏相反，落落大方追求的是有条不紊、井然有序的形式美格局，在实际生活中，要求我们表现出一种言行举止讲究法度章程的禀性。有条不紊所创造的是一种井然有序的格局美。遵守公共秩序，按照企业严格的操作规范行事，也就是在创造有条不紊的美。比如，文明社会的银行，普遍推行"一米线"的秩序规范，无论在柜台前等候服务，还是在自动柜机前准备取款，倘若前面还有顾客，后一位就应当站在划定的一米线外。如果我们在哪家银行里看到大家都自觉遵守秩序，静静地在一米线外排队等候，那么，这就是一种文明人所应体现的落落大方的美。

三、精神抖擞

青年人的举止之美不同于中老年人，后者可以稳重老成乃至于以老气横秋为美，好像早晨八九点钟的太阳的年轻一代，行为动作需要有一股子冲劲，要显得精神抖擞的样子。与此相关，麻利敏捷、利索干脆、精神饱满、干劲冲天，就成了朝气蓬勃奔向未来的跨世纪一代新人之行为美学特征。

让我们来看看与日常生活联系极为紧密的人体姿势——站姿，是如何体现精神抖擞的美学风格的。古人所说的"站如松"，要求挺直腰板，两手自然下垂紧贴裤子边缝，双腿笔直站立不能有懒散的弯曲，整个身体的重心居中，不能有失重的左倾右斜。试与睡觉的姿势相比较，"睡如弓"意味着人体的放松姿势，应当有所弯曲。惟其弯曲，才能让周身肌肉处于松弛休息状态。与此正好恰恰相反，站立，要求身体处于紧张亢奋状态，因此而显现出生命力量蓬勃张力，虎虎而有生气，精神抖擞，充盈着昂扬的文化底蕴。站立而像青松，表面上看来是静止的，其实，静止的形态，内在蕴蓄的是一股力拔山河的壮阔气势。中国古典园林中的建筑物飞檐翘角，那犹如飞机俯冲曲线般的造型，分明显示了一种轻盈流动的向下顺滑又向上飞跃的动势；再看那水平状展开的一条好像碧潭涟漪般的波纹线，显然具有一种横向流动蔓延的动感。这就是视觉形象审美中的被美学家称做“不动之动”的张力运动。劲松的树冠造型像锐角三角形。锐角三角形和钝角三角形不同。锐角三角形具有“气冲霄汉”的意味，钝角三角形则显得“脚踏实地”一些。锐角天然具有一股向上升腾的张力。就像我们看一架矗立待发的火箭，虽未升空，但在人们的意念想象的世界里，锐角状的火箭，积蓄着向太空升腾的强大张力。松树的形象，同样会在人们的视觉审美中获得高耸入云的动态升腾意味。当人的站立姿势像青松一样的时候，之所以被认为是一种美，其原因就是：以静寓动、动则升腾、直指蓝天、气贯长虹。

因此，我们就不难理解，为什么犹如青松般的站立形象，是一种充盈着动势的静态壮美画面，为什么解放军卫士站岗时的形象，能给人以信心和力量，为什么在校学生在军训时进行队列操练时，站立姿势是训练的重点之一。

对于青少年来说，精神抖擞并不是一种特别高不可攀的行为美学特性。年轻人理应精力充沛、精神饱满、精气旺盛。从生理气质上说，外向型的人比较容易显得精神抖擞，反之，过于内向则一般会影响行为方式，使之具有某种意义上的“慢郎中”的特点，有时候让人觉得像“温氽水”；从性格特征上看，积极进取型的人比较容易显得精神抖擞，消极倦怠型的人比较容易显得温氽，有时候让人觉得未老先衰。内向封闭、消极倦怠的年轻人，在社会交际中将给人以不良的印象。

第四节　气质美

气质之美是人的形象美的灵魂，其所体现的是人的文化和文明水准。正是这种在较为长期的社会实践和自我修炼过程中形成的人类形象美的核心，超越了人的容貌之美、服饰之美，成为人们完善自我形象的首要关注的目标。

一、内在修养之美

非凡脱俗的气质，之所以具有令人瞩目的黄金般珍贵的高尚心理价值，就是因为它在整个人的形象体系诸多细节要素之中，占据统摄一切的地位。从某种意义上说，在人的形象体系之中占据“核心”、“灵魂”地位的气质，是内在修养的外在体现，蕴于内而形诸外，能使人真正神采焕发、气韵生动，在社会交际场合中透射出先声夺人的魅力。

二、外在风度之美

作为优雅气质外在表现形式的风度，有时也能“化腐朽为神奇”，使一个身体条件并不出色的人耀眼夺目、动人心魄，反之，风度品格庸俗低下，即便满身名牌，只怕也会糟蹋了穿在身上的名牌衣服。有篇文章说得好：“有些人长相并非‘沉鱼落雁’，然而，无论什么衣服穿在他们身上，都有款有样、超凡脱俗。你说不清楚是人诗化了衣服，还是衣服诗化了人，反正会让人感到顺眼，感到和谐，感到其举手投足之间有一股属于‘这一个’的气韵在流动……一个气质优雅的女人能把一件蓝印花土布裙穿出千种风情，一个举止庸俗的女人，纵然把天下最名贵的时装堆砌在身上，也只能是‘俗不可耐’。”

风度是一个人形象美的社会文化属性，带有一定的抽象性，但又不是不可捉摸的。在日常生活中，风度神韵经常通过人的容颜装束等外在形象要素直接表现出来。社会往往以由表及里的方式，通过对特定个体容颜化妆、服饰打扮等现象，对其气质品位作出判断。人们往往是通过最直观的方式，通过对言行举止或装束打扮的观察中，对特定个体的气质作出判断的。这也从一个侧面告诉我们，当进行自我形象设计时，哪怕是在选择一件外套，选择一种发型，选择一类化妆品，其实也是在考验自身的气质品位的高低。也许，外套、发型、化妆品无所谓绝对的美丑贵贱。但是，单独看来挺漂亮的外套，如果穿错了地方，也会给人以丑感，由衣及人，就会给人带来负面的评价。

三、眼神之美

除了衣着装饰，人的容貌，特别是作为“心灵窗户”的眼睛神态，也能够反映一个人的气质品格：炯炯有神表明富于进取心、进攻性；目光锐利表明富于洞察力、性情强悍；视线游移不定表明心神不宁；眼睛呆滞无光则表明思维迟钝或严重悲观失望。正因为如此，著名长篇小说《简·爱》中的那句话才具有格言般的隽永意义：灵魂在眼睛中有一个解释者——时常是无意的，但却是忠实的解释者。正因为眼睛神态是人类灵魂的“忠实解释者”，是两扇洞开的极为透明清澈的心灵窗户，人们才有足够的理由把察言观色看眼神当做审视情思秉性的重要依据。所以,作为美国历史上最为著名的总统之一,林肯常常从部下的眼神里“解读”其性格和能力,这绝不是毫无依傍的猜测和臆想。

四、谈吐之美

与眼神一样,“言为心声”,语言也是人的气质性情的重要“解码”器。有个故事或许可以帮助我们理解,什么样的日常交际用语,可以称得上是富于人格魅力的气质。在纽约飞往日内瓦的飞机上,有位旅客不断为难空姐,但后者却不厌其烦地做好每件事情。突然,那位刁难人的旅客无理地说:“你是我所遇到的最笨的人!”设想一下,如果是你,遇到这样的难缠的旅客,将会怎样回答呢?请看那位空姐的独到做法:“您真是我所见过的最可敬的先生,”空姐平静地回答说,“但很有可能,我们俩都说错了。”这位空姐的绝妙回答,既不失礼,无损于空姐优质服务的良好形象,又维护了个人的自尊,体现出一个有教养的工作者的高雅气质风范。如此幽默的回答,决不是胸无点墨、毫无修养的人所能想象得到的。因此,想要让说话有水平有分量,不是一蹴而就的诀窍,不是偶尔闪现的灵感。长期的优良文化传统的熏陶和滋养,才是提高自己的言行举止文化品位的关键。

第五节　语言美

那个空姐“彬彬有礼”的故事是发人深省的。其给人的启发在于:在社会上与人交际的语言运用方式,的确是值得探究的一个有趣问题,是需要努力学习并掌握的一种生活技巧,是与提升自身的礼仪文化品位不无关系的形象塑造系列工程的必要组成部分。

交际语言是人在社会实践领域中获得事业成功的重要前提之一。美国著名作家戴尔·卡耐基曾写下一系列的书籍,循循善诱地告诫人们,怎样顺利有效地与人交际,在友好交际中,寻求通向成功之路的机缘。他从实际社会生活的描述中,总结了让别人接受自己的想法——也就是成功地说服别人的 12 种方法:(1)在一场争辩中取胜的唯一办法是避免争论;(2)尊重别人的意见。决不点明别人的错误;

(3)如果(自己)有错,要赶紧爽快直率地承认错误;(4)要以缓和、友好的方式开头;(5)设法让对方很快地说出“对,对”;(6)让别人畅所欲言;(7)让别人感到想法是他自己的;(8)要真诚地尽量从别人的想法来看问题;(9)要同情别人的想法和愿望;(10)要求助于比较高尚的动机;(11)使你的想法惹人注意;(12)使用激将法。可以看出,这些说服别人的方法,并不是每个人都了然于心、熟稔于口的。因此,才需要格外的留意、用心的钻研和特别的训练。

交际语言是一种需要经过刻苦学习才能够熟练掌握的生活艺术。之所以把它称做是“艺术”,并不是随意而为之的夸大其词,而是有着坚实的美学根据的一种结论。因为,在实际生活中,足以产生良好的和睦感情、增进信息交流效率的交际语言,是与三种艺术样式紧密地联系在一起的。

语言的美学魅力与语言的三个最关键的要素联系紧密。语言三要素指的是字形、字音和字意,它们分别与三种典型的艺术样式建立水乳交融般的联系。以书面语言的字体造型为基础,发展成为书法艺术。在世界上没有哪种书面语言像汉语那样,经过几千年文明演化,成为一种别出心裁的艺术样式,具有相对独立的审美价值。以口头语言的发声为基础,发展成为朗诵艺术,话剧演员的念台词,就是一种特殊的在抑扬顿挫中传导语言音韵之美的朗诵表演。字意是语言的灵魂,正是语言的特定内涵,发挥着反映生活实际时绘形状物的功能,以及社会交际时传情达意的功能。语言的绘形状物、传情达意功能,依赖于语言接受者的一种特殊心理秉性,那就是悟性想象力,即透过字面,由表及里地领略体味内在意味的感悟能力。文学,被称之为“想象的艺术”,因为,它不像绘画、书法那样,可以凭视觉感受,直觉地萌发“赏心悦目”的美感,也不像音乐、或音乐般的朗诵那样,可以直觉地滋生“悦耳明心”的美感,相反,它需要读者具有一种通过对书面语言的深入理解,去解读内在隐含的隽永意味的悟性想象。

一、礼貌用语和谐美

旅游生活从某种意义上是个社会交际的过程,既然是交际就离不开礼貌用语。当代文明人类都会记取这几个常用的礼貌用语:你好、请、对不起(没关系)、谢谢、再见。

这些礼貌用语所体现的是一种和谐的情感意蕴。以和谐为主的情愫,是一种曼妙的审美图景,如和风细雨、莺歌燕舞、平湖秋波、春江花月。充盈着优美情韵的礼貌用语,所体现的绝不是指手画脚的盛气凌人,而是尊重他人、关爱他人的绵绵情怀。

美学中的和谐，在社会领域中，表现为彼此的心灵默契、双方的坦诚谅解、你我的融洽沟通、大家的礼尚往来。用理论的语言来概括，和谐之美是主体和客体亲密无间的融汇以及消除差异的统一。

以“对不起”为例，这句话表明，在给人添麻烦时内心的真挚愧疚抱歉，作为和谐的反映，自然就是“没关系”；再以“谢谢”为例，发自内心的感激，是对别人良好社会道德行为的由衷肯定，作为和谐的反映，自然就是“没关系”；当主人热情地“请坐”、“请喝茶”时，“谢谢”自然就会脱口而出；当与友人道别时亲切地说声“再见”，合适的回应自然是同样亲切的“再见”。

二、言传心声音调美

在交际时，选择合适的礼貌用语，有时并不能够保证得到良好的促使群体感情和谐的效果。原因在于，礼貌用语词义上所蕴涵的和睦感情的潜能，只有通过恰如其分的语音语调传导，才能真正现实性地发挥作用。同样说一句话，词句原本的正面含义未变，只是因为说话人说走了调，而造成相应的听话者并不乐意的感觉。原因在于，“听话听声，锣鼓听调”，日常生活中的人们往往并不局限于语言的字面意思，而是通过言语“口气”揣摩说话人的心思。语音语调确实能表达人的内在情感思绪。据国外有的学者研究，语言音调与音乐音调彼此具有内在的亲属关系。同音乐一样，语言在人类文明的长期演化历史中逐渐形成了准确的、与特定感情状态相联系的音调轮廓。在特定语种里，同一个字，按照规范语音发音，一般只有一种样式。但在实际运用时，情形却相当复杂。说话人往往自觉不自觉地根据表达感情的需要，使特定语音产生某种变异，从而构成表情性的语调。既然如此，我们就有必要特别注意说话所谓的“口气”。“谢谢”要说得真诚，“对不起”要说得恳切，“你好”要说得客气，“请”要说得热情洋溢，“再见”要说得余音袅袅。

俗话说：“到什么山唱什么歌。”礼貌用语要上升到艺术的境界，需要特别注重讲话的场合。我们必须根据所处的环境性质，选择适当的礼貌用语，选择适当的语音语调来使用特定的礼貌用语。再以一个简简单单的“请”字为例。首先，我们要根据特定情境，对“请”进行必要的补充加工，使之成为完整的礼貌交际语句。一般而言，可以在“请”之前，冠之以合适的称呼，比如，“×老师”、“××同学”之类；同时必须在“请”之后，续之以富于表现力的动词，比如“坐”、“喝茶”之类。其次，赋予“请”字以蕴涵特定感情色彩的语音语调。如上所述，“请”必须说得热情洋溢，但是，对待你所尊敬的好老师，与对待你所熟识的好朋友，这份“热情”，应该怎样得到更为确切的表达，却有一番讲究。我们可以通过尝试，找出彼此的不同点，并在语气上得到准确反映。

再以一个明明白白的“谢谢”为例，有本《你了解自己吗？》的书，甚至提出，只有按照下列六条原则去做，才能够被认为真正学会说谢谢了：(1)真诚，发自内心；(2)明确，不要含糊嘟囔；(3)指名道姓；(4)注视被谢者；(5)找机会感谢别人；(6)出乎意料感谢别人。

三、适时道谢祥和美

为了更为准确地把握说声“谢谢”的时机，让我们不妨列举一下，在哪几种场合下，我们必须不忘道谢：(1)当别人为自己做了点什么的时候；(2)当接受别人的礼物的时候；(3)当受到赞扬的时候。

以上三种场合，前面两种比较容易理解，通常，我们都是这样做的。第三种一般是西方人的交际习俗。但是，由于近年来中外的交流，这一习俗已经为我国年轻一代所接受。一些青年人在得到别人真心褒奖时，不再以传统的方式，谦虚地说声“过奖了”、“哪里哪里”，而是受英语语境和西方文化影响，情不自禁地说声“谢谢”，这也不是什么奇怪的事情了。

礼貌用语要求，一是“发自肺腑”，二是“语调亲切”，三是“切合情境”，四是“言行一致”，它意味着，要把礼貌用语看做包括口语和体语在内的整体性的人类文明用语。

四、言行一致协调美

与适当的礼貌性口语紧密契合，人的整个神态、表情、动作、姿势，都必须予以相应的配合运作。很难想象，当你迎接来宾说“你好”的时候，并不作出微微点头的动作，而是昂着脑袋，一副趾高气扬的模样；也很难想象，当你在欢迎贵客说“请进”时，双手下垂紧贴裤子边缝做立正姿势，而不略微扬手弯腰的样子。

配合礼貌用语的相应动作姿势，既要自然妥帖，又要美观大方。自然，要求不夸张；美观，要求忌丑陋。就像礼貌用语发自内心自然而然一样，与之相伴随的体语，所传导的是“天然去雕饰”的文明情思，在淡泊如水的一举一动之中，透露着浓烈如酒的友好韵味。比如，在门口迎候客人时说声“请进”，略微点头弯腰即可，倘若做鞠躬 90°状，表面上看来似乎是在做极为真挚的一个动作，却因这个动作与我国本土文化习俗相距甚远，显得过于夸张，最终给人以滑稽的感觉。

所谓“美观大方”，要求伴随礼貌用语的姿势动作，应当尽量讲究形式美感，足以催生视觉上“赏心悦目”的感受。以所做的“请进”姿势为例，单就手指而言，过于僵直或过于弯曲都是不美的，手指之间的间隙过大显得松散也是不美的。

五、出语不凡智慧美

交际，是对人的智慧品质的严峻考验。我们固然不能说，面对生人的木讷、迟钝、不善言辞，注定是智力低下者，历史上的许多文化名人，有的性格内向，终日闭门谢客，苦思冥想，终有成就，为众人所仰慕；但是，我们并不能因此而得出结论，交际只凭一颗心，诚挚待人就可以了。相反，在当代社会中，“外面的世界真精彩”，这“精彩”部分包含着这样一层意思，那就是，许许多多的邂逅奇遇，纷纷扰扰的陌生遭际，洋洋洒洒的随机攀谈，风风火火的短暂描述……构成一道道包孕着成功机遇的交际难题。迎难而上，智慧地破解富于挑战性的难题，有助于使得人类风景线平添亮色，增进人生审美体验的深度、广度、厚度和浓度。

交际语言的智慧殿堂有许多值得探究的话题。面对社会交际场合的陌生人，如何打破沉闷，是个很能显示人的智慧品质的交际技巧。在舞会上，在候车室，在同一个旅游团队里，难免会和陌生人相遇，这时，彼此不说上两句，有时会使双方都感到无趣、寂寥或尴尬。那么，这时说什么呢？一般认为，“天气”是个最好的谈话内容。诸如：“你好，今天天气真不错，不是吗?”“今天天气真糟透了，雨下得这么大”。假使你想介入旁边几位的交谈，可以这样插话：“对不起，打断一下，你刚才提到……，我是这么认为的……”“抱歉，打断一下，你说的我认为很有道理，我想补充的是……”当对方有了友好的反应，你就得见机行事，想办法把话题接下去，或“借题发挥”，或“节外生枝”，与对方攀谈了。

聪明的人总是能够避免唠叨，根据规定情境简洁明晰地表达自己的意思。在简洁有效的表达方面，新闻学上所说的撰写新闻消息的几个“W”做法，值得参考：When（何时）；Where（何地）；Who（谁）；What（何事）；Why（何因）。它说明，当我们要简洁有效地描述的时候，主要抓住的要点就是这五个“W”：在什么时间、在什么地方、是谁、发生了什么事情、原因是什么。当然，我们不能生搬硬套这五个“W”，而要根据实际情境选择尽量简洁的表达方式。

在交际场合善于提出各种各样的问题，是交际智慧的一种表现。因为在与人攀谈时不断提出问题，首先可以显示提问题者的谦虚好学、虚怀若谷，同时，在一系列问题的诠释解答过程中，你可以得到教益、得到启示；其次，把自己放在友好的聆听者的位置，有助于赢得友谊，当对方发现有这样一个"知音"在真心诚意地听他发表见解时，总是格外得意；第三，提问有助于积累一些关于对方个人的信息，这些信息对于发展和巩固与对方的良好关系，将会产生重要的作用。

除了认真提问，满足对方的成就感和自尊心的另一个方法，就是恭敬地倾听。通常，人们都喜欢得到愿意倾听自己的忠实听众。卡耐基在他的著作里，说起过一个关于林肯总统的故事：在南北战争最艰苦的岁月里，林肯写信给一个在伊利诺伊州斯普林菲尔德镇的老朋友，邀他到华盛顿来，说有些问题需要和他一起探讨。这位老邻居来到了白宫，林肯为发表一篇解放奴隶的宣言是否适当同他一连谈了几个钟头。整个晚上都是林肯一个人在说话，几个小时过去了，林肯和他的老邻居握手道了晚安，没有征询他任何意见就将他送回了伊利诺伊州。仿佛这次会面已经清理了林肯的思路。那位老朋友说："谈话以后，他好像轻松多了。"林肯那时候并不需要别人的意见，而仅仅需要一个友好的、富于同情心的听众，这样他可以向那个听众卸下自己身上的重负。从这样的事例中，卡耐基生发开来得出结论："当我们遇到烦恼时都需要一位忠实的听众。这也正是怒火冲天的顾客、心怀不满的雇员、受到伤害的朋友所需要的。……你如果希望成为一个善于交谈的人，那就应当先成为一名专心的听众。……要提出那些对方乐意回答的问题，鼓励对方谈论他自己以及他的成就。"

事实上，当与一个陌生人或初次见面的朋友交谈时，所运用的恰如其分的交际语言，常常具有委婉的拐弯抹角的成分，此时此刻，如果过于直截了当，往往会给人造成缺乏教养和风度的印象。比如，有些提问句式诸如"你是否能告诉我……"之类，就是运用委婉语，说话带点儿犹豫，带点儿尝试性的口吻。倘若你处于被问者的位置，有些问题你可能不知道答案，或者出于某种原因，不愿意回答，则可用委婉的方式作出反应："我不能肯定地回答您，让我查对一下……""问得很有深度，请允许我想一想，等一会儿再回答您……""我很想回答您，但是(话头一转)……""这个问题问得好，但是，很抱歉，因为某些原因，我在这里不能回答你……"。前两句使用的是"缓兵之计"，第三句采取转移视线的办法，第四句则先用肯定稳住对方，然后委婉地拒绝回答有关问题。

拒绝别人请求同时不伤害对方的自尊，必须做到：首先，运用委婉的礼貌用语；第二，寻找合适的借口。就后者而言，西方人称之为“不怀恶意的谎言”。但是，一定要注意，必须自圆其说，以免造成明显在撒谎的印象。在某些友好讨论的场合，当你要陈述自己的不同意见时，言辞不要过于激烈，以免意气用事，引起无谓的有伤和气的争论，最好使用婉转的方法，表达真实想法和见解：“有时候我会那样想……”“我有个真实的感觉，那就是……”“你不认为另外一种意见值得考虑一下吗？这种意见认为……”。

如果别人的诘难正是冲着自己而来的，不必针锋相对，可以避其锋芒，以守为攻：“请让我再重复一遍……”“对不起，请允许我来解释一下……”“那确实不是我的本意。我的意思是说……”“请让我从另外一个角度来分析……”。

在社会交际场合，特别是在西方社会的人际交往中，常常需要运用委婉语，劝说别人去做对他们自己有益的事情。这时候，我们必须根据两个原则，来确定选择何种方式的委婉语，提出建议或给予忠告。这两个原则就是：第一，你所建议的事情难度和引起他人不愉快的程度；第二，你谈话时所扮演的角色以及对方的身份。正因为所谈的是个棘手的话题，有可能引起对方不愉快的心绪，才要求我们处心积虑地思考谈话的方式，避免过于直率而引起不必要的抵触顶撞心理。正因为自己所扮演的是对方亲密朋友的角色，才有必要对这类有时纯属隐私的事情，作出自己责无旁贷的建议和忠告。

这是一种直截了当的劝告方式：“你最好还是……”。如此直率方式不如委婉方式来得效果好：“我在想，你是否考虑过……”“我想，这也许是个好主意……”“你是否已经想到过……”“你没想过这或许是个好主意……”“如果我是你，我的做法是……”“为什么你不想想……”。

委婉语的运用实在是一门关于生活的大学问。学会婉转含蓄地表达特定的意思和见解，是人类文明的一杆重要的标尺。它所衡量的是你的胸襟、气度、修养和风范。只有胸襟坦荡，才能在与别人争论时，不过于锐气逼人，而是虚怀若谷，采取迂回战术，不紧不慢地表明自己的态度，不一味迁就屈从，但又能循循善诱，将事理如“春风化雨、点滴入土”般地润泽对方的心田；只有气度不凡，才能在受到心理伤害时，不闭门生闷气，直面当事人，避免争执，委婉地澄清事实，给对方留下面子，多做自我批评，使得是非曲直成为映照双方的一面镜子，彼此“有则改之，无则加勉”；只有修养精深，才能在需要请求别人时，大大方方地求助于人，但又不过于直来直去，以避免在对方断然拒绝时弄得大家难堪，而是巧妙地运用尝试、探索的态度，并不掩盖自己的迫切需求，把抉择的余地坦陈在对方面前，促成对方“游刃有余”的自由感。只有风范高远，才能在至爱亲朋需要规劝帮助时，满怀赤诚之心和高度的责任感，委婉地分析前因后果，动之以情，晓之以理，毫无教训斥责的口吻，使对方萌生高度的信赖感。

特别能够体现一语惊人智慧美的是富有幽默感的谈吐。可以认为，幽默是交际语言智慧美所能达到的最高境界。幽默是英语“humour”的音译。《美学辞典》中认为，幽默是喜剧性的一种表现形式，它通过比喻、象征、夸张、寓意、双关、谐音、谐意等手法，运用机智、风趣、凝练的语言，对社会生活中怪讹、不合理、自相矛盾的事物和现象做轻微、含蓄的揭露、批评、揶揄和嘲笑，使人在轻轻的微笑中否定这些事物和现象。幽默有时并无讽刺意味，只是一种轻松的玩笑，表现一种诙谐风趣。

六、绘声绘色的艺术美

学习绘声绘色的技巧，最好的范本，是既富有生活气息又蕴涵艺术韵味的文学作品。

学习艺术性的文学语言，关键是学习文学语言的凝练美、含蓄美、立体美、绘画美和音乐美。我们已经分析过语言的音乐美，在此仅谈谈其他四个特性。

凝练美。文学的形象性，并不要求描绘时的面面俱到，相反，需要的是用语精练。我们读一些优秀作品，就会发现其中有一些极为凝练传神的语词在闪闪发光，使人过目不忘，片刻成诵。如，郁达夫的《故都的秋》一文中“一层秋雨一层凉”一句，大有辛弃疾“而今识尽愁滋味，欲说还休，欲说还休，却道天凉好个秋”的神韵；黄河浪《故乡的榕树》一文中写道：“在睡意朦胧中，嫦娥驾一片白云悄悄飞过，有桂花的清香向榕树的枝头轻轻洒下来。”一个“洒”字，用得何等传神，它凝聚着嫦娥对美好人间的一片柔情，寄托着游子不尽的乡恋乡情。正因为如此，我国古代早就提出“炼字”、“推敲”的要求，通过千锤百炼使得凝练的词语起到以一当十的效果。

含蓄美。含蓄追求的是一种蕴藉的审美境界。固然，有时，一览无余的文字也能产生痛快淋漓的美感，但惟有含蓄蕴藉的语言，更耐人咀嚼，更回味无穷，具有“余音绕梁，三日不绝”的效应。唐代诗人贺知章的《回乡偶书》云：“少小离家老大回，乡音无改鬓毛衰。儿童相见不相识，笑问客从何处来。”最后一个“笑”字，以乐写悲，哀婉备至。诗人久客他乡，世事沧桑，心头的无限感慨，通过儿童的天真笑问，隐隐透露出来。作者用“笑问”做结，有问无答，弦外之音全在其中。

立体美。创造立体感是雕塑的特点，因为雕塑形象，尤其是圆雕，是360°地呈现于观赏空间之中的。语言艺术也应使所创造的形象具有立体感，因为生活本身是立体的、多侧面的、多姿多彩的。在写景的时候，立体的描述文字，能对景物做远近、高低、上下、内外的调节，产生丰富的层次感。吟咏脍炙人口的唐诗：“两个黄鹂鸣翠柳，一行白鹭上青天。窗含西岭千秋雪，门泊东吴万里船。”仔细分析，诗歌画面里的视点竟是那样富于上下远近调焦的变化……文学作品在反映社会生活时，更是多侧面、多角度地展示人物的复杂性格，使之成为血肉丰满的典型形象。高尔基的小说《母亲》中，描写母亲受儿子巴威尔的影响，走上革命道路时，不是一味拔高她的坚强性格，而是真实地展示她逐渐超越谨慎、恐惧和懦弱，走向大无畏的奋求斗争的全过程。因此，人物形象就变得更加真实可信。这类艺术典型，被评论家称做不同于“扁平”型人物的“圆”型的立体化形象。由于其更艺术地接近生活，因此，也就更具有强烈的艺术感染力。

绘画美。与绘画用线条、色彩、明暗构成视觉形象相似，文学也可以用语言通过“诗情”传导“画意”，通过描形状物的形象刻画技巧，构筑一幅幅想象中美妙的图画。色彩是最为大众化的一种审美形式。文学通常极为擅长运用色彩描绘反映社会生活尤其是大自然的诗化景象。那句叶绍翁的“红杏枝头春意闹”，那句王安石的“春风又绿江南岸”，那段朱自清的《绿》，那篇欧·亨利的《最后一片叶子》……无不在色彩上大做文章。敷设色彩所创造的是绚烂的艺术画面。比如，鲁彦的《听潮》：“在平静的深黯的海面上，月光辟开了一款狭长的明亮的云汀闪闪地颤动着，银鳞一般。远处灯塔上的红光镶在黑暗的空间，像是一个红玉。”

想象性语言的运用，是真正推陈出新、独辟蹊径的一种艺术创造，因此在社会交际场合具有非同一般的感染力。有个故事说，一位衣衫褴褛、双目失明的老人在巴黎大街上乞讨，他身边立着一块木牌，上面写着：“我什么也看不见。”过往的行人看了看木牌，都无动于衷地走了。一连几天都是如此。一天上午，诗人让·彼浩勒经过这里，了解到这些情况后，悄悄地在木牌上那行字的前面添了“春天来了，可是”这几个字。晚上，让·彼浩勒又经过这里，遇见了乞讨的老人。这位老人笑嘻嘻地对他说：“先生，不知为什么，下午给我钱的人多极了！”为什么诗人让·彼浩勒的语言改动，改变了那位双目失明的老人的生活境遇呢？不就是想象性的语言在起作用吗？

第五章 艺术景观世界及其审美

核心提示

作为狭义视角的人文景观的艺术景观，包括实用艺术景观、造型艺术景观、表演艺术景观和环境艺术景观。本章建基于美学理论平台，对与旅游活动有着密切联系的上述各类艺术景观进行分析，以期发掘其内在的审美意味。

学习要点

自然景观、社会景观和艺术景观在概念上有联系也有区别。通常所说的人文景观，与社会景观和艺术景观相关。艺术景观所指的是狭义的人文景观。

从旅游者的角度，我们通过解析艺术化人文景观的主要美学特性提升旅游审美感悟的质量，从而有助于促成“高兴而来，满意而归”的旅游体验之形成。

从推动旅游业的角度，我们需要思考如何从协调整合角度有机糅合艺术景观世界的各种表现形式从而构筑美好的旅游大环境；同时，需要做深层思考的是：如何在旅游资源开发过程中，充分发掘艺术化的人文景观所隐含的社会历史内容？如何理解这种内容与特定自然背景的美学联系？

狭义的人文景观主要指的是富有艺术感的建筑景观，广义的人文景观涵盖面要广泛得多，包括一切人工创造的充蕴着丰富社会历史文化内涵的景观。

景观世界也就可以分成自然景观、社会景观和人文景观等三大类。之所以做这种划分，原因在于它们彼此间有着较为明显的个性特点。如果说，自然景观虽不无人文因素，但在外在形态上还是保持着不事雕琢、原汁原味的特点，那么，人文景观则是人类运用自然化的媒介物作为物质材料，在此基础之上按照一定的构思和设想，进行加工、改造、重组或独创，从而构筑出来的带有突出文化属性的人工化的景观。正是在纯自然和人工创制上，自然景观和人文景观有了鲜明的分野。社会景观与人文景观的区别在于，前者直接以文化创造的主体——人为载体，以人为社会景观世界的主角和广义的表演者，后者则以感性视觉形态无形地沉淀着人类创造过程中所展露出来的聪明、才智和力量，作为人文景观创造者的人，并不直接出现在景观形象上。

所谓狭义的人文景观，说到底是人工化的景观(artificial landscape)。这类景观包括两层含义：第一，模仿自然物的客观形态而人工建造的某些景观，如人造瀑布、假山等中国园林景致；第二，人类按照审美理想和文化观念精心构思设计的艺术化的景观，其表面形态与自然事物的原生态状貌相距甚远，带有突出的艺术感染效应，如天安门城楼、东方明珠电视塔等标志性建筑物及其他诸如三大名楼之类的古建筑等。相比较而言，艺术化的人工景观比仿自然的人工景观具有更为明显、深刻的人文因素，更能体现人文景观的本质属性。

从大旅游的视野中审视，有些原先被人漠视、轻视的视觉形象，比如社会性的语言标识、广告标牌店招等，也应当作为环境艺术的一个重要组成部分，被囊括到人文景观中来；有些艺术门类，如雕塑、绘画、音乐、舞蹈等，一旦走向社会，亦将成为一道足以让人流连忘返的风景线。

第一节　实用艺术景观

实用艺术景观，是指兼有使用价值和审美价值的诉诸视觉感受的景观。这类景观首先与人类的日常生活紧密联系，能够满足人们的某些实用性需求。比如屏风具有屋内的隔离屏蔽功能、折扇具有扇风降温功能、花瓶具有盛水养花功能、家具具有置放物品功能、各类美的建筑物具有挡风雨、遮烈日、保温抗寒等功能。这种以实用为主、审美为辅的艺术，在生活中最为常见。其次这类景观以其优美的造型、协调的色彩作用于人们的视觉，诱发舒适闲雅的心理体验。风格各异的壁挂、绢花、铁画以及室内装潢等，其实用性能被高度淡化，因此成为以审美为主、实用为辅的艺术样式，受到人们的欢迎。

一、建筑艺术之美

建筑艺术属于实用型艺术，一般而言，其实用功能是主要的，其次，兼及审美观赏价值。

富有艺术性的建筑种类很多。仅以古建筑为例，包括古城建筑、宫廷建筑、陵园建筑、寺庙建筑、石窟建筑、佛塔建筑、桥梁建筑等。

建筑之所以能成为艺术，是因为它通过特定的建筑艺术语言，诸如空间组合、体量、比例、质感、色调、韵律以及某些象征手法，构成一个丰富复杂似乐曲般的视觉形体构架，展示一种空间性和表现性相统一的造型美，形成蕴含特定意境的艺术形象，诱发观赏者的情感共鸣。

建筑的美主要体现在由形体、色彩和质感所组成的可视性三维空间形象中。建筑艺术区别于戏剧舞台的布景，它不是一幅平面铺陈的图像，而是一个在三个向度（前后、左右、上下）展开的立体空间。建筑的实用功能的实现，建筑的视觉美感效应的取得，都依赖于这个三维向度的空间容量。舞台上的悉尼歌剧院布景，只是作为表演的背景，毫无任何可居可留的实用性，生活中的歌剧院却是一个可以容纳观众进行文化娱乐活动的场所。更重要的是，这一建筑物的形象，直接成为都市乃至于国家感性形象的一个有机组成部分，给人们造成活生生的视觉印象。建筑视觉形象美的构成，离不开物质材料的运用。材料的色彩质地是建筑艺术美的两个重要形式美要素。色彩是最为大众化的美感形式。建筑造型由于运用不同的材料，进行不同的装饰，会呈现出不同的色彩。江南民居的白墙青瓦、皇家宫殿的金壁红柱，有的是建筑材料的本色，有的是覆盖于材料之上的装潢色，它们直接构成强烈地影响观众视觉感受的形象色彩，观众则将映入眼帘的特定色彩组合转化成与美感相联系的感情色彩，比如，红的热烈、白的纯洁、黄的高贵、绿的活力等等。本真的建筑材料所具有的质地感，也是美感的重要来源。原木铺就的小桥显得质朴、钢铁大桥显现工业技术气息；古典的大理石墙面显得粗犷，现代的高层大楼玻璃墙则显得晶莹剔透。根据建筑物的美学品格定位，选择合适的材料以凸现特定的质地美，是建筑艺术设计能否获得完满审美效果的重要环节。

空间，是建筑的主角。建筑的空间形象重在表现，而并不在模拟。建筑艺术的形象并不注重现实写真，不以真实客观地反映生活的本来面貌为己任。儿童乐园中的蘑菇形小屋、船形秋千、大象形滑滑梯，如此象形设计富有童话趣味，却不是建筑造型设计的通例。建筑的可视性形象作为“抽象的形式美”，以类似于音乐般的节奏旋律，直接表达人类的内在情感。据说，“乐圣”贝多芬在创作著名的《英雄交响曲》时，曾受到巴黎圣母院的启示，因此他深有体会地说：“建筑艺术像我的音乐一样，如果说音乐是流动的建筑，那么建筑就是凝固的音乐了。”的确，建筑的形体、质地和色彩，由于体现了形式美的规律，精当地运用空间组合、质料配比、色彩调补等手法，能给人以韵律和节奏的感觉。著名建筑学家梁思成生动地描述说，节奏和韵律是构成一座建筑物艺术形象的重要因素。

建筑艺术的这种张弛有致的音乐节律，蕴含着意味隽永的情感。建筑与音乐的内在联系，主要在于它们都具有通过美的形式直接表达情感的特点。欣赏音乐时，人们会感到那随着时间推移而流逝的曲调，仿佛在拉着自己的心弦，情不自禁地产生情感共鸣。同样，具有情感表现特性的建筑，也能通过视觉感受直接给人带来某种宽泛、朦胧的情感意味。我国古代宫廷建筑，往往以其严整的中轴线布局，讲究对称，所渲染的是一种庄重威严的情调。诸如苏州园林之类的建筑，玲珑剔透的假山，秀柔轻快的亭阁，洋溢着和煦的人情味。近年来全国各地兴建的一些大型建筑，特别是一些与旅游有关的建筑物，如北京的都市立交网络、上海的金茂大厦、广州的白天鹅宾馆等，则让人们从中体味到中华民族所特有的坚定信念、恢宏气魄和锐意进取的精神风貌。

建筑形象是社会人生的空间展开形式。因此，人类社会的群体性，也会在建筑之美的构成中得到一定的体现，即，注意单体建筑物与周边环境（包括其他建筑物和自然背景）的协调统一关系。法国古典美学家狄德罗所提出的“美在关系”的命题，在这种场合大有用武之地。处理好建筑群内众多单体形象彼此间的映衬配合关系，对于寸土寸金的大都市空间形象的构成，显得格外重要。诸多由于拥挤而间隔很小的都市高大建筑物，在人们的可视范围内尽收眼底，但由于缺乏相互间在形象设计上的呼应，往往给人以紊乱杂沓的感觉。艺术化的建筑物讲究彼此的协调照应，更注意与自然背景融为一体。按照有关研究，优秀的建筑总和周围的自然空间环境浑然一体。天坛与泰姬陵的“崇高神圣”，离不开无垠的蓝天白云；崇山峻岭的有力衬托，才显出万里长城逶迤飞动的雄姿；金字塔的“静穆”与一望无际的沙海相协调；悉尼歌剧院的“风帆”状造型，如果出现在丘陵地区而不是蓝色的海湾将魅力顿失；流水别墅的“轻快欢愉”，显然是由于跌落瀑泉的衬托；朗香教堂的“神秘”之感，则与四周茫茫的田野景色有着密切的关系。

建筑的体量一般比较大，具有强烈的视觉冲击力，不以人的意志为转移地映入眼帘，悦心悦意，诱发美感，因此自然成为人文景观的主体。正因为如此，大型建筑物设计的美学品格追求，对于旅游目的地建设显得十分重要。一些有经济文化发展战略眼光的旅游企业决策者，在考虑豪华星级酒店外观造型的时候，花费大量精力甚至可观的财力，殚精竭虑、费尽心思，力求使其别具一格，让人过目不忘。

二、室内装潢之美

建筑艺术之美侧重于外在形象，建筑物的内在装修设计和陈设布置，则属于室内装潢艺术的范畴了。

空间划分、色彩选择以及材料运用是室内装潢艺术的三大要素。建筑的内空间划分首先要考虑的是其实际功用性，其次是美学上的空间感。歌剧院的内在空间的宽敞开阔，是为了获得良好的声学效应、容积率和视觉舒畅性能。酒店客房的空间分割必须符合相应星级宾馆的面积标准，超标固然使房间显得气派，但会因此增加造价，如想降低建造成本而使客房过于狭小，则会给客人的室内活动造成不便，同时会在星级评定时被扣分。装潢材料的色彩的选择配比，直接关系到室内空间格局所造成的美感效应。必须充分注意到色彩的情韵格调与设计主题的吻合对位。餐厅的夸张浓艳色调用在酒店客房中就未必合适，客房的温馨色调用在歌舞厅也会让人觉得不够强劲。建筑装潢材料运用的华贵与否，与美学品位的高低，并不具有直接正比例关系。贵重建材的胡乱堆砌，缺乏精心构思而没有风格个性，不能给人带来美感享受。普通材料用得恰到好处，能收到“化腐朽为神奇”的功效。有的豪华酒店，在装潢凸显怀旧主题的酒吧时，用不事粉饰雕琢的暗红色砖块砌墙，墙上还挂上两杆古旧的猎枪，钉上锈迹斑斑的马蹄铁，照样显得品位不俗、格调不凡。有的建材，比如大理石、花岗岩或柳安板壁等，其天然色泽和花纹别有一番装饰情趣。建材的自然质感，如汉白玉的润泽、水晶石的晶莹、黄杨木的淳朴和花梨木的华贵等，也具有不可忽视的装饰效果。

室内装潢必须遵循三个基本美学原则。首先是总体美学风格的统一，其空间布局、色彩配比和材料选择，需要服从于一个统一的美学格调，避免杂沓琐屑；其次是文化风情的追求，对于跨文化的游客来说，室内装潢要能反映特定民族风情和地方习俗，较为准确地传导异国情调或本土氛围，能激发文化认同感，或满足探奇览胜的心理；第三是体现个性化的陈设布置格局，即便是表现约定俗成的某种装潢风格，比如，日本式卧室、意大利式的客厅、西班牙式的包厢，也必须重新进行一番推陈出新式的设计构思，让人产生不落俗套的耳目一新之感。在接待非常重要的来宾时，有必要对室内装潢陈设按照"个性服务"的要求，适情顺性地进行一些必要的修整调节。

三、建设成就之美

建设成就之美，在于它们是人类自身无形魅力的有形雕塑。一个文化区域的建设成就，无论是过去时代的基本建设杰作，还是当代城市改造中涌现的架构，都以其个性化的形式格局，从不同角度体现了高度自由的智慧创造力，是人类聪明才智和力量的凝练化表现样式，成为人类肯定自身伟大和崇高的一种直观感受方式。

现代一流大都市建设成就，集中表现在一些文化性设施上：如一流的体育中心（以万人体育场为代表）、文化中心（以博物馆图书馆为代表）、艺术中心（以音乐厅歌剧院美术馆为代表）、展览中心（以国际博览会为代表）、娱乐中心（以大型主题公园游乐场为代表）、教育中心（以高等学校为代表）等。只有经济高度发达，才有可能筹集足够的资金建设如此大规模的文化性建筑物。惟有这样壮观的文化性设施群，才能真正体现当代高度的物质文明和精神文化成就。因此，大型文化设施就成为都市感性形象之美的一个重要组成部分，具有令人赏心悦目的游览价值。

在工业文明时代，体现建设成就之美的重要场所之一，是那些著名的大企业。大企业是社会物质文明形象的诞生地。与在社会公众环境中展示出来的建设成就有一点不同的是，大企业可以通过大机器生产流程，向人们呈现美如艺术品的工业产品的生产过程。"美在过程"的美学定理在这里表现为一种流动的、生生不息的美。在汽车展销会上观赏一辆名车，和站在生产这种名车的流水线面前，感受是截然不同的。在工业流水线面前，"七宝楼台，拆碎不成片段"，产品的整体形象美是难以体现的，但是，却可以微观地观察构成整体的细节之美，以及在把诸多细节连接成有机整体的时候所表现出来的高度精湛娴熟的技艺，还有不断"推陈出新"的生产流程给人们带来的动态变幻感。在此时此刻，一切均如行云流水般地演进，像是在"聆听"一曲轻快跳跃的音乐，胸臆间的任何僵化凝固的感觉，仿佛都会被这件视觉音乐作品一扫而空。

在欧美国家的一些大型企业，出于树立自己的良好公众形象，或者借机促销的动机，纷纷将自己的工厂向公众开放，因此而引发了一股工业旅游的热潮。在美国，几乎所有的大企业都有向公众开放的制度，只要事先与公关部门预约，任何人都可以在对外开放的时间由公司职员引导参观公司，许多深受公众瞩目的著名企业因此也就成为旅游胜地，如位于华盛顿的造币厂、休斯敦宇航中心，甚至CNN总部也开放其播音室，让游人隔着玻璃从高处俯视参观。在德国，奔驰汽车的买主可以飞赴斯图加特，参观汽车总装线，如果愿意的话，可以穿上工作服拧几颗螺丝钉，到工人的食堂去吃一顿饭，体验"奔驰人"的生活，再购买一些印有奔驰商标的钥匙圈、丝巾、手表等小纪念品，最后到交货中心去取预订的汽车。在钟表之乡瑞士的拉绍德封、快乐谷等城镇，游客除了参观各家公司附设的博物馆以外，还可以与钟表制作大师们攀谈聊天，或者当场订购手表。

有些原先纯粹属于生产性的设施，诸如运河、渠道、大坝、电站等，经过一定的加工、包装，就能兼顾旅游功能，使参观者从中感受当年建设者卓绝奋战的艰辛。浙江安吉县境内漫山竹海的峻岭中，一座装机容量达180万千瓦、总投资近百亿元的世界级抽水蓄能电站于2000年竣工投产。这座气势如虹的伟大工程，已经成为湖州市旅游景点系列的有机组成部分。水利设施成为旅游景点已有成功先例。据新华社消息，闻名于世的河南省林州市（原林县）红旗渠，作为水利设施，是20世纪50年代当地人民艰苦奋斗的创业精神和大无畏气魄的结晶。多年来，林州市先后投资上亿元，进行了总干渠的技术改造、灌区的自动化管理和"太行三峡"等近百个景点的开发建设，使红旗渠成为集生产、科研、教育、疗养和娱乐为一体的现代综合生态旅游风景区。

有些兼顾实用功能和娱乐的建设成就，比如高耸入云的电视观光塔，往往可以一边发挥电讯传播作用，一边又成为游客登高望远的理想旅游目的地。像上海东方明珠广播电视塔，就是一个规模宏大、项目丰富的综合娱乐城。更重要的是，这类建筑物所拥有的巨大体量和醒目高度，能使其成为地区甚至国家的标志性建筑物。法国巴黎的埃菲尔铁塔之独特造型深入人心，因而具有罕见的国际知名度。

由于文化互补原理在起作用，一些在本地作为日常生活有机组成部分的物质文明建设成就，比如通常被看做交通工具的地铁，由于其高技术含量的缘故，有可能成为审美对象，被格外予以关注。比如，上海地铁一号线从上海火车站到锦江乐园段于1995年初试运行时，吸引了很多上海市民。他们带着游览的兴致乘坐地铁，有的甚至坐几个来回“过把瘾”，并且对崭新的地铁车厢造型和内部装潢欣赏不已。

当然，要使地铁这类营运性交通工具成为旅游吸引物，关键是营造高技术环境中的富有特色的文化氛围。墨西哥早在1984年就开始利用地铁空间营造文化氛围。它先是进行儿童绘画展览，后来又引进不同主题的壁画艺术，近年来还进一步推行“地铁文化空间”计划，不定期利用车站举行各种文化艺术展览，如“东方艺术”以及科学技术展览等。大概是受文化氛围的无形熏陶影响，尽管墨西哥城的地铁每公里平均载客量位居世界第一，每年度要接待包括中转旅客27亿人次，但地铁到处都很整洁，设备完好。按照每月乘客总人数计算，大约187.5万人次才发生一次偷盗或抢劫事件，从而被认为是世界上安全系数最高的地铁。

走向未来的当代商业设施，总是在有限的空间范围中，体现特定的文化情韵，流露诗意绵绵的美学意蕴。比如，上海一些商店的橱窗，在过去许多年中，总是屡屡夺得全国大赛的金牌银牌。原因在于其制作精良、寓意深刻、匠心独运，具有鲜明的海派特色，使顾客既能了解商品性质，又能获得美的享受。有人这样描述自己对某商场的观感：“步入中庭，若不是七层楼顶上高架的偌大的蝶式透明遮阳，你仿佛置身于蓝天之下，置身于温馨的南国风情之中。这里，曲径绕池、芳草茵茵、花木扶疏，在垂直的绿挂下，在叮咚的音乐喷泉边，摆放着休闲的座椅，让你在小憩中领略园林般的景致。然而，这里的一切又都是最现代化的……”在这样美轮美奂的商业环境中购物，是一种曼妙的享受，即便不买什么东西，也能得到卓越的心理体验。

一些旅游城市为了便于市民游客观赏都市新貌，特开设观光巴士，将一些足以体现当地建设伟大成就的最富有吸引力的景点联袂成线。由观光巴士沟通各个具有观赏游览功能的静态景观形象，动静结合，以静衬动，以动联静，由此而诱发格外奇妙的审美感受。从短短数小时中，横向穿梭般地周游于各个展现城市建设新貌的旅游景点，哪怕是充当匆匆过客，也能在不断映入眼帘的异彩纷呈的街肆风情、风格各异的楼面造型、样式丰富的运载工具等都市文明景象中，产生交叉比较的赏鉴品味，流露或啧啧称叹或细加评点的兴致情思。

四、中国园林之美

中国的园林艺术充分体现了长期在都市化环境中生活的人们对自然风情的无限渴求,集中展示了华夏文化的“天人合一”精神,其造园技巧和理论在世界上独树一帜。

从艺术发生学的意义上考察,中国园林艺术是城市逼仄的空间反向激发出来的一种人生期盼和理想的结晶。这在明代袁宏道的散文《满井游记》中得到生动的描写和表现。一群长久在城镇里生活的文人,在早春时节,来到郊野一个叫满井的地方,看见久违了的原野风光,是如何欢呼雀跃:“高柳夹堤,土膏微润;一望空阔,若脱笼之鹄。”如同飞出笼子的鸟儿,这种真实感觉,正是园林在城市楼肆的夹缝中崛起的心理根源。滥觞于魏晋、盛行于宋元的中国园林,是当时的官僚士大夫阶层厌倦灯红酒绿、高宅笙歌的一种具有心理补偿性质的文化产品。城市虽然繁华,却缺少抚慰心灵所必需的宁静;俸禄厚实,丰衣足食,却没有山水林泉清真纯澈能给胸臆带来的洗礼陶冶。“虽为人作,宛如天成”的园林,成了摆脱尘世羁绊和心灵焦灼的最好方式和手段。

中国园林是民族文化精神的自然展示。以圆明园、颐和园和承德避暑山庄为代表的皇家园林,豪华富贵,规模宏大,显示出皇权的至高无上,抑或足以激发建功立业的雄心;江南苏州、扬州、南京、无锡等地的私家园林,如拙政园、个园、网狮园,讲究山林野趣,推崇朴实自然的风格,更能表达普通人的温馨情思和飘逸旨趣。这两类园林杰作,极为分明地体现了古代中国人“达则兼济天下,穷则独善其身”的处世哲学。

有研究认为,中国园林与欧洲园林、西亚园林并列,成为世界三大造园系统。中国园林的灵魂是意境,即,通过具体、有限的空间性园林形象,传导出深远微妙、耐人寻味的情调氛围,使游赏者睹物会意、触景生情,感受有限空间环境中的无限丰富的意趣。这种意趣,有时飘忽玄妙、悠远恬淡,与超然隐逸的禅宗思想相关联,与中国传统的天人合一意识相沟通,让各种人在灵犀的感悟中达到升华人格、陶冶性情的境界。比如,苏州拙政园的远香堂,位居全园中心,周边水面开朗明快,使得视觉感受中占据突出位置的主体建筑荷花池及周边小建筑,构成众星拱月的形式格局。“远香”的题款,点示出池中荷花清香远溢的美感特征,不由使人想起宋代周敦颐《爱莲说》中“出淤泥而不染”的名句,禅意境界脱颖而出,感染力非常强烈。

中国园林的重要特征之一，就是有山必有水，有水必有山，山水互衬相映成趣。山主静，水主动。园中有山可以登高望远，统览全局，扩展视野，舒畅胸怀；园中有水则显得空灵开阔，荡漾的微波，传递使人舒心爽神的气韵。山以石累，假山叠石的瘦、漏、透、皱，显得或迎风玉立，或玲珑剔透，或纹理贯通，或劲健沧桑；水中有鸣禽有游鱼有花卉有轻舟，鸟儿翻飞啼啭，鱼儿自由徜徉，花儿含苞待放，船儿随波荡漾，一派鲜活气息。山之阳刚，水之阴柔，互渗互融，相契相合，因而涵盖象征整个无限的宇宙。

中国园林是一种可居可留可游的立体性空间艺术。园林设计通过道路的安排，形成景观诱导游客的景观品赏路线。然后，运用特写景、引景、点景、借景、藏景等造园技巧，让游客得到移步换景、聚焦细察、别有洞天、曲径通幽的旅游审美乐趣。园林中的一些古树名木、珍贵盆景、精巧叠石、主体建筑等可以构成特写景；花墙的漏窗起着“引景”的作用；楹联、碑刻、匾额具有“画龙点睛”的功效；像位于无锡惠山东麓的寄畅园那样，将园外的惠山、锡山、绿嶂巍寺、龙光塔影等景致纳入园内游人的视线，叫做借景；上海青浦大观园中的“怡红院”、“潇湘馆”和“蘅芜院”是深藏在内的“园中园”，叫做“藏景”。精妙绝伦的造园技巧使得中国园林的景观世界成了展示宇宙空间之广袤奥妙的展览馆。

五、工艺品之美

工艺品通常是指建筑以外所有的经过人类艺术化处理的日常生活用品。工艺品可以分成两类。一类是实用工艺品，如具有装饰花纹的陶器、草编拎包、车料台灯、绣花枕套等。这类工艺品以实用价值为主，审美价值为辅。另一类特种工艺品的审美价值比较突出，主要为陈设观赏而用所以又叫陈设工艺品，如玉器、首饰、象牙雕刻，以及剪纸、绢花、树根雕、微型屏风等，就是一些基本上已经失去实用意义、主要供玩赏的工艺美术品。倘若这些特种工艺品具有鲜明的地域文化特色，尤其是能够反映特定景观景区审美个性，就可以充任旅游纪念品了。我国旅游业在这方面还有大量工作要做。

与建筑艺术一样，工艺品的审美特性也是空间性和表现性相结合的。工艺品是在远较建筑小得多的三维或二维空间所展开的形体结构。这一空间形态的形式美主要表现在造型美和装饰美两个部分。前者表现在形体的均衡对称所造成的稳定感、曲线所造成的流动感、色彩所造成的冷暖感等方面。后者表现在工艺品外表抽象化的纹饰图案上。这类纹饰图案常常是一些由点、线、方圆所构成的几何形状。

工艺品的美，不在于要求其外部造型、色彩和纹样去模仿事物、再现现实，而在于使其外部形式传达和表现一定的情绪、气氛、格调、风尚、趣味。换言之，工艺品不拘泥于再现而偏擅于表现，通过"有意味的形式"烘托一种气氛情调。倘若要求工艺品像现实主义绘画和摄影那样，逼真地模拟客观生活中的确定形象，往往会引起审美者的反感。过去的工艺品市场上曾经出售过一种模拟家猫形象的茶壶。猫的一只爪抬起，做壶嘴，猫的天灵盖成了壶盖。这种设计，就招致美学家的批评。有些城市街头曾流行过一种垃圾箱，用陶瓷做成熊猫形状。被中国人民奉为国宝的熊猫，竟然"沦落"到以垃圾为伴，令人不忍卒睹。一位美术评论家批评说："近几年来在有些工艺品（如有些民间雕塑）的创作中，出现了一些纯模仿自然形态的东西……单纯的模仿，等于照相，等于自然的翻版，没有丰富的想象，艺术效果就不会好。"

显然，工艺品的审美特性绝非模拟和再现，而是在有限的抽象化的空间形象里渗融一种广泛朦胧的情感色调，从而潜移默化地影响人们的思想情操。具有直接表情作用的工艺品所渲染的审美氛围，能够经常地、持久地、不知不觉地感染和熏陶生活其间的人。

特定地区的一些具有民族文化特色且艺术价值较高的工艺品，集腋成裘，蔚为大观，可以集中在固定的地方博物馆中展出，供远道而来的游客观赏。因此，工艺品也成了一道重要的地域风景线。河北有九位农民用三年半的时间，将一块重达40多吨的巨石以《西游记》为题材雕成长6米、宽3.5米的巨砚；河南名师制成世界第一大鼓，鼓面直径为2.61米，鼓围最大直径为2.89米，鼓高1.21米，鼓重625公斤，如果在鼓的中心处敲击，雄浑鼓声震撼十里之外。如果这类空前规模的巨型工艺品能集中展示，就能构成具有强大吸引力的旅游景观。如果一些诸如挂屏壁毯之类的工艺品展示的是所在地区流传的民情风俗、神话传说，在美化环境的同时，还能起到传播文化、招徕游客的宣传营销作用。浙江仙居某招待所的大堂内，挂有一幅用五彩石镶嵌拼接胶贴而成的壁画，题款名曰"仙人居住的地方"，这幅工艺美术壁画表现的是当地民间流传的一个神话故事。陌生客人每每在此驻足观赏，都会激发游览仙居风景区的兴趣。

旅游者在游山玩水看风景的同时，往往对那些体现地域文化特色的旅游工艺品情有独钟。旅游工艺品可分为雕塑工艺品（如寿山石雕）、陶瓷工艺品（如宜兴紫砂陶器）、编织工艺品（如福建马兰草编）、漆器工艺品（如北京雕漆器具）、金属工艺品（如芜湖铁画）、花画工艺品（如大连贝雕画）、玩具工艺品（如山东潍坊风筝）和抽纱染织刺绣工艺品（如苏绣、粤绣、湘绣和蜀绣）等种类。这些旅游工艺品由于形象生动地展现了地方审美文化情韵，因此具有特殊的纪念意义，成为旅游者难忘回忆的感性显现。

第二节　造型艺术景观

造型艺术的基本特点是，以静态的和固定的材料作为形式媒介，塑造诉诸视觉的空间形象以反映艺术家的思想感情和审美意识。

造型艺术是静态的，因此其形象具有瞬间性，这一瞬间形象是在剪裁生活中的人物、事物进程某一片段的基础上进行艺术加工的产物。因此，雕塑、绘画和摄影所刻画描绘的人物和景物形象，是特定人物和景物形象一刹那间的具有暗示性的风采神韵。

造型艺术又被称为视觉艺术。作用于审美者视觉的造型艺术，偏重于再现可以触摸的客观世界的真实形态。无论是雕塑还是绘画，都默默无声地通过可视的形象，将内在的思想感情间接地传导给观赏者。

造型艺术具有重要的美化环境功能，诸如街区雕塑、广场画廊等与大众生活联系紧密的造型艺术样式，能够提高有关地域特别是旅游区的文化品位，创造良好的游憩休闲氛围。以反映旅游景点景区美的风韵的绘画、摄影作品一旦公诸大众传媒，都能够起到抽象的语言广告所难以企及的形象生动的宣传营销功效。

一、雕塑之美

雕塑以物质化的实体，塑造可以观看、可以触摸的艺术形象，反映现实生活，表达艺术家的审美感受和审美理想。

物质材料的自然美性质，是构成雕塑作品审美价值的重要条件。雕塑往往采用坚硬耐磨的物质材料，如大理石、花岗岩、青铜、象牙等。物质材料的质感借助于观赏者的想象力而产生别具风味的美感体验。象牙质地的细腻显然不同于大理石的浑厚;同样用大理石制作的雕塑,琢得粗糙些就显得雄壮有力,磨得光滑些就带点斯文意味。

雕塑材料的审美意义是:产生离不开视觉和触觉这两种感觉功能协调运作的美感。作为空间形象,雕塑诉诸人的视觉;作为酷似现实生活的三维空间形象,雕塑又可诉诸人的触觉。

雕塑的三维实体性能使观赏者产生非常真切具体的空间感。雕塑的基本塑造对象是人体。诸如米开朗基罗的《挣扎的奴隶》、罗丹的《思想者》等人体雕塑,比一般的肖像画更能造成栩栩如生的逼真立体感。肖像画的明暗对比状态基本是不变的,人体雕塑往往会因外光的强度、照射方向的不同,而产生微妙的影调变化。肖像画的"视点"是固定的,而观赏者从不同的角度和距离接近人体雕像时,其精神面貌会出现"多面"的复杂变化。可见,雕塑的三维立体形态,给观赏者留下更为广阔的再创造余地。

雕塑的重要美学特性之一是其外部造型的单纯和内部观念概括的纯粹。雕塑,特别是圆雕,具有360度立体可观赏性,无法直接展示背景;单体雕塑的相对独立性,使其在结构方法上不能采用对比的方式,表现复杂的社会关系;将一刹那的空间形象定格的单体雕塑,根本无法展示对象活动的时间流程。静态的立体感、独立性和瞬间性,决定了雕塑必须剔除不必要的枝蔓细节,追求造型的简洁明快,把高度丰富的生活内容,浓缩凝冻在瞬间的塑像表情动作中,集中表现某一方面的思想观念和主题。比如,维纳斯的雕像只能表现作为女神在静穆中的无限爱意,表现贞静羞怯的美和娴雅动人的魔力。正如德国美学家莱辛所说:"对于雕刻家来说,女爱神维纳斯就只代表'爱'……一位发怒的女神,一种由复仇愿望和忿恨情绪所驱遣的维纳斯,对于艺术家来说,就是一个真正自相矛盾的名词,因为爱单就它本身来看,是既不发怒,也不图报复的。"①实践证明,倘若硬要雕塑去完成文学才能完成的传导复杂情思、刻画复杂性格的人物往往会弄巧成拙。"横眉冷对千夫指,俯首甘为孺子牛"一般被认为是伟大的革命家、思想家和文学家鲁迅性格的自我写照。如果以这两句诗为题去塑造一尊鲁迅塑像,多半是"像"不达意、吃力不讨好的。单纯的雕像,极难兼顾"横眉冷对"和"俯首甘为"这两个具有两重组合意味的

---

① [德]莱辛·拉奥孔.北京:人民文学出版社,1979:54.

性格结构。

以人体为基本对象的雕塑有着理想性的特点，一般倾向于歌颂那种使人感到可亲可敬的崇高形象。具有理想主义色彩的雕塑，往往涤除现实生活中的人们可能存在的各种缺点，集中概括地刻画理想的人生形象，表现诸如坚强、振奋、聪颖、豪放、文明等优秀品质。翻开一部西洋雕塑发展史，从古希腊的《掷铁饼者》，到文艺复兴时期米开朗基罗的《大卫》，再到罗丹的《加莱义民》，无不如此。如今我国各地街头广场展览馆旅游胜地上出现的许多令人钦慕敬仰的纪念性雕塑，如绍兴的大禹塑像、嘉兴的秋瑾塑像、杭州的岳飞塑像、南京雨花台的烈士群体塑像等都具有理想性的特点，强烈地传导了正义善良的人民对于心目中理想的英雄主人公的崇奉景仰之情。

就旅游景区景点而言，雕塑形象往往起到了一种反映旅游主题、体现文化特征的作用。位于浦东的上海野生动物园，为了体现野生动物保护的主题，在正门口放置了一尊被世界野生动物基金会以及国际自然和自然资源保护联盟列为珍贵保护动物的老虎塑像，它似乎开宗明义地告诉游人这座国家级野生动物园所肩负的环保使命。在上海青浦的大观园内，有三座反映《红楼梦》主人公个性的居家园林——怡红院、潇湘馆和蘅芜院，其中的三尊贾宝玉、林黛玉和薛宝钗的仿真蜡像，起到很好的渲染环境氛围的作用。有时，成组成系列的雕塑作品本身，就可以构成供人参观赏鉴的旅游景点，世界各地的一些名人蜡像馆，在这方面做得相当成功。被誉为“世界第八大奇迹”的我国西安秦始皇兵马俑博物馆，仅靠古代雕塑唱主角，就使得中外游客纷至沓来、络绎不绝，演绎出依赖单一的雕塑构成长盛不衰的旅游目的地的奇迹。

二、绘画之美

绘画是一门在二维空间范围内运用色彩、线条和块面构成个性化形象以反映现实图景、表达人类审美情感的艺术。

绘画和雕塑的不同点在于，前者存在于二维空间之中，后者存在于三维空间之中；前者取材广泛，包括自然风景、人物、社会生活的各个方面，后者一般适于刻画肖像；前者能再现人物的具体背景，后者（特别是不便于和不必要直接模拟生活实况的圆雕）则不对人物行动环境做直接的描写；前者具有色彩的鲜明性，后者具有质地的可感性。

呈现于二维空间中的绘画形象缺乏三维空间的实体性，但绘画比雕塑更便于支配色彩和光线，在某些方面比雕塑更近似客观事物的外貌，更能引起欣赏者真实的幻觉。绘画可以通过透视（焦点透视、散点透视、线形透视、空气透视）、色彩、光影、比例等方法，造成视觉上的空间立体感，表现事物的纵深内容和多侧面多向度。此外，绘画欣赏者可以通过此时此地对形象的感性知觉，迅速联想到彼时彼地对这类形象的视觉经验，从而造成“栩栩如生”、“呼之欲出”的“似真”效果。

绘画所运用的材料本身是构成作品审美价值的重要条件。中国画的雅淡风格与宣纸、烟墨、毛笔等材料工具的运用有着密切的关系；西洋油画的浓重意味与油彩、画布、排笔等材料工具的运用相关联。

绘画擅长于再现瞬间的静态形象，而现实生活却是在运动变化着的时间长河里。有限的绘画场景和无限的生活流程是一对矛盾。这对矛盾得到解决的关键，在于画家是否善于选择事物发展过程中最具有孕育性的那一时刻。这一时刻既蕴含过去，又暗示未来，便于使观赏者从中推测事物发展的前因后果，由此及彼，获得“一叶知秋”的审美效果。

集中展现生活中最富有暗示性的一瞬间的绘画杰作，所产生的审美效应往往极为持久。这种强有力的美学影响，有时能被用来赋予反映和描摹对象（尤其是自然景观对象和社会景观对象）以深刻的审美文化内涵，从而产生炽烈的艺术感染力，吸引游人慕名前往旅游。有着 900 多年历史的周庄，“镇为泽国，四面环水”、“咫尺往来，皆须舟楫”，一派典型的江南水乡风光。但是这个“集中国水乡之美”之大成的古镇，多少年来，“藏在深闺人未识”，似乎很少有人想到专程前往旅游观光。深深钟情于自然古朴田园风光的旅美著名画家陈逸飞，用油画的形式反映周庄的那座“双桥”，赋水镇风物以灵性，使其得到美的升华。美国人阿曼德·哈默十分欣赏这幅以清新的色调描绘的油画“双桥”，特地高价收购，并在访华时，将这幅点、线、色彩充溢着温馨情韵的绘画作品，赠送给我国改革开放的总设计师邓小平。之后，这幅作品被印上了 1985 年“国际邮票节”的首日封，向全世界发行。就这样，一幅画使得“双桥”所在地周庄作为旅游新景点迅速崛起，从而招徕了大批游客。

三、摄影之美

与绘画相类似，摄影艺术一般也是在二维空间内反映社会生活和自然现象。摄影艺术家通过对摄制好的底片的特殊加工，使摄影艺术获得同绘画相仿的再现能力，一定程度上突破了实物的局限。但通常来说，由于相机特殊的感光灵敏度和镜头所摄取的对象的真实性，使摄影作品以其形象逼真见长，从而成为最能体现再现特点的艺术种类。摄影艺术在塑造艺术形象方面缺乏绘画创作的高度自由性，只能根据立意，随机应变，主要运用取景角度（方向和高度）变化、距离变化以及由此产生的透视变化来布局，调节光圈、合理用光以控制影调（色调和明暗对比）。

摄影作品的富有艺术性的构图主要通过形状、线条、明暗、质感、立体感等方面得到具体展示。在摄影构图的所有要素中，形状是个最为基本的要素。圆形、方形、三角形、规则形状、不规则形状等等，所含有的艺术风格是大不相同的。圆形稳定，方形和谐，三角形富有变化。摄影的线条语汇也十分丰富。把平行线加粗，显得具有信心和力量；细小的波纹线显得轻盈灵巧；线条由粗变细，给人一种飘然而逝之感。线条的精巧选择，会由于象征性的联想作用而诱发观赏者特定的情感。明暗的造型作用在摄影中极为重要。没有哪种造型手段能像摄影那样，用纯白到纯黑的无数个灰色层次的变化，把物体的立体感那样生动地表现出来。明亮的高调照片洋溢着轻松愉快的气氛，灰暗的低调照片流露沉着、含蓄、神秘的意味。在视觉可辨的范围内，任何明暗变化都能产生一种视觉质感，这是一种将触觉和视觉联系在一起的极为有趣的审美感受。岩石的坚硬、毛皮的柔软、沙砾地面的粗糙、平静水面的滑溜，根本不需要通过其他特别的点示，质地本身就能产生一种揭示内在诗意的暗示力。①

如今的旅游者用相机记录自己的旅游历程、表达自己对于山水风光的审美感受，已经成为十分普遍的生活现象。旅游摄影把生活过程中稍纵即逝的探奇览胜的片段，变成永恒的定格，成为传播山水风光之美、抒发山水美感的契机。宋代著名词人李清照有句耐人寻味的词作："只恐双溪舴艋舟，载不动许多愁。"受此文学意象的感染，有位旅游者对江南水乡的舴艋舟产生浓厚的兴趣。在他看来，那些舴艋舟体态轻盈，在水面上轻轻飘荡，为如诗如画的水乡平添了许多生机，因此，数年来，他在婺江、兰江、太湖、千岛湖、新安江、富春江、楠溪江、钱塘江等地漫游，寻觅舴艋舟、拍摄舴艋舟，用掉的胶卷少说也有100多卷，并乐此不疲。当旭日东升之际，三三两两的舴艋舟在水面构成一幅幅妙趣天成的画面，他便体验到丝丝缕缕原汁原味的乡土浓情。这番乡土浓情的又被凝冻在舴艋舟的美妙影像上。

---

① ［美］本·克莱门茨、大卫·罗森菲尔德. 摄影构图学. 北京：长城出版社，1983：101.

四、书法之美

书法作为我国传统艺术样式，以汉字为表现对象，以毛笔宣纸烟墨砚台等“文房四宝”为表现工具，是一种以流动的线条来传导人类情感思绪的艺术。

书法艺术的具体样式很多：有神秘古奥的甲骨文；有掷地有声的钟鼎文；有健劲端庄的石鼓文；有挺拔通达的秦篆；有圆润柔美的汉隶；有恣肆狂放的草书；有遒劲俊整的楷书；有清秀流畅的行书。每一种书法样式的创作领域，都出现了各自的代表性书法家，如狂草有气势磅礴的怀素、行书有神采飞逸的王羲之。有的书体名家辈出，唐朝是我国楷书发展的鼎盛时期。初唐有“欧虞褚薛”四大家：欧阳询笔力遒劲、法度森严；虞世南点划圆润、平稳恬淡；褚遂良笔瘦气足、俊逸秀美；薛稷用墨直硬、时露锋芒。晚唐的“颜柳”双峰对峙，颜真卿刚劲外露、饱满雄伟；柳公权豪放劲健、疏密有致。

书法用抽象的似断实连的线条流动，来表现汉字造型的丰富性：点、横、竖、曲、撇、捺、挑、钩等，用抽象线条流动所体现的对立统一要素，诸如张弛、徐疾、疏密、虚实、强弱、枯涩与温润等，展示书法章法结构的和谐美。

书法犹如“纸上的舞蹈”，是一种典型的表情艺术，因此，撇除书法所书写的文字的表意功能，单纯观赏其书体造型，也能直觉地从中领略感悟内蕴的情感思绪。浙江仙居风景名胜区内的那个号称“天下第一”的大“佛”字，谁站在它面前都会叹为观止、肃然起敬。安徽黄山岩壁上的那四个刚劲有力的楷书“大好河山”，哪怕是不懂中文的外国朋友，都会凝神品赏，品赏其中那种气贯长虹的力度。

正因为书法是表情艺术，人们就会要求书法传情达意的线条韵味，必须和书法文字的内涵相一致。用王羲之的行书笔法，难以透彻表现苏东坡“大江东去，浪淘尽，千古风流人物”的意境。因此，我们在请名人为特定旅游景区书写匾额、楹联时，事先应做周密考查，看看其书法风格与所要表现的文字主题是否合拍。我们的书法大家在做题鉴时，也要认真审度，自己的书体风格是否足以传导所要表达的文字底蕴。

真正具有历史文化审美价值的书法作品，往往能使旅游目的地产生巨大的诱导吸引魅力。苏州虎丘景区在通往剑池的刻有“别有洞天”的月洞门旁，有块石壁，上刻“虎丘剑池”四个大字。传说这幅书法杰作原为大唐颜真卿所书，笔力极为雄健苍劲。由于时代久远，“虎丘”两字因剥蚀脱落而湮没。明万历年间，由叶清臣被书，经刻石名家章仲玉摹钩重刻而得以复原。但毕竟不是原物，故有“真剑池，假虎丘”之说。每当游人听导游讲起这一段典故，都会不由地啧啧称奇，表现出十足的兴趣。据观察，游人在“虎丘剑池”摩崖石刻前摄影留念者，不在少数。绍兴兰亭的“鹅”字碑和墨池引起游人驻足流连，也属于同样的原因。的确，书法艺术的感染力是非常强烈的。

中国山水景观与包括诗歌、散文、楹联在内的文学作品有着相辅相成的不解之缘。文因景而生，景因文而传。著名文学大师写景抒情的佳作，一旦诉诸书法作品，往往能够起到不可忽视的点景作用，其“画龙点睛”、传导意境的功能在许多旅游景观景点都有所表现。

第三节　表演艺术景观

以演员的表演为形象载体的艺术样式称为表演艺术。表演艺术家本人的偶像魅力就是表演艺术对于公众的感召力。

注重表演的艺术可以进一步分成两种类型。第一类是表情性表演艺术，如音乐和舞蹈。在偏重于表现情感上，音乐舞蹈与建筑艺术和工艺品具有相通之处。彼此的差异点在于，音乐舞蹈是在一定时间序列中呈现的动态形象，建筑艺术和工艺品则是展现在一定空间范围内的静态形象。一动一静，是表情性表演艺术和实用艺术的主要区别。第二类是综合性表演艺术。狭义的综合性表演艺术，通常专指同时兼有视觉和听觉感受的艺术，如戏剧和电影。这类艺术样式综合了文学、音乐舞蹈、绘画、建筑、工艺等多种艺术媒介，并以此作为传达某中审美意识的方式和构成艺术形象的手段。

表演艺术样式越来越具有大众参与的特性。各种娱乐歌厅以及街头舞会等，都作为“人人是生活中的主角”的新潮理念之感性印证而存在。参与性的表演艺术形式往往和都市社区的广场文化联系在一起。这种显示地域文化风貌的群众性娱乐活动，既是当地民众业余休闲的有益方式，有时又能成为来自异域他乡的游客乐于观赏的风景。

一、音乐艺术之美

音乐以在时间中流动的音响作为物质手段，构成独特的“音乐形象”，表达人的审美情感。音乐的物质传达手段是音响，而音响的根本特性是动的过程，具有时间性。由于音响只有在相对连贯的时间序列中运动，才能相对完整地展现音乐形象，所以人们把音乐叫做典型的时间艺术。

流动在相对连贯的时间序列中的音响，要成为音乐形象，激发悦耳明心的听觉感受，还必须依赖音响有规律的组织。单音不成调，把众多的单音胡乱地拼凑在一起，也是不成调的。因此，早在古希腊，毕达哥拉斯学派就提出，音乐是对立因素的和谐统一。我国古代典籍《毛诗序》也持有类似的观点：“情发于声，声成文谓之音。”意思是说，自然状态的“声”只有“成文”，即用宫、商、角、徵、羽等五声之调有机地组织起来，构成符合章法的“音乐语言”，才能创造出表达情感的和谐统一的“音”（艺术形象）。

有规律的音响组合，使音乐进程有序化。与动态的有序化音响系列相伴随，审美主体的情感浪潮也时起时伏、时而高昂时而低回地向前推进着。人类情感的本质也在于其时间性、运动性。笼罩于胸臆的情感，或是强烈而短暂的激情，或是微弱而具有弥漫绵延性的心境，总是表现为一种动态心理过程。美感也不例外，审美情感发展的时间性、运动性和作为音乐美学本质属性之一的时间性、运动性正相吻合。因此，音乐序列的推移转换和情感序列的发展变化是同步行进的，音乐能以其他艺术不可比拟的速度和强度，迅疾有力地影响感染人们的情感。惟其如此，音乐才成为典型的表情艺术，有的理论家才会把音乐当做最能揭示人类情感生活全部奥秘的“艺术的皇冠”。

音乐形象是在声音的运动中形成的比拟性的乐音组织序列。音乐同其他艺术门类一样，都是反映现实的。但是，音乐反映现实的原则不是模拟，而是比拟；不是逼真地描写，而是象征性地表现；不是如实地刻画，而是概括地表情。音乐艺术必须以乐音为组织结构形式，对现实世界的各种运动状貌和主体对它们的情感反映予以概括性的比拟，才可能深刻地反映现实。比如，原先在民间流传的《百鸟朝凤》，乐曲结构松散，即兴发挥时，演奏者甚至可随意加入原本意义上的生活音响，如公鸡啼晓、母鸡下蛋、小孩哭叫。这样就把音乐形象理解为再现自然界的声音，把擅长抒发情感的音乐降低到偏重模仿的口技水平。改编后的同名乐曲，只是以百鸟和鸣之声做点缀，主要通过热情欢快的乐曲旋律，以运用特殊换气循环法的长音技巧的华彩乐曲和快板尾段，抒发人们陶醉在美的大自然中的喜悦心情，因此产生强烈的艺术感染力。由此可见，音乐重在表情，主要通过乐音组织表达情感，以使人联想到那曾经引起类似情感反应的许多对象和情景，声音模拟因素只能作为说明场景的辅助性手段。

二、舞蹈艺术之美

舞蹈是人体律动的艺术，它以人自身的形体动作作为物质手段，通过形体有规律的活动，抒发人的内心情感。

舞蹈的美学特点在于其动态的空间造型性。作为动的绘画和活的雕塑，舞蹈的造型性主要表现在两个方面。第一，人体动作姿态造型；第二，舞蹈的队形和舞蹈的构图。中国传统舞蹈的体态身段讲究曲线美和“三道弯”，跳跃和旋转主义掌握积极的平衡对称，动作之间的联系和转化，要浑然一体，柔和自然，没有棱角，珠圆玉润。舞蹈的构图，亦即众多舞蹈者在舞台三度空间中所占的地位和活动路线，以方形、三角形、圆弧形、梯形、菱形等为基本图形。舞蹈演员的空间运动路线可分为斜线（对角线）、竖线（纵线）、横线（平行线）、圆线（弧线）、曲折线（迂回线）等五种。上述两种造型始终处于犹如行云流水般的时间序列之中，这种动态造型与作为典型造型艺术的绘画雕塑有着根本的区别。

舞蹈艺术运用与音乐不同的手段达到与音乐共同的抒情性目的。舞蹈凭借经过提炼的高度程式化的舞蹈动作，表达人们的内在心理活动，进而反映现实生活。有关研究表明，舞蹈动作大致上可以分成三类。第一类是表现性动作，亦即抒发和展示人物思想感情、性格特征的动作。这类动作带有一定的类型性和概括性。比如，表现激情时的急速跳跃、旋转；表现细腻思想感情和宽阔胸怀的圆润流畅的缓慢动作；以及表现不同少数民族精神风貌的个性特征鲜明的舞蹈语汇。第二类是说明性动作，即揭示人们行动目的和具体内容的动作，这类动作大都带有再现模拟的特点，诸如民族舞蹈中的穿针引线、上楼下梯、坐船行舟、武打厮杀以及芭蕾舞中的哑剧、手势等。第三类是装饰性动作，如民族传统舞蹈中的云手、晃手、垫步、错步等，本身没有明显含义，在舞蹈中起装饰和衬托的作用，有时也用它作为表现性动作和说明性动作相互转换和连接的过渡动作。在三类舞蹈动作——表现性动作、说明性动作、装饰性动作中，表现性动作最具有表情功能。

舞蹈动作表现性(抒情性)有其产生的必然原因。在日常生活中,当人们的内在思想感情发展到极致,普通的语言难以将其透彻地传导出来的时候,就会情不自禁地用动作和姿势来加以表现。这一现象足以说明舞蹈动作为什么具有直接抒发感情功能。在川流不息的时间序列中,舞蹈动作能够无声地、鲜明地、生动地显示和表露人的丰富、细腻、复杂的内在情愫。在芭蕾舞《天鹅之死》的结尾部分,那只对生命充满热爱和追求的天鹅耗尽了自己的全部力量,屈身倒在地上,就在闭上眼睛的一刹那,她的手臂还在微微地抬起颤动。这一微微颤动的动作所蕴含的情感极为丰富。它意味着一种不屈服于死神的坚强意志、一息尚存就要展翅飞翔的战斗精神和对重上蓝天的深深渴望。

舞蹈是人的内在情感的外化表现形式。正因为如此,舞蹈带有人人可以理解感受的身心参与性。从美国百老汇歌舞剧,到北京的街头秧歌;从充满激情的波兰民间舞蹈玛祖卡,到上海的广场温文尔雅的公众交谊舞,无不以全身心投入的载歌载舞的特点,获得很高的观赏性和情绪感染力。舞蹈作为人们直接抒发内心情思的感性媒介,成为具有相当召唤力的动态社会的风情画廊,成为社会景观美的有机组成部分。

三、戏剧艺术之美

戏剧艺术是一种由演员扮演角色、在舞台上当众表演故事情节的艺术,带有高度的综合性。这就使得它具有其他艺术种类的某些特征。例如,话剧人物活动于由固定空间布景组成的舞台上,可以使观众觉得是在观赏运动着的画面。中国戏曲中人物在三面可以观看的舞台上亮相,酷似一尊雕塑。演员的独白类似于诗朗诵。中国戏曲是精彩唱段,可以作为歌唱艺术来欣赏。戏剧和文学更是水乳交融般地结合在一起。舞台演出所必须依凭的主要规范,就是戏剧文学脚本。戏剧将众多的艺术特征有机结合起来,从而构成具有独特美学性质的新的艺术样式。

将理智的是非认识和情感的悲喜感受结合在一起,渗融在可视的三维空间的动态形象之中,这是戏剧艺术最主要的美学特征。舞台上诉诸视觉的人物形象在观众面前构造了一个富有生活气息的现实画面。由于戏剧舞台狭小的三维空间的限制,也由于戏剧演出时间(一出戏通常只有两三个小时左右)的限制,使得戏剧在再现生活的时候,必须按照戏剧性的要求,把生活中的矛盾冲突提炼集中起来加以表演,从而使戏剧形象具有高度的集中性。著名剧作家曹禺的力作《雷雨》典型地体现了戏剧艺术异常集中地再现生活的原则。周朴园和鲁侍萍两家30年的纠葛，竟在一夜的戏剧时间中得到展示。生活画面的压缩，随之带来情感思想的凝聚。就像炸药被包裹在狭小的弹壳里一样，凝聚的情思由于戏剧高度的集中性而被裹在压缩的密度极大的矛盾冲突之中，随着情节的推进，冲突的激化，戏剧再现的生活图景中所内蓄的炽烈情思也就被迅疾释放出来，从而使观众作为一场生活事件的目击者而获得异常生动强烈的感受，于是，似乎最主观强烈的理性认识和感性情感对象化为戏剧性的矛盾冲突，这种冲突又通过真切的动态图景得到充分的再现。这就是戏剧美学的本质，着眼于表现，但落脚点却是再现。

中国戏曲假定虚拟的表演程式，如著名京剧《三岔口》所表演的摸黑扑打；传统川剧《秋江》所表现的荡桨摇船之类，是激发观众审美想象力的最佳机缘之一。

品赏戏剧必须身临其境，人们乐意在剧院的观众席上寻找令人陶醉的现场感。在剧院看戏与在家看电视观赏影视剧很不一样。只有进剧院才能充分体验群体和睦共处的精神。

我国传统戏剧是传播华夏传统文化的有力手段。有些外国朋友迷恋上中国戏曲，成为忠实的老外“票友”。于是，外国人演中国戏曲本身也成了一道旅游风景线。

四、影视艺术之美

电影、电视艺术是由活动照相术结合幻灯放映技术发展起来的一种现代艺术，它以科技手段制作连续的活动画面，通过屏幕塑造形象、反映生活。与戏剧一样，影视作品带有高度的综合性，它把绘画与戏剧、音乐与雕刻、建筑与舞蹈、风景与人物、视觉形象与发声语言联结成统一的艺术整体。

在影视艺术的许多综合性的因素之中，视觉形象是最主要的因素。影视艺术的主要特点是，强调接近于绘画的造型因素的表现力。作品以诉诸视觉的形体和明暗、远近、色彩，并以其特有的动态画面组合技巧，能动地、逼真地再现生活图景。明亮的动态画面投射在银幕上，这在黑暗中的观众看来，显得十分醒目。正因为这些缘故，影视片创作又被称做视觉艺术。

影视作品自身所客观占据的时间和空间极其有限。影视剧每部(集)约一两个小时左右。影视画面的大小也是受屏幕、银幕限制的。但是影视剧却有着反映时空变迁转化的高度自由。冰雪融化、百花盛开，这两个镜头的剪接，就足以表现冬去春来的时间幅度；特写可以把一双眼睛放大上万倍，远景又可以使广袤的原野尽收眼底；流动的形象系列能够集中地展示现实生活中的进程。影视作品的这种反映生活的广阔性和边线方式的灵活性很接近小说。不过，小说中的形象带有间接性，只能活跃在读者的想象世界中，影视则能把对象的真实形象直接展示出来。这种对丰富现实内容的直接再现是影视艺术的重要特性之一。

电影电视的重要特性之二是，艺术家可以通过再现性的画面，自由广阔地体现主观立场观点、思想感情、趣味理想。影视剧的主观镜头，可以使摄影机具备代表人的感觉、体验的性质，使画面渗融着艺术家对生活的真情实感。最主观的表现通过最客观的、似乎是现实的如实存在的形式传达出来，这就使影视作品产生了特殊的美感魅力与真实的形象感受交织在一起的心灵震撼和情感共鸣。

影视剧对于旅游资源的开发，对于旅游者审美感的诱导，所起的作用是非常巨大的。电影《阿诗玛》使得云南的路南石林名满天下；电影《芙蓉镇》则使湘西的一个原先名不见经传的小镇成为游人如织的景点；一部《三国演义》使得无锡拍摄该剧的外景地成为很受欢迎的主题公园。

第四节　环境艺术景观

如今的文明社会普遍将诸如美术、摄影和装潢布置等艺术形式应用于社会环境的美化，因而，各种指示牌、招贴广告、大型公共壁画和商店橱窗等，也纷纷超越原先的传导特定信息功能，变成赏心悦目的环境艺术风景线。

一、社会语言标识之美

语言有广义和狭义之分。狭义的语言主要是指表情达意的抽象符号系统，比如以方块字的面貌出现的汉语，以拼音文字的面貌出现的英语等。广义的语言，则是指一切具有传达特定信息功能的约定俗成的社会通用性标识，包括指路牌、店市招牌、公共设施（机场、车站、厕所、小卖部等）的拟代标记等。

社会性语言标识的首要功能是正确传导信息。对于旅游区来说，向初来乍到的游客提供正确的导游信息，是旅游服务的一个重要组成部分。汽车非常普及的国家和地区，路边标志应向游客显示旅馆饭店的性质及其服务范围。有了这些标志，游客就可以方便地找到他们所需要的服务设施。一些客流量很大的国际机场，“用国际社会公认的图形符号(非语言符号)写成标志，代替作为符号集的语言。例如刀叉和茶杯的标志，指明这里是餐厅；电话的标志，表明这里是电话间等等。由于国际交往多了，旅游事业大大发展了，这些代替语言的符号，愈益为国际社会的公共场所所利用”①。

目前我国的一些旅游城市和旅游风景区度假区，也十分重视社会性语言标识的设计制作和置放。从正面的意义上看，这些标识大都具备规范完整、文明美观的特点，因此起到方便游客观览游憩并且赏心悦目的作用。

但是，还存在一些不尽如人意的缺憾。主要问题表现在：第一，不规范。有个城市的公共厕所指示牌，中英文对照，英文“厕所”一词被翻译成“Public Lavatory”，其中大写的“P”，面积是其他字母的几倍，远远望去，就像一个停车场的标记；有个大型商厦的办公室英文标牌画蛇添足地写成“Office Room”，直译变成“办公室房间”；有个茶叶店令人不解地打出“Tea Leaves Shop”的英文招牌，望文生义会被误解成卖茶叶渣的商店；有个服装店的营业时间标牌，英文用的是中文语序：“am8—pm6”。至于用谐音将中国古代成语随意改成别有用意的广告，诸如鸡粥店的“鸡不可失”、食品店的“食全食美”、服装店的“穿流不息”、石油公司的“应油尽有”，已经成了社会性的语言公害。社会语言标识存在的最基本原则是精确有效。倘若让人看了之后产生歧义疑窦，就失去了合理存在的意义。

第二，有缺损。有的标牌缺笔少划，字体残损不全，有时到了让人误解的地步。有个“优质三黄草鸡店”，“鸡”字缺失，卖鸡的变成卖草的；有个“交通招待所”，字体严重缺损，以至于看上去变成“通召寺”；有的豪华商店、酒店的霓虹灯因变压器不过关而出现故障，夜晚的招牌标识的字体缺损，变成非常刺眼的都市瑕疵，“南国酒家”变成“南王西豕”，“欢迎嘉宾”变成“欠迎加丘”；“恭候光临”变成“共矢儿临”。语言标识的残缺不仅容易造成误解，而且容易使游客在莫名其妙的心理映衬下萌发负价值的环境美学判断，降低游览兴致。

第三，欠文明。为了促销，有的商家似乎把商场变成了“血肉横飞”的战场，打出诸如“出血价”、“跳楼价”、“大出血”、“大放血”、“断指价”、“自杀价”之类的招牌

---

① 陈原.社会语言学.上海：学林出版社，1983：161.

告示，弄得眼前似乎刀光剑影，令人心颤。这类社会性的语言标识是直接与旅游适情顺性的和谐本质背道而驰的。

第四，外观难看。社会性的语言标识缺乏公众传媒应有的寸度章法，一点也不顾及大众的爱美天性，随随便便地把任意涂抹的标牌标识挂（贴）在外，给人以凌乱杂沓之感，造成视觉污染。

二、广告招贴之美

按照形式美的要求严格规范广告招贴，有助于创造井然有序的社区形象。应当从城市社区整体形象美化的角度，来确定广告牌的置放地点、广告内容的选择和表达方式。现在，许多都市在进行大规模的城市基本建设，有些沿街的建筑工地，用广告牌做隔离，就起到既传导信息又美化环境的功效。然而，有的广告牌的布置地点似乎有点“乱弹琴”，比如，在公共厕所外的电线杆上，竖立着“肯德基”快餐的招牌；某风景如画的旅游城市的湖边垃圾箱，令人不解地成了写着“××饼干，味道好得不平凡”的广告载体。不少地方喜欢采用布幔广告，推销产品的横幅立轴四处飞舞、遮天盖地，其实这样的广告布局方式的美学效应是很糟糕的，其主要弊端在于严重背离“寓杂多于和谐”的形式美原则，杂乱无章，看上去热闹，其实所造成的心理效应却是紊乱无序，只能强化消费者的游移不定、犹豫不决的心态，促销效果也并不一定好。

文明城镇是不应该出现胡乱张贴等现象的。有的城市，像根治顽疾那样，花大力气加强都市管理，治理被形象地称做城市环境的“牛皮癣”——乱招贴的不文明现象，收到了很好的成效。当然，有些有益于人民生活的信息也是需要有适当的渠道予以公布的。这就需要有计划有安排地在适当的街区，设置一些专用于招贴的布告栏之类的设施。

三、街市商店陈设布置之美

在环境艺术的旗帜下，具有旅游审美吸引力的街市商店陈设布置，包括橱窗设计、店内装潢、柜台格局、商品陈列方式等，都应具有工艺美术的水准，符合技术美学的某些基本原则。

街市商店陈设布置的工艺美术是一种文化现象，反映的是社会物质文化和精神文化的多方面内涵。它首先反映了具有时代感的生活方式；其次，反映了一个国家或地区的民俗习惯和审美观念；第三，反映科学技术水平；第四，反映特定的经济价值和艺术价值；第五，反映民族风格和时代风格。同时，街市商店陈设布置的工艺美术所追求的是形象化的艺术境界。工艺美术的艺术形象，由造型、色彩、装饰所组成。从纯形式的角度上看，可分为平面和立体两大类。以橱窗布置为例，这道被称做传导商业文化的都市风景线，主体形象往往是由平面的背景图案和立体的前景人像和物像所组成。背景图案有的是抽象的几何图形，具有突出的装饰性、衬托性和渲染性效果，有的则是具象的直接摹写现实生活的图景，如蓝天白云、草原森林等；有些展示体育用品的橱窗，背景画上动感强烈的赛场（如田径跑道）上竞技的体育健儿的勃勃英姿。周边也许会衬以适当的装饰，如鲜花、彩带、纹样之类。其功用，按照专家的意见，不应是锦上添花，更不应是附加，而是必须和环境有机融为一体，达到不可或缺的装饰效果。

第六章 中国旅游景观的社会审美文化底蕴

核心提示

悠久的历史文化积淀，使得中国具有旅游吸引力的山水美景，由单纯的自然山水升华为“人文山水”。因此，在华夏神州游山玩水时，应务求学会在“肉眼”之外，激活第三只眼睛，用如此“心眼”看世界，通过景观表象的审美感知，洞悉和体验内在所包含的博大精深的文化底蕴。

学习要点

华夏民族的山水审美意识具有突出的人文化倾向，其形成原因与中国人的语言系统、思维方式、文化观念和人生追求有关系。

就华夏版的山水风光审美而言，其内蕴的精神文化，首先表现为宽泛意义上的宗教精神，其次是最能体现华夏文化特色的民族精神。

从“三教合一”之“和而不同”的中国旅游景观的社会审美文化底蕴的把握基础之上，我们便会对中国大香格里拉文化产生深切的审美认知和体察。

景观作为诉诸旅游者审美感官的物象，总是隐含着某些历史地形成的社会文化内容。这些内容，可以理解为理论家们所指出的“精神文化”。文化，概言之，是精神文化和物质文化结合体，是“人在物质生产和精神生产领域中进行创造性活动的方式的总和，是这一活动的结果，是传播和使用物质和精神方面有着重大价值的东西的方式，也是人在组织促进人类向前发展的社会的相互关系方面所取得的成果”①。旅游实践的重要归宿之一，就是要不失美学情韵地发掘旅游目的地的精神文化内涵，由表及里摄取真谛，然后由内而外，外向辐射，提携旅游的品位，促使旅游活动中审美关系的形成，进而提升旅游历程中的情感愉悦和精神启迪程度。

第一节　中国“人文山水”的社会文化心理根源

中国人的山水意识是根深蒂固的。旅游离不开山水。通常人们总是把“游山玩水”作为旅游的代名词。这也从一个侧面反映了我国人民具有深刻历史文化渊源的山水意识。

所谓山水意识，是一种把人的生存状态与人类生活环境（特别是以“山水”代表的自然环境）结合在一起的精神文化形态。这种精神文化形态具体表现在中国人的语言系统、思维方式、文化理念和人生追求等四个方面。

一、语言系统

语言是思想的直接现实。我国通行的汉语，其起源和山水意识有着十分紧密的联系。汉字构成的基本方式之一就是象形。所谓象形，就是说，汉字形态酷似生活形象，能极为传神地反映和比照自然景物的客观物象的某些基本特征。比如，汉字系统中的“马”、“日”、“山”、“水”等，从它们的象形起源上看，每个字都是一幅美妙的图画。既然我们每天都在使用着这种和自然保持渊源关系的语言，冥冥之中就会受大自然的无形影响，从而表现出执着的山水意识。

二、思维方式

中国人的思维方式也与自然山水之美有着密切关系。原因在于，孕育于混沌宇宙中的本真纯朴的天地万物，其美的形象具有浑然一体、“七宝楼台，拆碎不成片

① ［苏］尼·瓦·贡恰连科. 精神文化——进步的源泉和动力. 北京：求实出版社，1988：6.

段”的特点，它与人们整体把握世界的艺术思维方式相配合，而被朦胧地感受、被深刻地体验、被魂绕梦牵地当做生命意象悬在心里，久久不能忘怀。因此使得中国的思维方式也受到感染，不由地注重宏大阔远，偏爱和谐统一，喜好普泛模糊，与西洋人所偏爱的细节探究、对立统一和精确个性有着明显的差异。以时间观念为例，中国人总是运用模棱两可的语言来拟代准确的时间尺度。比如，用“春秋”来形容年度，用“一袋烟的工夫”来衡量本来有定数的时间范围。这种泛化的艺术思维方式在日常生活中是屡见不鲜的。此外，与西洋人重细部分析的思维大相径庭，浸润于自然环境之中的中国人形成了“整体直观”①的思维方式。在古代人眼里，金木水火土成为本来包容万象的世界中五种最有代表性的元素。在直观经验中产生对其性质的体悟，分别是：水润物而向下，火燃烧而向上，木可曲可直，金可熔铸改造，土可耕种收获。它们又分别给人以咸、苦、酸、辣、甜等味道的感觉。由此而从自然到社会，形成对于由五行世界到五味人生的系统而直观的理解。

三、文化理念

华夏民族的很多文化理念都是与人化自然有关的。究其原因，首先是与中国古代知识分子对山水历来有着强烈的感情有关系，重文崇名的社会氛围使得如此这般的文人情怀得以播扬传承。山水这个词本身，所包容的就是阴阳统一观。山为阳，水为阴。山水相契相而成宇宙自然。文人墨客通过自己的文化作品将山水相依之类的自然审美观传递到整个社会中，于是，冥冥中，我们国人认同并接受了这样一种众所钦羡的人居家园境界，那就是阴柔美和阳刚美的有机统一。存在决定意识，生活在如此安泰温和的环境氛围里，耳濡目染，势必会酿造出极为推崇和谐的文化理念。

四、人生追求

中国人既亲和土地，又崇尚苍天。天与地，形而上的神秘苍穹和形而下的朴实土地相结合，本来就是中华民族的人生追求。唐代文学家柳宗元《小石潭记》中的一段描写似乎可以说明，澄澈透明的自然境界，仿佛映照着古代中国人的人生理想：“潭中有鱼百许头，皆若空游无所依。……往来翕忽，似与游人相乐。”这段描写

① 李宗桂. 中国文化概论. 广州：中山大学出版社，1988：301.

鲜明地体现出，古代中国人的主观意识世界与客观的自然物（如潭中游鱼）是统一的，和合的，不分彼此的。鱼乐即为人乐，抑或人移情于自然，使得水中鱼儿也似乎跟着在乐。人生的曼妙境界仿佛无不在自然世界之中寻到相应的比拟对象。如此情景交融，所显示的是华夏民族的人生追求，将人看做是自然的一个组成部分，追求主观情思（意趣理想）与客观环境（自然和社会）融为一体的“天人合一”境界。①

第二节　中国山水“人文精神”的具体表现

悠久的历史文化积淀，使得中国的具有旅游吸引力的山水美景，由单纯的自然山水升华为“人文山水”②。自身修养定性极高的旅游者，往往对自然怀有一种朝拜式的虔诚。这是因为，石洞泉瀑、雪月风花、狮吼鸟鸣，偌大的自然空间所展示的美丽景象，在千百年的中华文明历史演化中，被渗融、濡染上犹如氤氲雾霭般的文化底蕴。古代中国人光照千秋的文化人格，通过他们触景生情挥洒出来的作品——诗篇、画作、雕像——得到凝冻化的展现，蕴涵着历史文化精粹的这些作品，则与被抒写、刻画的自然对象，和作品创造者曾经生活过的环境，融为一体，构成让后辈享用不尽的旅游美景。正因为如此，富有美学追求的人们出游，能够“实心实意地在游山玩水，又情不自禁地感悟到了它们各自的文化蕴涵”③。旅游美学的重要任务之一，就是饶有诗意地发掘山水自然内涵的人文精神，从而为提高普通旅游者的景观审美修养服务，为旅游从业人员（特别是旅行社的导游）提高自身为游客服务的水准服务。

中国山水内蕴的精神文化，是个说不尽道不完的话题，这里主要从两个方面来分析，首先是宽泛意义上的宗教精神，其次是最能体现华夏文化特色的民族精神。

一、宗教精神

具有中国特色的宗教精神影响之下的山水景观审美观，具有个性鲜明的审美

---

① 朱志荣. 中国审美理论. 北京：北京大学出版社，2005：107.

② 余秋雨. 文化苦旅. 上海：知识出版社，1992：3.

③ 余秋雨. 文明的碎片. 长春：春风文艺出版社，1994：274.

心理特征。中国本土文化在总体上追求人与自然(环境)相统一,但是这种观念在儒、道、佛之中有着不同的表现形式:儒家从社会伦理的角度诠释这种"统一";道家从自由意志的角度渲染这种"统一";佛家从理性规律的角度把握这种"统一"。

(一) 儒家的"情志合一"

以孔子为代表的儒学注重社会道德伦理对人的重要影响,强调伦理人格对于宗法社会的维系作用。换言之,在人与自然(环境)的关系上,儒学总是用符合仁义标准的道德法则来加以规范。因此,面对景观世界,儒学就势必坚持"比德"的审美方式,用人的德行操守来比附自然对象的文化内涵,似乎并不关心景物形式美的欣赏,却十分青睐景物形象所体现出来的某种属于人的精神品质。"子曰:岁寒,然后知松柏之后凋也",说的是松柏所象征的仁人志士的坚贞品格;"孔子登东山而小鲁,登泰山而小天下",说的是泰山所象征的帝王将相雄镇天下的王者风范;"知者乐水,仁者乐山",则以柔绵流动的水和崇高峻伟的山来象征智者和仁者互有偏擅的人格。①这就把美和善紧密地联系在一起,用社会伦理化的"善"(即理想人格)来诠释美的自然形态的审美文化奥秘。

如此审美方式所追求的是美之所以成其为美的伦理化自觉,以及个体的诗化感性审美统一于群体社会理性的升华。儒学的"美善相乐"的审美观教育启迪意义是不可忽视的。旅游审美的社会功利性需要强调这种导向于善的教化功能。

(二) 道家的"物我两忘"

以老庄哲学为理论基础的道家注重宇宙自然的主导作用。在向老庄靠拢的中国士大夫道教看来,日月星辰、山川河海、草木禽兽、君臣众庶、四肢五脏,都在阴阳五行的框架中配套成龙、上下呼应、彼此联系、互相感应,并且都必须向着"道"——虚无混沌、默默无言、自然澹泊——的境界靠拢。这就是所谓的"人法地,地法天,天法道,道法自然"。既然如此,人就必须处于"无为"的角色定位之中,也就是说,剔除人为的因素,一切顺其自然。道教否定人对于客观世界的改造、倡导向天回归的思想,从积极的意义上理解,是一种"深刻的片面"见解。自然有其自身的发展规律,必然规律是不以人的意志为转移的。这就为从美学角度解释众多旅游现象提供有力的理论依据。自然就是美。如今最受欢迎的旅游产品是回归自然游、生态旅游,如今的都市居民,大多向往自然、清真、有野趣的旅游目的地。最高明的建筑

---

① 成复旺.中国古代的人学与美学.北京:中国人民大学出版社,1992:26—219.

构思设计是依山就势因地制宜，如武当山的宫观，虽为人造宛如天成；如苏州园林，是建筑和自然背景的有机融合。我国道教圣境崂山、龙虎山、青城山、齐云山等，感性诗化地体现着“道法自然”的理念，因而成为受人欢迎的旅游胜地。

人的最终归宿是自然之道。所谓“人貌而天虚”，意思是说，人的面貌外相所容纳的是虚无的天道之心。面对天，尘世间的人们及其人类文化形态其实是无能为力的，惟有顶礼膜拜地崇尚天道、回归自然，才能进入神与物游、“游刃有余”的自由境界，在符合天道的胸臆间徜徉，思维的触须逍遥自在地伸展，舒卷自如，从而进入“有无之间”的意味深长、难以言尽的境界。“道之为物，惟恍惟惚。恍兮惚兮，其中有象；恍兮惚兮，其中有物。”虚怀若谷之心包容的是硕大无朋的外宇宙，蕴涵着最为丰富的社会人生的形象内容。于是导致这里层面的“无中生有”，心胸的大无包容尘世沧桑的大有，从而在心灵的自由中接近自然（宇宙、环境）本体的必然境界。如果说，与西方文化“以有为本，从有到实体”相对应，中国传统文化“以无为本，从无到有”①，那么，道家的宇宙自然本位论是最能体现这一“有无相生”的东方智慧精粹的。如此古老的哲学智慧给予旅游美学的启示是极为深刻的。我们的旅游者是怀揣着“虚心”，走上游山玩水的“游观”征途的。古人所说的“游观”，其含义之一，就是浮游览观、边走边看。②旅游过程中游客所关注的对象，一般是见所未见、闻所未闻的，也就是说，游客首先得确定自己“无”的心态，才能萌发探奇览胜的出游动机。从旅游经营的角度上说，则需要提供新奇别致让人耳目一新的旅游产品。物象的生疏感，很容易通过具体的游观活动得到解除，原先感到陌生的东西，亲身观览之后，就变得熟悉和亲切了。这时，就需要进一步由表及里，神与物游，体察和领略内在的犹如宇宙般浩淼广阔的意蕴世界，从而沉浸在“言有尽而意无穷”的恍兮惚兮境界，给旅游活动留下难以忘怀的回味和回忆。因此，我们的导游在引导人们游观风景的时候，怎样做到引而不发，促使游客“物我两忘”，进入“神游”想象的情境之中，是很有探究必要的。

（三）佛家的“兴到神会”

儒道互补是中国传统本土文化的主流，不可忽视，外来的佛教历史悠久，也是在我国影响深远的宗教文化样式，因此，需要做一番分析，从中获取理解中国人文

---

① 马奇主编．中西美学思想比较研究．北京：中国人民大学出版社，1994：16.

② 刘德谦．中国旅游文学新论．北京：中国旅游出版社，1997：84.

山水美学品格的宝贵启迪。源于印度、成长于华夏的中国佛教，门派林立，天台宗、法相宗、华严宗、净土宗、律宗、密宗和禅宗，都有自己的祖师和祖庭，有自己的理论基础，有自己的信徒和主要影响范围。佛学博大精深，很难进行概括提炼。但从总体上说，佛学讲究因缘和修行，推崇真谛和妙悟。

同样注重伦理实践，儒学特别关注“入世”的建功立业、经世济民，佛学说教作为一种“出世”的人生哲学，则非常强调在无边苦海中过活的尘世苍生，必须通过今世的修身养性，努力达到真如自性的圆满解脱境界。因此，有“佛学即心学”的说法。①它给我们的旅游美学启示在于：旅游者的文化涵养和人格修炼，可以是旅游审美的结果，通过审美关系中的陶冶和感化促使主体精神超越和升华，也应当是旅游审美的前提，超凡脱俗的文化修养是在旅游实践中获得良好心理体验的内在基础。所谓“兴到神会”的审美方式，要求审美主体只有“兴到”，具备接受审美对象的主体文化基础从而萌发观照景观之美的兴致，才有可能心领神会，觉察其奥妙之所在，从而有可能进入圆通自如的精神境界。

有研究指出②，佛学，特别是本土化的佛学——禅宗，极为关注人与自然（环境）的特殊联系，提倡以一种非理性的思维方式，在直觉观照中感受混沌一片的外部世界，从而进入“梵我合一”的境界。具体表现为：第一，强调通过“凝神观照”和“沉思冥想”，形成主体自身的心醉神迷状态，在“物我同一”中，听凭思绪自由驰骋，进而领略自然（环境）作为对象世界的含蓄底蕴。第二，强调运用机敏的“参活”和“妙悟”，以解开一切羁绊的清净本心，直觉地领略对象世界内蕴的无限理趣，从而出现“瞬间的顿悟”，豁然开朗，进入空灵澄澈的心境。第三，有所觉悟的思绪，并不形诸概念性的语言，而是在意念的心理空间徜徉徘徊，如同古代文论中所说，“不涉理路，不落言筌”；“羚羊挂角，无迹可求”，既然“达摩西来，不立文字”、要求禅僧自己去琢磨玄妙深奥的道理，作为接受者，完全可以化被动为主动，用自然、含蓄和凝练的方式去表达了然于心、却未形之于口的意境。

这就启示我们，在旅游审美过程中，一要具备静观的心态。所谓“静观”，指的是潜心观照，聚精会神，避免旁涉它骛，从而真正“情景交融”，主体的“情”与对象的“景”建立无形的水乳交融般的心理联系，沉醉其间，自得其乐，设若进入一座庙宇，

① 祁志祥. 佛教美学. 上海：上海人民出版社，1997：80.
② 葛兆光. 禅宗与中国文化. 上海：上海人民出版社，1986：135—204.

站在大雄宝殿里，面对默默无言的佛像，任何语言都将多余，哪怕是导游的解说都将成为絮叨之词，惟有静观，才能进入境界。二要具备透过直接感知的具体形象的细枝末节蓦地领悟内在意蕴的直觉感悟力。恍然大悟的体验将带来主体精神的自由振奋，促使精神世界的大鹏展翅飞翔，进入精神逍遥游而使自我得到解脱，个体融于宇宙。三要有巧妙地传导自身感悟所得的能力，不必捉襟见肘地强说心得，而是在想象的思维空间玩味意象，或者将这类隐含着妙悟所得的意象，用另外一种形象化的方式传导给别人。问起对于中国民乐《二泉映月》的理解，瑞士苏黎世音乐厅乐团的业务总经理贝希先生说，乐曲《二泉映月》与莫扎特后期的音乐作品有相似之处，都是那样优美、典雅。美学专家朱光潜年轻时在巴黎留学，有一次，他到罗浮宫观赏《蒙娜丽莎》，反复揣摩、流连忘返。那飘忽的微笑，使他想起贝多芬的《命运交响乐》，想起米勒的爱神雕像，想起歌德的诗剧《浮士德》。另一位美学专家宗白华当年曾在罗浮宫《蒙娜丽莎》原画前默默观赏了一小时，口里念着中国《诗经》中的两句描写美人的诗，"巧笑倩兮，美目盼兮"，用诗意来表达对神秘的微笑的理解。如此"不著一字，尽得风流"的审美方式，是和佛禅宗教文化精神一脉相承的。那么，我们面对四大佛教名山分别供奉的四尊佛像（普陀山的观音菩萨、九华山的地藏菩萨、峨嵋山的普贤菩萨、五台山的文殊菩萨）将会萌生怎样的感悟、将会用怎样的方式来传达表露自己的这种感悟呢？这是一个耐人寻味的问题。

从总体上看，中国山水景观具有"三教合一"的特征。儒、道、佛彼此影响和渗融，构成神州大地壮观的旅游景象。试以区域性旅游规划体现历史文化底蕴的个案为例。①中国古代文化的"三教合流"特征，在浙江台州得到典型的组合呈示。这个地级市的北端所辖的天台、临海、仙居，在历史文化基因构成上，都程度不等地具有多重组合性质。但是，从主流文化角度上看，这三个县市应各有偏擅地强调特定形象侧面：在天台，山水神秀美名传天下，相比之下，以天台宗祖庭国清寺为代表的佛文化声名更为卓著；在临海，从与戚继光的英名联系在一起、体现"精忠报国"情怀的抗倭古城，到市区被称为"江南八达岭"的古城建筑，都是儒家"达则兼济天下"的入世象征，其所象征的是作为国家级历史文化名城所体现的我国古代主流文化；仙居地处台州西北角，僻静一隅掩映着一方仙人居住的土地，清真山水所流露的正是不无道家"逍遥游"的出世豁达韵致。这就构成大台州北端儒道佛金三角文化旅

① 庄志民.旅游经济发展的文化空间.上海：学林出版社，1999：263—268.

游区。这样的宗教文化的经典组合在我国并不多见,因此,在旅游资源开发和规划的总体思路上,自然就产生如此具有“瞻前顾后”特点的宣传营销口号:看3 000年的中国到西安,看1 000年的中国到北京,看100年的中国到上海,看十年的中国到深圳,看“三教合一”的中国到台州。口号无疑是响亮的,把响亮口号变成感性现实的努力拼搏也将是十分艰辛的。

二、民族精神

在长期的文明历史演化中,山水自然与古代喜爱旅游的作家构成一种特殊的审美关系。如前所述,中国人的语言系统、思维方式、文化精神和人生追求,无一不体现根深蒂固的山水意识。中国古代的山水文学作家,就是用文学语言为媒介,以艺术家特有的形象思维方式为内在驱动力,通过自然风景的文字描摹,绘声绘色地展现一幅幅美妙的形象图画。这些作家赋予中国山水以文化灵性,特别是按照“比德”的审美传统,使得以山水为代表的景物形象画面成为中华民族精神的象征。有关研究表明,中国山水通过山水文学的情韵灌注,从诸多方面弘扬民族精神,诸如浩然正气、刚健笃实、刚柔相济、清廉旷达和幽深邈远等,广泛而深刻地反映中华民族的思想素质和心理素质。①

(一)浩然正气

古代哲人认为,元气既是产生和构成天地万物的始基物质,也是蕴含于万物、体现某种崇高思想境界的基本精神。在物与我、山水与人之间一以贯之的元气,孟子称之为浩然之气,文天祥则称为天地之气。《正气歌》云:“天地有正气,杂然赋流形,下则为河岳,上则为日星,于人曰‘浩然’,沛乎塞苍冥。”文天祥所说的天地正气其实就是彪炳千秋的民族正气、民族精神。山水文学作家把这种显现民族精神的浩然之气,通过笔墨渗透到山河雄姿之中。杜甫的《望岳》着眼于泰山雄镇天下的崇高之气,因而成为历代泰山诗的冠冕之作,李白的《望庐山瀑布》专注于清凉世界冲腾出的一股势不可挡的流动之气,因而使庐山香炉峰瀑布成为飘逸品格的象征性剪影。

(二)刚健笃实

以名山大川为经脉的神州大地,不但是中华民族获取生活资料赖以生存的源

---

① 臧维熙主编.中国山水文学的艺术精神.上海:学林出版社,1994:224—249.

泉，而且是我们民族形成刚健笃实民族精神的重要基因。壮丽河山，钟灵毓秀，长江、黄河、珠江、黑龙江，泰山、华山、衡山、昆仑山，成为哺育我们民族成长的文化摇篮，它们把最优秀的禀赋气质和最卓越的智慧才华赋予了我们，使中华民族成为崇尚英烈景仰豪杰的伟大民族。“山以贤称，境缘人胜。”在黄钟大吕般的自然环境中成长的华夏民族精英，又反过来以坚强聪慧的雄才大略谱写人生业绩。“江山也要伟人扶，深化丹青即画图。”南岳衡山，因屈原的崇高人格和伟大的爱国主义精神濡染而独镇南楚；杭州西湖，因长眠着民族英雄岳飞、于谦的英灵而让人在柔绵中增添一层景慕；黄州赤壁，因历史地沉淀着千古风流人物驰骋疆场的印痕而诱使人们“游观”和“冥思”，从而“使无生命的自然形式变成美”。[①]衡山、西湖和赤壁，作为自然山水，在屈原、袁枚、苏轼等文人诗篇意蕴的灌注下，成为英雄主义民族精神的感性显现。

（三）刚柔相济

山水自然的刚柔之美本于《易经》的阴阳学说。古代哲人认为，“一阴一阳之谓道”，“道法自然”。意思是说，自然的本原就是阴柔和阳刚之气的相互作用。大千世界万物纷争竞彩的美，绝对不可能超越阳刚和阴柔之外。阳刚之美所指者为高山、大河、高原、大海、巨瀑、洪泽、大漠、荒野、古木、青松、长风、落日，具有雄伟、高大、险峻、壮阔、苍茫、空旷、浑厚等风姿；阴柔之美所称者为幽石、清泉、曲涧、微波、轻烟、细柳、清风、明月、幽花、珍禽，具有清秀、淡雅、清婉、轻柔等风采。阳刚之美所体现的是我们民族的壮美感，其所反映的是昂扬奋发的精神风貌、纯朴敦厚的道德风范、雄浑博大的思想襟怀、忠贞不渝的民族气节、正道直行的坚强意志；阴柔之美体现的是我们民族的优美感，其所反映的是优雅淡远的思想情操、冰清玉洁的高尚品格、悠然宁静的淡泊心境、超然旷达的人生态度、萧然自适的生活情趣。一般而言，孟子至大至刚的“浩然之气”、庄子的“天地有大美”都推崇阳刚美，佛教的禅趣妙悟则推崇阴柔美。因此，受儒道影响较深者多阳刚之气，受佛禅影响较深者多阴柔之气。清末著名思想家、山水文学作家魏源在游中岳嵩山时写下两句含义深远的诗：“刚柔共古今，仁智恣潇洒。”意思是说，宇宙本体刚柔之美的互渗互融是永恒不变的，与宇宙相契相合的仁者智者，都可以在瑰丽多姿的山水中恣意遨游，尽情领略大自然的美，得到心灵的快慰和满足，这样的文化心理典型地体现了中华民

---

① 余秋雨．文明的碎片．长春：春风文艺出版社，1994：108.

族追求和谐的深层特征。

（四）清廉旷达

中国人历来景仰清廉的操守、旷达的襟怀，敬重鄙薄名利、坦荡处世的高尚人格。作为具有泱泱大国之风的文明古国，中华民族是追慕崇高道德风尚的民族。古代的廉洁耿介之士，素来“不患位之不尊，而患德之不崇”，坚持认为“士有百行，以德为首”。因此，总是把山川自然当做“安身崇德”的外在媒介，将鄙视世俗利欲、摒弃现实污浊的纯真情怀，感性地通过清美自然景物表现出来。经过文人墨客吟咏描绘松、竹、梅、兰、菊、荷等自然物，充溢出坚贞不屈、高尚峻洁的人格精神：“松柏之姿，经霜犹茂”；“梅竹君子性，兰桂美人魂”；荷花“出淤泥而不染”；菊花“淡极名利心”、“生成傲骨不依人”。北宋一代名臣范仲淹的《岳阳楼记》，以“先天下之忧而忧，后天下之乐而乐”的深沉笔触，赋予这座名楼以导向善的审美内涵，使人从中可以感受到一种不计较个人荣辱得失而以国家人民利益为重的仁人志士之心。作为唐代古文运动主将之一，柳宗元独具慧眼地发现小石潭的清澈明净之美（《小石潭记》）、“孤舟蓑笠翁”的身处逆境志节不衰之美（《江雪》）、遨游西山“心凝神释，与万化冥合”时的那种神与物游的精神逍遥之美（《始得西山宴游记》）。

（五）幽深邈远

传统意义上的中国人是十分喜爱幽深邈远的文化性格的。作为这一论断的艺术例证，中国的古代艺术家的审美选择视阈，具有明确的指向性，在宇宙天体中，最爱的是明月，在人工建筑物中，最爱的是山亭。古代山水诗人爱月，尤爱山月、水月、秋月。月夜泛舟、月下漫步、对月独酌、踏月寻幽、借月抒怀，几乎每个山水作家都有咏月之作，而王维、李白、苏轼尤为典型。王维的“明月松间照，清泉石上流”，弥漫着佛禅的缕缕幽静思绪；李白的“人生得意须尽欢，莫将金樽空对月”，透射出“诗仙”于宏廓中见飘逸的道家情怀；苏轼的“人有悲欢离合，月有阴晴圆缺，此事古难全。但愿人长久，千里共婵娟”，似乎颇受佛家思想的影响，不无悲慨凄凉意味和寄希望于来世的意念。古人对山亭的偏爱，可从欧阳修构筑、赞美醉翁亭和苏轼构筑、赞美放鹤亭的审美实践中略见一斑。“江山无限景，都聚一亭中。”古人建山亭，注重“撮奇得要”、独擅胜境、收揽众美，因此，往往可以让游人从最理想的地点、最佳的角度，摄取最多最美的景色。也就是说，亭子虽小，所起的作用却是“以小见大”，如同聚焦镜，将宇宙天地之广阔浩森，尽收眼底。从安徽滁州琅琊山醉翁亭到北京右安门东北的陶然亭，从湖南长沙岳麓山的爱晚亭到杭州西湖的湖心亭，其地理位置的选择，大都具有利于遍览周遭景色的优点。因此，“亭成而骚人至”，成了游人(尤其是富有艺术涵养的旅游者)的必游之地。幽深的明月、邈远的山亭，前者是原生的自然景观，后者是艺术化的人文景观，两者融为一体，便成了具有中国古文化特色的“人文山水”。倘若在中秋节选择一处山亭望月，便可以在人文山水的境界里做精神上的美学散步了，悠悠然中，也会感悟作为民族精神的幽深邈远了。

第三节　中国大香格里拉文化旅游的审美体验

一本小说，使得“香格里拉”声名远播，成为诸多旅游梦想巡游的天堂。也许是因为看中其所具有的巨大品牌价值，原云南迪庆经过努力被成功更名为香格里拉；但是，更能够被广泛认同的香格里拉，其基本区域要大得多。在川滇藏三省区发表的《旅游合作宣言》[①]上，我们可以看到对“中国香格里拉”地区概念的认定：“中国香格里拉生态旅游区”大范围涵盖川西南、滇西北、藏东南(含九个地州市)；优先开发的核心区为四川甘孜州、云南迪庆州和西藏昌都地区。2004 年《中国国家地理》杂志所划定的“大香格里拉”文化圈是指东经 94°—102°，北纬 26°—34°所涵盖的范围：西起西藏林芝地区，东到四川的泸定，南从云南丽江一线，向北可达四川石渠县最北端。包括云南丽江市、迪庆州及怒江州、四川甘孜州、凉山州及阿坝州一部分，西藏林芝及昌都地区，以及青海玉树及果洛州一部分。[②]南北直线距离可达 1 100 千米，东西宽约 1 000 千米，总面积近百万平方千米。

一、现代化浪潮中的中国大香格里拉

在那些自然生态和人文生态环境俱佳的区域(尤其是我国西部)发展旅游，诸多有识之士在严肃思考的一个问题就是，旅游发展与非物质遗产(民俗文化)以及自然资源的保护之间存在的矛盾如何解决？

---

① 四川云南西藏三省区发表旅游合作宣言. 新华网西藏频道，2004 年 11 月 3 日；http://www.xz.xinhuanet.com/xizang lvyou/2004-11/03/content_3976474.htm.

② 单之蔷. 大香格里拉序篇——八大重合横断山. 中国国家地理，2004(7)：38.

关于这一点，有分析认为：（香格里拉的）生态旅游似乎是一个两全其美的主意，似乎既有钱赚，又不失去什么。首先，这里存在一个悖论，你之所以能成为旅游的对象，是因为你和别人不一样，有和别人不一样的景观和文化。于是，为了吸引游客，你需要保存传统，然而，保存的目的是为了发展，为了现代化，这又意味着要改变传统。其次，真的不失去什么吗？[①]

这如同我们遇到过的著名的罗斯岛"悖论"：罗斯岛上的斯密斯说，这个岛上的所有人都在说谎。设问：斯密斯的说法是真还是假？这个悖论式的问题使得我们陷入左右为难的窘境。如此开发和保护的"悖论"，是个并不容易解决的难题。即便在美国，现代化潮流和印第安文化遗产的保护，也存在难以妥善解决的尖锐矛盾。正因为如此，各种各样互有分歧和冲突的见解也就产生了出来。

其实，我们可以从另外一个角度提出问题：经济发展水平有先进和落后之分，作为特定人类族群生活方式的文化状态也有落后和先进之分吗？从人类文化学的角度上看，答案是否定的。有研究表明，雅砻江流淌的是女性文化；泸沽湖的走婚可能是人类婚姻的未来。[②]如果天造地设，形成这种特有的民俗奇观，我们的确只能静观和审视，只能从特定地脉、文脉和人脉演化发生史的角度去理解和感悟。但如果由于现代化的潮流不可阻挡，如同有的研究者所说，"文化传统是各个国家在各自的历史进程中所不断建构的"[③]，当地的民众自己选择了一条被现代化同化的路呢？

面对如此正在局部出现、有可能进一步发展的图景，大家该持有怎样的应对态度呢？很多到泸沽湖游走过的旅友都会思虑的是，令人迷醉的"女儿国"里作为旅游"卖点"的"走婚"是否会因为经济的发展而变得不可持续？这是个值得探究的问题。

二、香格里拉的传统文化的审美感悟

这样一种文化人类学理念具有毋庸置疑的真理性，那就是：经济发展水平有落后先进之分，但是，文化类型无所谓优劣之别。2004 年第 7 期的《中国国家地理》上刊载的几篇文章也表露出这种观念。

据介绍，有的专家将泸沽湖的摩梭社会定义为母系社会的遗存，走婚是原始社

① 田松. 凭什么你可以过别人的生活. 中国国家地理，2004(7)：32.

② 单之蔷. 这里的婚姻真精彩——一妻多夫 · 走婚 · 横断山考察记. 中国国家地理，2004(7)：42—61.

③ 赵南元. 如果从文化本身来考虑. 中国国家地理，2004(7)：34.

会群婚制的残余。这样的定义本身已经有了潜台词，即这是一种过时的、落后的制度。但是，盐源城旅游局的小杨面对许多来旅游的人带着一种文化上的优越感，本能地以防卫的口吻说，“走婚是先进的”；“将来许多民族都会选择走婚”。对此，成都著名的藏族学者邓廷良先生也非常赞同这一观点。

以一部研究摩梭人生活的著作获得法兰西学院金奖的北京大学人类学教授蔡华拒绝使用“走婚”这个词，他认为，摩梭人的两性关系是一种“走访制”，是人类的群婚、对偶婚等婚姻制度之后的一种繁衍后代的制度。

过去人们一直认为，没有婚姻或者家庭就没有社会，甚至人类都无法生存。但是，蔡华教授的研究让世界学术界感到惊讶：没有婚姻和家庭，摩梭人的社会运行得很好。

按照文化人类学的观念，好还是不好，不是依赖外界(包括自以为高高在上的文明社会学术界)的评判，关键是要看置身其间的摩梭人的自我感觉和估量。根据有些旅友到访泸沽湖的经验，时下的摩梭人大都抱有适情顺性的生活态度，说起摩梭女儿国的走访制两性关系，他们觉得很自然、很顺心。当然，我们还很难断定，这样的看法是否包含商业动机的成分，即当代摩梭人已经聪明地意识到，名声在外的泸沽湖女儿国的所谓“走婚”，已经成为极具市场力的旅游品牌；如果摩梭人真的对传统流传下来的这种包括“走婚”在内的生活方式很满意，幸福指数很高，我们是否应当不要过多干扰他们呢？

深层的问题是，如今的世界一体化潮流盛行，包括旅游在内的跨文化交流十分普遍，《旧唐书》所描写的地域辽阔、即使如今自驾车也许要走三天的雅砻江流域的东女国，现在，已经被一种又一种外来文化所覆盖和淹没，只剩下两个文化“孤岛”。一个，是我们已经熟悉的泸沽湖的摩梭女儿国，另一个，则是距泸沽湖数百千米之遥的鲜水河大峡谷中保留的比摩梭人还要原始的走婚制度。有专家指出，鲜水河大峡谷的走婚制延续了几千年，为什么要在我们这个时代消失呢？诘问相当有力。但是，疑点随之而生，“人定胜天”的工业化社会理念在驱遣人们改变着女性文化区域的“地脉”状貌，“文明战胜野蛮”的人类种群优越感在引导人们冲击着女性文化区域的“文脉”，“孤岛”状貌的走婚文化，是否“可持续”得下去呢？这又是一个值得探究的问题。

三、到香格里拉寻找丢失的人性“草帽”

在大自然的伟力面前，整个人类都非常渺小。前些年发生在包括世界著名旅游地在内的区域性海啸,已经给我们上了一课。

诸如此类,香格里拉区域的老百姓,比我们中间的很多人都认识得更清楚。在十大著名雪山排行榜上被列为第二的梅里雪山,2003 年正赶上 60 年(一个甲子)一次的藏历水羊年,那时,大约有十万余人到梅里雪山转山朝拜。据介绍①,藏族人在不同的属相年,都要朝拜一座特定的神山,羊年特定要转山朝拜的就是位于云南和西藏接壤处的梅里雪山。“到梅里雪山转山朝拜”是这一年整个藏族地区最重要的事情。藏族同胞相信,在羊年转一圈等于在平时转 13 圈,水羊年的一圈则抵得上平时的 60 圈,很多人都转两到三圈,一圈为自己,其他几圈为朋友或者家人。转山活动分为“外转”和“内转”,前者是围绕整个梅里雪山转行一圈,约需要六至九天,后者仅对梅里雪山的部分地区进行转行朝拜,大概需要两到三天时间。

著名的“浪潮”理论②是这样推论的:我国就其人口的绝大多数是农牧民而言基本是“第一浪潮”(游牧农耕经济文明占主导)区域,西方发达国家则被纳入第二浪潮(工业经济文明占主导)向第三浪潮(服务经济文明占主导)转型的地区。其实,我国改革开放以来吹响的“四个现代化”进军号,鼓舞着亿万人民在希望的田野上掀起了轰轰烈烈的第二浪潮;何况,我国幅员辽阔发展非常不平衡,尽管西部(主要指的是广袤的农村)就主体而言还处于第一浪潮文明阶段,但在东部沿海地区(尤其在相对发达的城市),第二浪潮向第三浪潮的转型也已初露端倪。按照机械的浪潮文明进步论,第二浪潮比第一浪潮进步,第三浪潮比第二浪潮进步。因此,我国的西部比东部落后。其实,西部落后的主要是经济,或者是从市场经济条件下的经营观念、手段和机制;从文化上说,西部就不能简单用一个“落后”来概括。我们不妨重申文化人类学基本原理:经济有先进落后之分,文化无优劣之别。发达国家和地区的城市化和工业化,就其文化形态来说,并不一定全都比欠发达国家和地区先进。其实,用先进与否来衡量文化类别的高低,本身的尺度就有问题。可以这样说,从世界范围看,国无论大小,人无论贫富,文化上各擅其道,只要自己觉得过得不错,旁人的说三道四,都有违背民主原则之嫌。从我国的现状看,东、中、西部经济发展水平不平衡,这是事实;但是,不能用经济的标尺来衡量一切,以偏概全,认为经济落后的,其他(比如文化)也就无话语权。公允的说法也许是,我国的西部

① 张帆. 走向梅里. 中国国家地理,2004(7):130—140.

② [美]阿尔温·托夫勒. 第三次浪潮. 北京:生活·读书·新知三联书店,1983:3—40.

(特别是可以从几个不同尺度来衡量框定的香格里拉)所蕴藏着的,恰恰是东部人所缺乏、缺少和缺席的宝贵文化财富,其潜在价值难以估量,值得发掘。

20 世纪 80 年代曾有部相当上座的日本老电影:《人证》。这部电影说的是一位美国黑人青年,戴着一顶他父亲留下的草帽(作为异国恋情的信物),到其父曾经驻扎过的日本,去寻找自己的生身母亲——一位当时已经很有地位的日本名流八杉恭子。为了保全自己好不容易得到的社会身份,这个曾与美国大兵有染而生了混血儿的日本母亲,在电梯间,用一把尖刀无情地杀死了自己的亲生骨肉。

这个故事包含着耐人寻味的文艺社会学层面的寓意。20 世纪的 70 年代,日本经济登上了世界发达七国的巅峰;随之而来,富裕起来的部分日本人,逐渐丢失了人性的"草帽"。顾晓鸣在当时曾写了一本题为《现代人寻找丢失的草帽——对文化与文艺在通观行程中的发现》的书,在书中很深刻地指出,《人证》这个片名的含义是"对于人(性)的证明"或"人(性)的检验";草帽,在电影《人证》那里,抑或在当今世界的整个生活空间,则成为足以检验人性存在价值的充满传统乡野温情的文化象征。①

《中国国家地理》"川滇藏大香格里拉典藏版"的副标题为"给中国最美的地方划个圈"。这一期的封面提要,写了这样三句话:背包客说:这里每一公里都精彩;地理学家说:这里是中国山河的异端;人类学家说:这里是民族迁徙大走廊。由此不难看出,这一期的主导性内容,是对大香格里拉的由衷赞美和肯定。同时,也可以从字里行间体会到,作者对这块神奇土地资源所面临的现代化开发潮流的冲击,表露出深深的无奈。

大香格里拉的发展之路在何方?作为经济社会相对发达的我国东部区域,对西部的开发承担怎样的责任、是否可能在承担责任的同时进一步发展和实现自身?西部地区的民众和政府能否用未来的眼光来有效处理眼前的问题?中央政府和部门如何从资源宏观配置的公共管理和决策层面,协调东西部的不平衡发展,有效化解西部所面临的人与自然的"大香格里拉"式和谐,以及世外桃源般的人类文化"活化石"有可能在我们这一代土崩瓦解的难题?对这些问题的努力思考也许并不能直接促成这些问题的有效解决,但至少有助于我们通过中国大香格里拉文化旅游的审美体验,去深入领略中国旅游景观的社会审美文化底蕴。

---

① 顾晓鸣.现代人寻找丢失的草帽——对文化与文艺在通观行程中的发现.长沙:湖南文艺出版社,1987:159—160.

第七章 旅游异地性的跨文化美学扫描

核心提示

在目前的这个“地球村”的时代，先进的交通工具、发达的通讯手段和舒适的宾馆居住餐饮设施，为不同文化地区的人们彼此往来旅游，提供了极为便利的条件。走出家门，探奇览胜，到耳熟能详但却未曾亲身体验的文化氛围中去，领略山水胜迹、社会风情和艺术氛围的感性魅力，已经成为一项富有诗意地消费闲暇时间的活动。对这样的跨文化旅游予以审视并发掘其美学意义是本章所需完成的核心任务。

学习要点

旅游的异地性决定了旅游活动必然具有突出的跨文化属性。

现代跨文化观念对旅游的影响，至少表现在文化价值相对性、文化格局多样化和文化互动中的异质整合等三个方面。

每个人都生活在一定的文化环境之中，特定文化样式及其特征濡染感化着长期置身其间的每一个人，使其在社会化的过程中，不断完成个体人格禀性的建构，而且使内在的心理空间打上深深的文化烙印。承载着特定文化的潜在旅游者，正是以具有特定内涵的文化心理结构作为内在参照系，去选择旅游的目的地。有关研究认为，旅游者外出旅游的重要目的之一就是要体验异乡风情，了解他国文化。甚至不论其出于何种动机外出旅游、不论其属于何种类型的旅游者，都不可避免地接触旅游地包括民族历史、生活方式、风俗习惯、文学艺术、服装和饮食在内的文化。旅游者都会自觉不自觉地耳闻目睹异样的文化场景，同时也会以自己表现出来的本土文化影响东道社会的居民。①可见，旅游在空间范围内的横向异地位移性质，旅游者的探奇览胜动机，决定了跨文化是旅游的本质属性之一。

所谓跨文化旅游，指的是作为荷载着至少一种文化的人们暂时离开长期居住地到另一文化区域去观光游览度假休闲。从历史上看，跨文化旅游由来已久。一部人类文明发展史，包容着许多智慧和勇敢的人们不畏艰辛、进行跨文化沟通的感人事迹。从马可·波罗周游世界到哥伦布发现新大陆，从李白杜甫徐霞客们遍览祖国大好河山，到郑和下西洋黄遵宪出使日本，很难说他们那样的走东闯西就是在进行以观览风景为目的的旅游，但他们毕竟可以被认为是风行于当代的跨文化旅游先行者。

生活中的人们往往在时间、经济、兴趣等因素正相契合的时候，毅然背起行囊走向跨文化旅游的征程，而不会去思考如此行为出于怎样的动机。我们却需要深究，潜藏在跨文化旅游深处的是一种怎样的跨文化观念。研究表明，现代跨文化观念对旅游的影响，至少表现在文化价值相对性、文化格局多样化和文化互动中的异质整合等三个方面。

第一节　跨文化旅游特殊性的美学意味

现代跨文化观念的第一个表现形式，就是破除种族（自我）中心主义，坚持文化价值相对性的原则。这一原则的美学意义在于其对旅游产品特殊性所显现的美学魅力的强调。

任何一种民族文化都有其特殊性，这是其赖以生存发展乃至于吸引世人目光的重要前提。这一原则在旅游实践中的具体表现为，越是具有民族性、地方性的，越有可能对其他文化区域的人们构成旅游吸引力。

---

① 李天元、王连义编著. 旅游学概论. 天津：南开大学出版社，1991：43—44.

一、中国旅游资源的人文地理特殊性

我国的旅游资源，具有分布区域极其广阔、文化传统源远流长的综合优势。单就前者而言，美国与中国一样，也是幅员辽阔的国家，但其大熔炉文化自建国至今只有200多年，其内容的丰富程度难以和中国5 000年文明相比；单就文化传统而言，埃及、印度也是历史悠久的国家，但这两个国度因所处的自然地理位置的关系，其旅游条件远不及我国。我们中国的国土，从南到北、从东到西，纵横逾5 000千米，因此造就了地形地貌、植被动物种群等自然景观的绚烂多姿；我们的历史，从黄帝时代算起，迄今已有5 000多年，因此促成了景观人文积淀的深厚精湛。这种旅游资源（硬件）和文化传统（软件）的独到组合，就是中国旅游经济文化的特殊性，也是足以赢得国外（特别是西方世界）游客关注的基本条件，当然也是发展我国居民境内旅游的重要前提。

二、平等的文化价值观与出游动机

应当指出，经济上的富足和贫困与文化价值判断上的高贵和低劣，其实是两回事。从旅游资源特殊性的角度上审视，恰恰是那些交通不便、物质匮乏、生活条件远不如发达沿海大都市的穷乡僻壤，蕴含着非常独特的民族（地区）文化宝藏。它对于热衷于跨文化旅游的人们形成很大的心理诱惑。这就是我国的大西北、大西南等异彩纷呈的少数民族地区能吸引众多跨文化旅游者的重要原因之一。

从出游动机上分析，倘若固执地坚持种族（地区）中心主义，不知天外有天、楼外有楼，当然会阻碍跨文化旅游发展。作为一种心态，“谁不说咱家乡好”是可以理解和需要珍视的情怀。但因此而故步自封，不愿意走出家门，看看外面精彩的世界，就会失去跨文化旅游和沟通的机缘，因而有可能影响自身的发展。

第二节　跨文化旅游多样性的美学情韵

现代跨文化观念的第二个表现形式，是破除文化一统论，坚持文化多样性的观

念，注意发掘主导文化群落中的亚文化内涵，并精心保护某些有价值的“反主流”文化。文化板块内容的丰富多样，对于形成旅游产品系列五彩斑斓、绚烂多姿的审美格局具有重要意义。

一、文化群落的组合式格局

文化群落的结构方式恰如拼图（或“马赛克”），是个多样与统一的结合体。统一的整体格局包含着形似松散的多样性细部块面，主流文化的内部总是包含着许多文化亚种。后者有着前者的基本特征，但由于种种原因，又从内部滋生出某些新质，与曾孕育出自身胚胎的文化母体有些差异。正是这种新质，使得亚文化获得引人注目和青睐的性质。

有关中国旅游区划的研究①告诉我们，神州大地以其各擅其胜的独特状貌形成华夏旅游的“马赛克”版图：(1)以京都古迹、名山海景为主体的中原（华北）旅游大区；(2)以名城佳园、秀山丽水为主体的江南（华东）旅游大区；(3)以南国风情、山海景观为主体的岭南（华南）旅游大区；(4)以山水峡谷、文化胜迹为主体的华中旅游大区；(5)以岩溶山水、民族风情为主体的西南旅游大区；(6)以世界屋脊、雪域藏乡为主体的青藏高原旅游大区；(7)以丝路古迹、边塞风情为主体的西北塞外旅游大区；(8)以冰城雪野、林海火山为主体的东北旅游大区。

在如上所述的中国八大旅游区的巡览过程中，我们还需要更进一层，透过山水风光、民俗风貌和人文风景的感性审美，体悟别具一格的内在文化底蕴，从而，深入理解同样雪域的东北与青藏的文化格调之差异，准确理解同样山水相依的华中与西南或岭南的文化情韵之差异，细致体味同样古迹文物积聚的中原（华北）与江南的文化追求之差异，如此等等。

任何一种主导型文化，在整体属性上总是显示出带有压倒性优势的主要特征，比如，华夏文化的主导性特征一般被认为是注重和谐，推崇中和之美。但是，这一根本特征在分属于不同地域环境的亚文化体系中，具有不同的表现形式。比如，同属于华夏文化圈，满汉文化场面“宏阔”、南粤文化气势“旷达”、藏文化内蕴“沉郁”、吴越文化以“秀雅”著称、齐鲁文化带有“敦厚”特色、楚文化显得“绚烂”、商周文化的“朴实”尤为引人瞩目，西南西北少数民族集中的区域，亚文化种类丰富多彩、美不胜收。于是，就

① 罗兹柏、张述林．中国旅游地理．天津：南开大学出版社，2000：175—353．

形成了中华民族文化旅游圈内体现各地本土文化精髓的特色旅游区。

从旅游美学的观点来看,"风格即美",包含着个性化文化风格的旅游区,因有具备高度垄断性的产品支撑,最能可持续地显现旅游业的发展潜能。异地性的旅游,在其本源意义上要求旅游产品风格样式的独特性。设若在一个有限的空间范围内诸多景点景区大同小异、彼此雷同,最终必然会造成扼杀跨文化旅游的恶果。因此,在旅游目的地的建设上,盲目"赶时髦",一味跟从模仿,脱离本土文化根基,势必会缩短旅游产品的生命周期,造成旅游吸引力的迅速下降。

二、文化格局时空构架及其旅游形式

美在个性,众多个性化的景观组合成一个多样性的旅游构架,更是一种五彩斑斓、错金镂彩的美。如此繁复中见空阔宏大的美具有时间和空间两种形态。从空间结构上看,主流文化板块可以被分解成各具千秋的亚文化区域,从而呈现出"马赛克"式的格局;从时间结构上看,文化流程"承前启后",既连接历史,又通向未来,如此层叠累创,便使文化板块具有纵深向度上的"沉积岩"式特色。于是就构成了两重性的跨文化旅游。

第一是空间型跨文化旅游。旅游者在周游于不同民族或区域文化精神所灌注的旅游目的地之间。典型例证就是有些当代徐霞客们单骑走天涯,骑上自行车,跨越长江黄河游历数省,亲身感受体验各地的奇风异俗名胜古迹。有的民俗文化村,将诸多民族的建筑、工艺品、仿制的著名风景和表演型民间习俗,集聚于一地,构成别出心裁的跨文化旅游产品。以跨文化组合为特征的主题公园,消除了不同文化之间空间地理上的客观障碍,因此给意欲经济、省时、轻松地遍览异族风情的游客提供极大的便利。

第二是时间型跨文化旅游。旅游者的旅程,与其说是在空间位置上的不断推移转换,不如说是沿着时间长河溯流而上或顺流而下。比如,欧洲的袖珍小国安道尔,坐落在嶙峋起伏的比利牛斯山脉中心,面积464平方千米,人口两万多,但却聚集着最现代化的高大建筑和最古老的斜屋顶农舍,既存有青铜时代的见证物,如布鲁希斯岩石、新石器时代人类祖先存放工具的玛金尼达洞穴,又矗立着60多座古罗马式大教堂和被当做现代法庭的用红赫石垒砌而成的古堡。诚如一位安道尔作家所说:"在安道尔旅行,不是在空间里活动,而是在时间里漫游。安道尔人似乎同时生活在几个时代,即从中世纪一直到20世纪的整个漫长的岁月。"由于能够满足现代游客对于跨文化旅游的独特美学体验，据说这个弹丸小国每年入境的旅游者多达400余万。

在我国当代的旅游资源开发中，也可以找出不少这类时间型跨文化旅游的成功案例。比如，撷取中国5 000年文明发展历史中所创造的诸多人文景观，按比例缩微构建的深圳"锦绣中华"游乐园，给游客带来在时间隧道里漫游的体验；江苏无锡的太湖风光、唐城、三国城、水浒城、欧洲城、太空城等，亦组合成在时间向度上纵跃过去、现在和未来的跨文化旅游系列。上述旅游区域都取得了优异的游客接待记录。

三、非主流文化景观旅游

一般而言，人们会自然而然地关注主流文化，而不是相反。其实，非主流文化并不一定没有旅游观赏价值。社会学告诉我们，所谓"非主流文化"，是一种对主流文化的价值、观点、信仰、理念等提出挑战的文化形态。有时，这种文化形态虽然弱小，但却没有丧失存在的合理性，或潜藏着未来发展的无限可能性，就有可能对喜爱探奇览胜的人们构成旅游吸引力。比如，在主导性的现代工业化浪潮中，出现了一种回归自然的趋向，长期居住在工商业发达的都市街区的民族，向往田园风光的清秀曼妙。属于农耕时代的乡野浓情对于注重严峻的竞争和清晰的科学思维的工业社会来说，是一种非主流文化。谁都会理解，这种农耕文化样式似乎显现出不合时宜的落伍，但又散发出难以抵御的诱惑。同样，对于日新月异的现代化都市来说，铮亮华丽的簇新高楼大厦是主流，留下太多沧桑岁月痕迹的老房子是非主流。文明社会的智慧人士清醒地认识到这种文化的价值，因而在可能的情况下尽量对具有重要历史文物价值的老房子予以有效的保护。在浙江省仙居风景名胜区公盂岩景区，有个山地聚落下坪村，它是该县仅存的几个不通公路的行政村之一。这个属于严重"落伍"于现代化潮流的地方，偏偏在网上被旅友追捧为"华东最后的香格里拉"，是背包客向往的户外活动目的地，这样的非主流文化旅游现象值得我们深思。

第三节　跨文化旅游融合性的美学格调

现代跨文化观念的第三个表现形式，是破除文化分离论，坚持文化融合必然性的观念。研究表明:“任何国家和民族的文学,都在纵向上与自己的历史传统处于前后连续之中,同时又在横向上与其他国家和民族的文学处于相互交往之中。”①文学如此,涵盖文学的文化更不例外。不同文化样式及其特质之间的横向交流影响,如《西游记》中所描述的唐僧一行历经磨难赴西天取经之类的历史故事,就是人类文明发展史中从未间断过的重要现象。更不用说在当今“地球村”的时代,各种文化形态之间的彼此沟通是如何频繁。交流和沟通的过程所导致的结果就是特定文化样式的更新发展。所谓“跨文化”本身,就含有不同文化间的异质整合的意思。

一、跨文化旅游中的异质整合

每一种样式的文化,只有在与其他文化的交流中吸收新质耗散旧质,才能获得向日臻完美的境界发展的高度可能性。固执地认为,只有与广阔的世界相绝缘,才能维护自身文化的纯洁性,显然是幼稚可笑的。在信息交流高度频繁便捷的当代,不同特性的文化圈之间,同一文化圈中不同的亚文化种属之间相互影响已经成为不可阻挡的趋势。跨文化旅游势必导致文化变迁。跨文化交流的过程就是特定文化样式及其特质的动态生成过程。文化的固有特征不是一成不变的,而是历史地生成的。这种生成,既依赖于文化革新,又依赖于文化移入和适应。在通常的情况下,一个与外界隔断了文化交流和联系的封闭型文化,势必会因缺乏新陈代谢的刺激性动力而渐趋死寂。因此,特定文化往往通过外来文化的“移入”而活跃,产生“革新”,最后达到新的“适应”境界,这一过程就是所谓的“文化整合”。

跨文化旅游能够产生促使特定文化在异质整合中生成发展,从而使世界文化的融合成为历史的必然。

经验告诉我们,同类异质具有一种天然的吸引力。就像磁石和铁、土地和植物、太阳月亮和地球、男人和女人。归于同一种属的人类,同样具有七情六欲、具备运用概念性语言进行思维和使用工具进行劳动创造的能力,因此便获得了彼此沟通的根本前提。当人与人分属于作为异质的不同文化时,就会产生彼此吸引的可能性。按照一般的注意心理,“似曾相识”和“人生面不熟”是引起注意的两个基本点。人类所注意的,既是自己所熟悉的东西,又是自己见所未见、闻所未闻但十分

---

① 钱念孙. 文学横向发展论. 上海:上海文艺出版社,1989:2.

感兴趣的东西。而恰是后者，构成了跨文化旅游的心理动力。每个人至少是一种文化的荷载者，换言之，特定的本土文化塑造了每个人的文化属性。携带某种本土文化的人，基于求异心理的驱遣，自觉不自觉地会钦羡于某种异样的文化，进而孕育出跨文化旅游的动机。跨文化旅游总是把旅游者推入“外地人”的角色。于是便产生了作为外地人的旅游者和当地文化（以及当地文化荷载者的当地民众）的暂时性信息汇聚和交融。

二、跨文化旅游中异质文化融会的原则

异质文化的融会基本上是按照两种原则进行的。首先是互补原则。沉浸在跨文化旅游历程中的人们毋庸置疑地会受到旅游目的地异样文化氛围的影响。来自西方国家的游客，在中国文化情境里，不能不触景生情，情景交融，在感同身受的旅游体验中受到深刻的心绪濡染。比如，那些金发碧眼的客人坐在中餐馆里，在雕梁画栋的屋内学着拿筷子吃火锅时，就是在体验不同于西餐的一种内聚式饮食传统，从而领略些许异质文化的原汁原味。又如，美国某些招收大量国际学生的大学，每年几乎都要举行国际文化节。届时，来自世界许多国家和地区的学生，在校园里联合举办展销会，展示和出售富有民族特色的食品和工艺品。这类活动自然就成为按照互补原则进行的独特的跨文化沟通。

其次是强度原则。一般而言，高度发展的文化往往影响低度发展的文化。我国著名学者任继愈先生认为，这种低强度的文化较易受到高强度文化影响的现象，体现的是文化传播中的“势差”原理。他指出：“文化是一定社会经济的产物，文化水平有高有低。古人说‘水性趋下’，由高趋下造成势差，这是由于重力的缘故。文化的传播，也有‘势差’，文化势差现象有也有由高趋下的现象。”①这种文化传播中的“势差”在跨文化旅游中有着比较特殊的表现形式。来自异国他乡的旅游者，总是会受到旅游目的地主流文化的强烈影响。有位中国留美学生，曾在一个暑假，用600美元买下一辆旧车，千里迢迢，亲自驾车穿越加拿大，到阿拉斯加去打工，如此举动，显然留下了深受美国青年冒险精神影响的某些印记。许多旅游者也许来自文化势能较强的国家和地区。但是，在特定的旅游空间范围内，他们作为外地人，在当地本土文化的汪洋大海面前，不得不暂时呈现相对意义上的低强度状态，因而

① 任继愈.学术论著自选集.北京：北京师范学院出版社，1991：267.

不以个人的意志为转移地接受相对强度较高的异质文化的影响。

三、异质整合中的“吐故纳新”

无论是互补原则还是强度原则，只要置身跨文化旅游的诗意长河，就会在心理上产生异质整合时所特有的征象：耗散旧质、吸收新质，即所谓“吐故纳新”，因而导致人格精神以及文化心理结构的调整和重塑。在当代作家高晓声的笔下，那位老实巴交的农民陈奂生，第一次“跨文化”地住进五元钱一晚、配有席梦思和沙发的县委招待所客房。他乍一看到沙发的时候还不免惊奇，想坐下，但怕软乎乎的沙发弹不饱，落下个“陷坑”要赔钱。可喜的是，他终于心安理得地坐在沙发上、舒舒服服地睡在席梦思上。这短短一夜，农民陈奂生所经历的是农耕文化心态在工业文化诱导下的某些心理调整。与刘姥姥和阿 Q 相比，陈奂生是够现代的。刘姥姥进大观园，面对奢华的生活场景，只知一个劲儿地称奇道异，在她的观念世界里，这奇异的贵族文化是与己毫不相干的，因此充其量也只是啧啧感叹而已；阿 Q 则十分顽固保守，甚至以乡村的固有生活方式为准绳，认定城里人坐的凳子、烧菜的方式太奇怪太离谱，令人难以接受。对于文化场景的转换，陈奂生既不像刘姥姥只知钦羡，没有资格置身其间亲身体验，更不像阿 Q 只是一味固守熟门熟路的生活方式，不愿走出本土文化的小圈子。陈奂生进城住旅店，他经历的一番为新鲜别致的文化所吸引而产生的思想转化、性格变迁历程，其实可以看做一个跨文化旅游中产生异质整合象征的过程，看似平易的故事中隐含着十分耐人寻味的美学内容。具有跨文化性质的旅游过程，在一定意义上可以被看做是人类的文化心理结构在审美对象（美的景观世界）的诱导下得到正价值的调整重塑，从而产生人格精神升华超越的过程。

第八章 景观之美的本质

核心提示

被称为"旅游目的地"的旅游景观,从美学的角度上说,不仅是指计划中所希望到达的一个地方,而且是与生活意义相联系的理想目标,这一目标和人的终极追求相关联。因此,美学视野中的旅游景观,已经超越具体可见的空间位置概念,蕴含着抽象的理念内容。换言之,景观之美的本质与人类生活理想的"目的地",有着不可分割的关系。要透彻理解景观的抽象美学本质,就必须深入分析美的本质。由此切入,理解景观之所以成其为美的缘由,理解人们为什么在多元的生活选择中将关注目光定格于旅游。

学习要点

从人类实践的特性角度切入,所谓美,就其本质而言,是目的性和规律性相统一的社会实践中发生发展起来的人类自由自觉的本质力量的感性显现。

三种景观类型,即自然景观、社会景观和艺术化的人文景观,存在着互有差异的本质及其特征。了解各类景观类型的本质特征,可以得到诸多有益于旅游经济文化发展的战略启示。

中国先秦杰出诗人屈原,曾用"路漫漫其修远兮,吾将上下而求索"的诗句,表现其追求崇高理想的炽烈情感和坚定意志。旅游美学研究,是一条通往理想的人生审美境界的漫长道路，一条促使旅游和美学密切联姻的漫长道路。在这条理论研究道路上进行美学散步，形而上的本体论思维求索精神是必不可少的。

与将旅游当做单纯的"游山玩水"不同，注重透过现象看本质的美学本体论，透过游山玩水的现象发掘其内在的形而上的意义，深入探究一系列较为抽象的问题，这些问题乍看起来是超越凡尘的，其实却是有修养的旅游者于冥冥中所希冀、渴求的生活意义的一部分，有时往往"了然于心"，但未"形之于口"。比如，渗融于大千世界美的现象系列之中的本质究竟是什么？以美的景观为对象所产生的观光游览活动究竟具有怎样形而上的美学意义？如何从美学角度解释人类萌发旅游需求的埋藏在心灵深处的最根本动机？旅游经济文化发展战略能否应当从这些对景观和旅游的本体论追索之中得到有益的启示从而服务于科学决策，这些决策怎样与可持续发展旅游方针正相契合？诸如此类的问题都是值得深入探索的。形而上的追索有助于我们拓展视野，高屋建瓴地观照旅游活动中的具体现实，从而作出符合美学原理的行为抉择。

第一节　美的本质

美的本质是美学研究领域的一个千古难解之谜。早在古希腊时期，西方古代美学的奠基者柏拉图就在与苏格拉底的哲学美学对话中，独具慧眼地提出了"美"的本质问题。在他看来，"美"与"美的"是两个截然不同的概念。这一区分具有极为重要的理论思辨意义，它初步将美学本体论和美学现象论划了一道界线。西语中的"美"(beauty)在词性上是名词，在理论上属于本体论，所要回答的是美之所以成其为美的本质是什么。西语中"美的"(beautiful)是形容词，其任务是描述对象的形态特征，属于现象论，所要回答的是对象具备怎样的形态特征才可能是美的。本体论的美学在西方有着悠久的历史。自从柏拉图提出"什么是美"这一耐人追索寻味的问题之后，无数哲学家、美学家试图对此作出解答。其中，影响较大的有："美在形式"说、"美在理念"说、"美在典型"说、"美在关系"说、"美在生活"说等。最具影响力的说法，要数德国古典美学大师黑格尔，他在三卷本巨著《美学》中，围绕"美是理念的感性显现”的定义展开论述。这一定义头足倒置地从人的理念出发，显然是唯心主义的观点；但其重要理论启迪作用在于，第一次比较明确地将美的本质和人的本质联系在一起，从内容（理性、主观）和形式（感性、客观）相结合的角度，试图破译美所蕴含的本体论奥秘。马克思主义美学从实践出发，在实践中的人与客观事物的联系上，阐释本体论意义上的美，提出了“美是人的本质力量的感性显现”观点，引起国内美学界的高度重视和广泛反响。

一、美与人的社会实践

美学理论告诉我们，美是一种社会现象，是对社会生活中的人而言的。固然，美的感性形态总是和客观事物的自然属性有关，但，美之所以为美，关键在于这种自然属性与人类社会生活产生联系。风花雪月、江河湖海，在人类诞生之前就已经作为客观物质形态出现在地球上，但它们要成为自然美，必须和人类构成审美关系。而人与自然的审美关系是在社会实践中历史地形成的。即便是人的自然——人体所具有的美，也是随着人类社会发展和文明提升进程逐渐得到展示的，并且，在不同的历史阶段，具有不同的内容。至于社会领域中的美，如人的美德之类，更是鲜明地打上社会历史的印记，包蕴着突出的人类实践含义。作为现实生活的能动反映的艺术美，以及与旅游密切相关的艺术化景观，则毋庸置疑地成为社会生活的一面镜子，或形象地演绎着生活溶解在心灵中的奥秘，与人类社会实践生活休戚相关。因此，美不是一种纯客观的自然物，美是和人有关的。

美与社会有关，人是全部社会关系的总和。因此，要解析美的奥秘，就必须透彻理解社会生活中的人区别于一般自然界中的动物的某些特点。人与动物的根本区别在于前者所具有的超越一般动物的目的性和规律性相统一的实践能力。人的实践的目的性，意味着人的改造自然过程是经过精心设计筹划的目的行为；人的实践的规律性，意味着人类必须在认识自然内在规律的前提之下从事改造自然的活动。相反，自然界中的动物完全凭本能生存，在直接的肉体需要的支配下饮食起居，其生活是没有目的可言的，其活动是不自觉的消极被动的，只能盲目地顺从自然，不能认识和驾驭自然。即使是动物中最聪明的猿猴，也仍然是自然的奴隶，无法从自然中获得自然所能给它的更多东西。有部专门考察和训练猴子思维能力的科教片向我们展示了这样耐人寻味的一幕：科研人员在河的这边点燃一堆干柴，然后领着猴子过桥到对岸提水灭火,经过多次训练,猴子最后总算也能独立操作了,每当这里火一点燃,它就独自到对岸提水灭火。虽然,它可以就近取水灭火,但它根本不懂得这样去做。这个实验说明,猿猴再聪明,也只能机械地模仿人的动作,无法在掌握客观规律(水可灭火)之后获得支配自然的自由。动物也对自己的行为的前因后果缺乏应有的筹划考虑,完全凭本能去活动。飞蛾扑向灯火自焚,巨鲸跃上海滩丧生,它们根本不会意识到自己行为的严重后果,不会预见如此愚蠢的行为将给自身带来的灭顶之灾。至于牛犁地、马拉车、马戏团的小猴踏三轮小狗做算术,则完全是受人训练操纵的结果,脱离人的作用,它们只会按照物种本能的行为方式活动。惟有人,才把实践作为显示自身聪明才智和力量的一种表现形式,把实践当做有计划、有组织、有安排、有预测的活动,当做适应和掌握客观规律之后的一项富有创造开拓意义的工作。

美的根源在于人类的社会实践。美是客观的、社会的。美所不可缺少的事物的自然属性作为客观物质基础,只有和人类生活、特别是以生产劳动为重要内容的实践生活相联系,从而成为社会领域中的现象,才有可能成其为美。其原因在于,首先,生产劳动是人类向大自然获取必要的生活资料以维护自己作为生物中系的生存的先决条件。人只有首先满足基本的物质需求,才有可能从事包括审美在内的其他各项活动。其次,人的以生产劳动为主要内容的社会实践,建构起人和外部世界尤其是自然界的联系,使得人用主体性的思维构架作为心理背景去观察和解释自己所面对的这个世界,进而用对世界的真理性认识和理解去指导改造外部世界的更为深入高级的实践活动,使之更能适应人类的进一步需求。所谓审美关系,正是在这种人与外部世界的实践性关系中发生发展起来的。第三,人类社会实践,尤其是生产劳动实践,必须充分尊重客观规律,用对于客观规律的认识和把握来为实践定向,否则,就会遭受失败,甚至受到客观规律的惩罚,同时,还必须进行周密的计划,并对可能产生的实践结构进行科学的预测,对预测中的不利因素作出预先防范。这种在实践活动得到感性确证的人所特有的自由和自觉,是广义的生产劳动,包括高级艺术生产不可缺少的人类属性。也就是说,实践社会实践,使得人的创造美、欣赏美的能力得到开掘和发展,使得与人的审美活动密切相关的对应物亦即美获得存在的必然性。正因为以上三个主要原因,美既不是物的自然属性,也不是人主观意识的产物,它的根源深深地蕴藏在人类的社会实践中。要探究美的规律,把握美的本质,不能到物的自然属性中去寻找,也不能从人的主观意识中去寻找，而应该到人的整个社会实践，首先是人的劳动实践中去寻找。

人类实践的这两个重要特点——规律性和目的性是相辅相成的。实践生活所必须具有的明确的目的性是建立在对客观规律深入认识和把握的基础之上的。脱离规律，完全凭主观意志行事，难免会碰钉子，会遭受挫折和失败，就像古代寓言“揠苗助长”所给人们的启示那样。实践活动对于客观世界的规律性认识，归根到底是为实现有利于人民的利益和历史进步的利益目的服务的。人类实践的规律性和目的性相渗融的特点，决定了美所蕴含的真和善必然是彼此贯通联系、而不是相互隔离的。美的本质是客观必然性和人的自觉意识的统一，是客观社会的向善目的和人的自由创造的统一。人必须在实践过程中始终明晰地意识到“自由是对必然的认识”这一伟大真理，把认识和掌握客观特定实践领域的客观规律作为自己的最高人生使命；人又必须在实践中坚持运用最能体现自己个性的柔韧思维触须的良好延伸性去拓展广袤的自由创造空间，从而更为有效地服务于历史进步的利益和人民的利益。人在实践过程中自觉地驾驭必然规律、自由地归属于向善目的，从而创造出具体、鲜明、生动、光辉的形象，此时此刻，这一形象就成了美的本质的感性显现，成了“美”的象征图像。

二、美与人的本质

实践出真知、长才干。目的性和规律性相统一的实践使得人类那种区别于动物的本质属性得以发生和发展。在物种关系上，人以其认识客观规律、驾驭客观规律之后所特有的自由创造力，超越一般动物只能单纯顺从自然、适应自然的消极被动性。在社会关系上，人处于一种能够有计划地生产和分配的自觉的社会生产组织之中，能够自觉地按照既定的目标从事有益于历史发展和人民进步利益的活动。按照历史唯物论，物种的全部自然和社会特性，存在于特定物种的生产活动之中。人超越于一般动物的本质属性，只能存在于人的生产活动之中，为人的生产活动的特性所规定。既然人的生产劳动实践的特点是合规律性和合目的性的统一，合规律性的实践创造出人的本质的自由，合目的性的实践创造出人的本质的自觉。人，正是在这种足以充分显示人的聪明才智和力量的实践活动中，使自身的与这一实践生活特征相联系的本质得到具体确证。

实践生成的自由和自觉，使得人类有别于一般动物的两次“提升”由可能变成现实。自由，并不是说可以为所欲为，而是意味着人日益把握客观必然性，从而进入犹如“庖丁解牛，游刃有余”的创造境界，这就在物种关系上使人极大地超越动物的自然性，进入瑰丽奇妙的科学求“真”的层面；自觉，不仅仅是指伦理学上所说的自制力（按照社会伦理要求来规范自己的言行举止），更重要的是人清醒地认识到自己作为主体与外部世界作为客体之间的区别，明确意识到与这种区别相关联的主体性职责、权利和义务，明晰地意识到不断改造阻碍历史前进的现实关系的过程中自己所要肩负的重要使命，这就在社会关系层面使人进一步凌驾于本身就是自然组成部分的动物之上，进入高尚伟大的伦理求“善”的层面。人的自由足以求真，真即规律；人的自觉足以求善，善即目的。人进入对于客观规律自由把握和驾驭境地，标志着人超拔于动物的第一次“提升”；人达到自觉自愿地服从人类社会向善目的的高度，标志着人超拔于动物的第二次“提升”。第一次提升主要存在于人和自然的相互关系中，第二次提升主要存在于人与人的相互关系中。人类文明的发展史，从某种意义上说，是一部自然与人相互作用的历史。在应对和改造自然的过程中，人类表现出“人定胜天”的恢宏气魄和胆略，以及“巧夺天工”的精妙建构思路。存在于地球上的所有人工创造产品，如工程性或艺术性建筑物，就是人类自由创造才华的结晶。同时，我们必须看到，人作为“全部社会关系的总和”，是以特有的社会化的组织形式和生产方式，从事改天换地的实践的，是在为社会进步的目的所规定的指向中改造自然使之更加适合于人类美好生活模态的。因此，人的本质的两次提升，在改造自然的社会实践中连贯沟通起来，成为人与一般动物相区别的历史性契机。

人类的以生产劳动为主要内容的实践活动，一方面必须认识和掌握客观规律（“真”），另一方面必须把握和实现主体的目的性（“善”）。这种掌握了真从而合规律性与实现了善从而合目的性的统一，就成为美所必备的核心内容。换言之，人的自由所追求的真是美的基础，人的自觉所服从的善是美的灵魂。如果把这种符合客观规律的真和有利于社会发展的善，通过具体生动富有艺术感的形象展示出来，这个形象就是美。

三、美与人的本质力量对象化

近几十年来，国内美学界对于美的本质做了一系列的理论探索，其代表性看法用最为精练的语言表述出来主要有这样几种：第一，“美是人们创造生活、改造世界的能动活动及其在现实中的实现或对象化”；第二，“美是内容和形式的统一，是对象的形式特征表现了人的自由创造活动内容的感性形象”;第三,“人类物质生产实践所达到的合规律性与合目的性的统一,是美的本质,达到的尺度与形式的统一乃是美的本质的表现。把这两方面统一起来,可以说美就是自由的形式”;第四,“美是人的本质力量的感性显现”。

上述有关美的本质的理论研究,体现了两个研讨思路上的相似特性:首先,强调美并不是单纯的外在形象,而是内容与形式的统一;其次,强调美的内在本质与人在实践中发展起来的本质力量有关,特别注重人在自由创造特性对美的本质所起的决定性作用。由此而产生的对于美的本质所做的定义,就表现出这样几个共同点:第一,社会实践是美的根源;第二,社会实践使人的自由和自觉相统一的本质属性得以发生发展;第三,人的自由自觉的本质作为一种改造外部世界的内驱力量反过来通过实践得到充分实现;第四,当人的本质力量在实践过程中对象化,当人的聪明才智和力量通过具体可感的对象性存在得到展示的时候,美就由可能变成现实,由“美”的本质一般转化为“美”的本质个别,即,孕育出了隐含着人的实践中发展起来的自由自觉的本质定性的具体个别的形象。因此,概而言之,美是实践中发展起来的人的自由自觉的本质力量的感性显现形式。

美作为人类实践所创造的特定产品是人的本质力量对象化的结果。因此,这一对象性存在无形中打上了人的本质力量的烙印,渗融着人在实践过程中所展露的聪明才智和力量,成为人的本质属性的外在对象,成为属于人(而不是纯客观)的对象。自然美存在于人与自然的实践关系中。人类在具有足够的力量改造自然、驾驭自然规律的时候,自然对人来说就再也不是一种盲目的力量,这是自然进入人类审美视野的前提。自然成为美的对象,其审美内涵植根于人类作用于自然界的实践活动,比如狩猎和农耕。这时,自然美所凝冻的是特定历史时期的人类改造自然的积极成果,因而成为人类驾驭自然规律所能达到的客观水准的感性显现。社会美的主体是人,是历史长河中的那些最大程度地体现了人类向善本质的英雄豪杰和模范俊才,正是这些人类的杰出群体,构成社会美辉煌灿烂的主体篇章。生活中的普通人因此而把他们当做“需仰视才见”的值得尊敬仰慕的人之美的典型。艺术美以现实生活(包括自然和社会)为源泉,以艺术家内在的天才创造构思为中介,以巧夺天工的手笔描绘的形象画卷为媒体,“更高、高强烈、更集中、更典型、更理想、因而更具普遍性”地反映了历史演化的主流、揭示了生活发展的逻辑、表达了伦理情感的爱憎,因此,被认为是美之精华,美之典范。所以,来自于自然、社会和艺术领域的景观美,其本质内涵总是既与人类认识客观规律的自由度有关,又与人类追求社会向善理想的自觉性有关的,归根到底,是人通过实践将自身的自由自觉的本质力量外化到特定对象上的结果。美,最终将成为人们官能可感的形象。但特定形象之所以成其为美,是由于其灌注着和体现了人的不同侧面和不同层次的本质力量。

美的哲学是人的哲学的终极巅峰,美的世界是人的世界的曼妙境地。既然"爱美之心,人皆有之",众望所归的美就成了人所追求的对象,成了人施展自己的才华和智慧精心塑造的对象,成了人的自由自觉的本质力量的对象化产品。人的实践范围是极为广阔的,因此,通过实践得到感性确证和具体表现的人的本质力量及其所创造的产品是个宽泛的概念,其所涵盖的是无限浩淼的领域。一切属于人的对象,一切在实践中向人生成的自然、社会和人文形态,一切与人的把握"真"追求"善"的实践相关联的对象性存在,都是人的宽泛意义上的"产品",都有可能成为美。

同样,我们的旅游业,所面对的是一片创造美的广阔天地,它能向旅游者提供取之不尽的欣赏机缘。开辟的自然风景区是属于人的美的产品,满腔热忱提供的温馨服务也是属于人的美的产品,精心建造维护管理的楼台亭阁之类的人文胜迹更是属于人的美的产品。这些美学领域中广义的产品,越是渗透更多的人的聪明才智和力量,越是在更高层面展现人的把握科学的自由和社会伦理的自觉,就越有可能成为人所钦羡的审美对象,越能在本体论意义上接近美的本质。当人们用纯客观的眼光去看待月亮,它只不过是一个悬在天空中的死寂的星球,但如果知晓诸如"嫦娥奔月"之类中国古代神话传说,感觉就会大不相同,本来没有活力的月亮仿佛充盈着人间生气,蓦地获得人生意义的灌注,因而变得格外韵致蕴藉、意味隽永。月亮由自然物而成为审美对象,成为人们愿望、希冀和理想的感性体现,其间角色定性的转换,根源在于实践的人所具有的创造性想象力,是这种人创造自由,为月亮注入审美生命的活性剂。再如,酒店的优质服务,从前台接待人员的接待外宾时那流利的外语,到行李员为来宾服务时谦恭但并不卑微的气质和富有教养的举止,再到餐厅服务员端茶斟酒换碗碟时极有艺术分寸感的举手投足,形象地展示了经过严格训练之后的专业服务水准,体现了劳动技艺一旦达到炉火纯青境地之后所特有的井然有序的美。至于像岳阳楼、滕王阁之类的人文景观,不消说是在特定历史时期里最大程度地体现人的创造力,更是属于人的伟大产品,具有万世流芳的审美价值，因此也就成为人们能够从中不断感性体悟生命意义的富有永久吸引力的佳作。

第二节　人的本质力量与景观之美的本质

如上所述，美是人的本质力量的感性显现。景观世界所蕴含的审美魅力，植根于实践中生成的景观与人类的审美关系，来源于这种审美关系中人的自由自觉的本质力量的充分展露和表现。景观世界的全部审美奥秘，存在于景观作为感性物象所包孕的人类文化内容之中。换言之，景观之美，以“形神兼备”为其主要特征；景观外在的符合形式美规律的形象细节，透射出与人的主体力量相联系的内在文化底蕴。

如第一章中所述，景观不同于客观自然，是在与人缔结审美关系的前提下产生的。景观的出现本身，意味着人作为主体所起的创造景观的重要作用。因此，人在景观中，实际上极为鲜明地体现了中国古代哲学美学传统中的“天人合一”观念，展示出人与作为外界自然的高度相融性、和合性，以及在这种相融相合中自然向人生成从而转变为审美景观的全部审美发生学意义。

一、“天人合一”中的交融

当人和景观构成审美关系时，意味着人对自然的积极能动的改造和提携，人的自由自觉的本质力量得到感性的印证和实现，同时意味着原生态的自然脱逸冷冰冰无情感的窠臼，沐浴着人类社会所赋予的诗化的色彩光辉，获得了与人的性灵心胸相通的内在定性。所以，人在景观中，最主要的本体论意义在于，作为主体的人和作为客体的自然以和睦亲善的方式进入相互作用和生成过程，从而构成天地宇宙和人类社会一一对应彼此呼应的和谐关系。

人与景观的彼此影响和作用，不是在一蹴而就的瞬间铸型定格的，而是经历了一个犹如行云流水般的过程。美即过程。美的生命正是在过程中得到淋漓尽致的表现。人和景观的审美关系也是在彼此生成的过程中，逐渐散发出诗意的具有心理辐射性穿透力的美学光辉。旅游是过程。在似乎纯粹属于空间位移的行程中完成的旅游，其实，所建构的是人与特定景观的审美关系。景观影响和感染人，山水自然、风花雪月，作为取之不尽、用之不竭的美感源泉，在文明社会的演化进程中，不断生发出令人陶醉不已的审美魅力；人也影响和再造着景观，使景观之美随着游客的含情脉脉的诗意视觉扫描增添美意，尤其是作为具有高雅文化修养同时兼有艺术表现能力的游客，如当年云游四方的诗人们，妙笔生花，催生和孕育出多少令千秋万代的游客享用不尽的景观文化底蕴。无论是历史发生，还是个体发生，无论是人类文明发展的长河，还是个体生命成长的小溪，美总是表现为一种生生不息的流动过程。从古代文人墨客，到现代普通百姓，一旦离开家，走上漫游山水的路途，实际上也就进入过程性的旅游，进入流动着的人和景观双向生成的建构过程。这个过程现在没有完成，并将持续进行下去。美作为建构过程也没有终结的时候。生成过程意味着动态生命气韵的活力四射，意味着历史文化生命的绵延更新。人在景观中的人生美学层面上的创新意义的确难以言尽。

二、人作为亮丽的风景线

人，按照莎士比亚的说法，是“宇宙之精华，万物之灵长”，是大自然生命世界的骄子。人所特有的自由和自觉，使得自身作为地球动物进化阶梯中巅峰级的一个环节，闪烁着最为耀眼的光芒。正因为如此，人在景观中，本身也就成了一道亮丽的风景线，成了景观之美整体构架中的重要组成部分。热闹的商业城市，很难设想没有摩肩接踵的人流。彼此都是匆匆而过的街头过客，无数陌生的过客汇成的闹市的喧哗，成为迸射现代工业文明灿烂火花的川流不息的生命世界最为壮观的景象。正因为这样，富裕起来的乡村农民进城观光，有时候就是冲着这份在洋溢着朴实悠闲氤氲的乡野无法想象的非凡喧闹。于是，闹市也就成了风景，这道风景线上的每个人，无论是包装华丽、气宇不凡的生活幸运儿，还是衣着朴素、诚恳谦恭的普通劳动者，也就都成了社会环境大舞台上的主角。在理性世界，有时候真理掌握在少数人手里，孤寂地擎起真理大旗的人，因具有英雄的胆略和气魄而受人尊敬，为万众仰慕。生活领域中的别出蹊径者，由于具有过人的勇气、非凡的智慧或超越常人的意志力，往往能够为历史所垂青，为民众所赏识。由此及彼，我们自然会联想到许多生活中令人瞩目的现象：北风凛冽的严冬，大家都蜷头缩颈不胜寒，惟有一群“弄潮儿”，穿着泳衣破冰冬泳，这就成了风景；浩荡长江两岸的上空架起一道钢索，素有“走钢丝王子”之称的科克伦，勇敢地手持平衡杆，硬是从摇摇晃晃的一线钢丝上走过长江，如此绝技，当然会让观众惊叹得目瞪口呆……由于极度发挥自身的自由自觉的本质力量，创造生命世界的奇迹，理所当然成为一道道美的风景线。需要说明的是，构成风景的人，并不是因为单纯的出奇制胜；奇特的行为方式所追求的是“真”、所导向的是“善”，有利于历史进步的利益和人民的利益，至少不相违背，才能构成美。至于生活中的那些逆时代潮流而动的跳梁小丑或违背公德公约的出格行为，因其背真离善，只能被认为是“煞风景”了。

三、人在景观中的经济文化效应

从旅游经济文化的角度上说，人只有在景观中，旅游业才具有获得社会效益和经济效益的良好机缘。旅游业，是具有很高文化含量的经济产业。旅游消费从某种意义上说是一种远远超越温饱需求的精神性享受，是高层次的人生需求形式。当普通民众潜在的旅游冲动得到充分的满足，纷纷在旅游过程中体验美学散步的无限美好情韵的时候，正说明社会文明水准提高到一个新的层次。据有关材料介绍，在一些发达国家，出游动机的强烈程度、出游人数与人的文化程度成正比，高学历人群比低学历人群更具有出游的愿望。这就意味着，旅游景观中的人气越旺，越显示出社会的发达兴盛。如果我们的游客流动在风景线上，成了当地居民津津有味地欣赏的对象，成了通过旅游产生双向跨文化交流的重要依托，也就说明整个世界向一体化迈进了一步。从经济学的角度上看，旅游目的地的建设，归根到底是为了满足日益增长的旅游市场的消费需求。旅游目的地作为产品只有接受市场的检验，为人民大众所购买、所消费、所欣赏、所青睐，才能从“可能的产品”变成“现实的产品”，最终实现其内在价值。旅游市场营销中的四个要素，产品、价格、销售渠道和促销，都以旅游者为关注的重点。旅游企业家需要根据旅游者的消费需求设计和开发适销对路富有特色的产品。旅游产品的价格制定，除了必须考虑到销售任务、竞争对手的价格水准，更需要适应目标客源市场潜在游客的消费能力和愿望。销售渠道的选择必须考虑到最大程度地方便消费者的购买行为。至于各种促销手段是否有效，权威的检验者正是企业的“上帝”——旅游消费者。市场营销以顾客的需求为导向，根本目的就是创造浩浩荡荡的旅游消费大军。当旅游真正“热”起来，旅行社顾客盈门、购物街人头攒动、风景区春风拂面、娱乐城灯红酒绿、体育场人声鼎沸，我们的游客也成了绚烂亮丽的风景。因此，旅游业的兴旺发达，需要千百万置身于景观中的游客的支撑，这是毋庸置疑的。

四、景观审美中主客体的双向生成

景观审美的效应是双重的。在景观审美中，人成了审美者，人生漫游成了美学散步，客观世界成了景观世界，成了曼妙的审美天地。景观审美使客观世界向景观世界转化，获得生生不息的动力，美的环境得到不断拓展；景观审美使人由单向度的人（单纯意义上感性的人或理性的人）变成审美的人，使人的知性得到培育，使人的感悟（观照）能力得到发展。

（一）化被动为主动的景观审美

景观审美促使客观世界向景观世界的转化，从而使美的环境创造获得生生不息的动力，使美的环境拓展获得浩瀚无垠的空间。以往的美学理论，用“移情说”来解释这种客体向主体生成，进而成为审美对象的现象。意思是说，在审美关系中，人的主观情感，会无形地被移注到客观对象上。所谓“登山则情满于山，观海则意溢于海”，说的就是这种移情现象。只要审美者怀揣着一颗充盈诗情画意的心，就会将内在的主观色彩浓郁的思绪雾霭投射在客观对象上。这种说法，忽视了审美对象形成过程中客观物象特点所起的重要作用。人们似乎可以完全凭借主观想象改变一切，使之成为富有审美意义的美妙景观。但是，这确实在一定程度上反映了人在景观中的通常审美心理，具有高扬主体能动创造旗帜的积极意义。

近代以来，人类创造的伟大技术文明迅速改变着自然的面貌，改变着人类自身的生活方式，其辉煌成就有目共睹。但同时，这似乎使人自身沦为技术的奴隶。美国喜剧大师卓别林主演的《摩登时代》，用形象的电影语言揭示了大机器生产给人带来的消极影响，绝非空幻的呓语。德国哲学家伽达默尔曾说过：“20 世纪是第一个以技术起作用的方式重新确立的时代，并且开始使技术知识从掌握自然力量扩转为掌握社会生活，所有这一切都是成熟的标志，或者也可以说，是我们文明危机的标志。”①伽达默尔指出的“文明危机”，意思是说，人被技术所左右、所规定，因此在一定意义上丧失了主体创造的自由。诚如美国现代哲学家马尔库塞所说，现代工业社会是一个“舒舒服服、平平稳稳、合理而又民主的不自由”②的发达社会。工业机械化不断降低着劳动中所耗费的体能，却使人成为机器的附庸；工业社会传媒

① [德]伽达默尔. 科学时代的理性. 北京：国际文化出版公司，1988：63.

② [美]马尔库塞. 单向度的人——发达工业社会的意识形态研究. 上海：上海译文出版社，1989：3.

给人们带来身外广袤世界的精彩信息，但其巨大的同化影响力量使得人们变得无从选择，只能随大流。失去独创和选择自由的现代人，只能是一种丧失否定、批判和超越能力的所谓“单向度的人”，而不是一个个性得到全面发展的充实的多侧面的人。

值得庆幸的是，逐渐走向寻常百姓家、为越来越多的人们所钦羡向往并付诸时间的旅游活动，以及旅游过程中的景观审美，使人由单向度的人变成审美的人，使人的知性得到培育，使人的感悟（观照）能力得到发展，使主体人格得到陶冶和升华，从而在一定程度上克服工业社会高度统一的生产和生活方式对人的个性化创造力的抑制和弱化。

（二）景观审美中主体创造力的发挥

景观审美促使人格升华的关键，是人的主体创造力的充分发挥。人在创造一个新的对象的同时，也就创造出一个新的自我。在对人的本质进行哲学探讨时，有的研究者指出，人的最本质的需要是从事创造活动的需要，最本质的能力是从事创造活动的能力，而人确实以他的创造活动建立了一个人的世界，因此，我们完全有理由说，人的最本质的特征也正是创造，人生的价值就是人的能动创造力。如今的时代，是创造者的时代；未来，是创造者的未来。因此，明确指出并描述人的创造性本质及其价值，是十分有意义的。

人类的历史是创造的历史。个体成长过程也积淀着人类历史的创造特征。能说会走的儿童，只要环境适宜，那种“天然的幻想力”就开始滋生、发展了。他会想到把秋千上的两根绳索挂在一弯月亮上；会画出外星人的奇怪模样；会从溪流中听出欢乐的歌声，以富有诗情的心灵去感受世界，仿佛一切都在唱歌。

有关研究①表明，人的想象力发展趋势具有如下三个特点：第一，想象的有意性逐渐加强。儿童的想象，其有意性比较差，常常没有什么预定的目的和计划，进入学校后，教学的要求便大大促进了儿童想象的有意性和目的性。第二，想象的现实性逐渐提高。儿童的想象往往与现实有一定距离，或者说，不能确切地反映现实，这在他们的图画中表现很突出。以后由于知识经验的积累，以图画为例，儿童逐渐能逼真地画人物，不仅画人物的外表，而且还力求反映人物的内心世界。第三，想象的创造性逐渐增大。儿童的想象富于模仿性、再现性；他们想象的事情，常常是

① 燕国材编著. 智力与学习. 北京：教育科学出版社，1981：88.

实在事物的简单重现。随着年龄的增长，想象中的创造性成分会不断增加。

仔细分析发现，上述趋势在总体发展上并不平衡。学校教学总是要求学生产生符合教材内容的想象，因此，想象的有意性和目的性增长得比较快。同时，随着年龄渐大，阅历增多，势必提高想象的现实性。但由于目前在我国许多学校通行的教育方法基本上是灌输式，而不是启发式。学生的学习方法基本上是死记硬背，而不是灵活运用。思维能力方面，求同思维大大强于求异思维。所培养的人才比例，知识积累型的远远超过思维扩散型的。因此，想象的创造性因素增长相对来说慢一些。排除不良的教育因素，就个体心理发展史而言，青年期应是想象的创造性增长的一个高峰。第一，青年人勇于探索，对自己所感兴趣的未知世界总想弄清楚"为什么"，富于创造性的想象则是从已知的此岸世界通向未知的彼岸世界的一座桥梁。第二，青年人勤于思索。尤其是实行改革开放政策之后，青年人的思想最先由封闭型转为开放型。在较少受到传统束缚的心灵天地里所进行的思索，具有流畅性，柔软性（易变性）和独创性等特点。第三，青年人的情绪是明快、活泼和阴暗、呆滞的轴心，常常从一个极端向另一个极端激烈地变动着。这一特征的积极作用是，容易造成和强化灵活多变的高级神经类型，为想象时的心理调节奠定生理基础，并为想象提供情绪内驱力。有关大学生思想政治工作的材料表明，当代大学生普遍存在着一种自我教育的需要，他们不愿意做一个被动的受教育者，而是欢迎"参与式"和"主动式"的教育。这种心理现象与青年人的主动创造精神旺盛有关系。既然如此，变信息单向灌输为双向流导，在旅游审美活动中积极诱导青年旅游者大胆发挥想象力，在创造对象的同时创造新的自我，就成了一条适合人们特别是青年特点的促使人格升华的审美教育途径。

（三）景观审美中的信息双向流导

景观审美促使人格升华，从信息论的角度上说，在于主体和对象的信息双向流导。人在景观中，所产生的审美陶冶有高级和一般之分。一般的审美陶冶，是指对象以其美的魅力感染主体，丰富、发展主体的性格。这时，对象是主动的，从某种意义上说，主体是被动的。也就是说，信息的输送传递基本上是单向的，即，由对象向主体流通。对象是审美信息的发出者，主体是接收者。后者在收到对方发来的信号时所引起的心理变化具有一定的被动性。

与此不同，在高级的审美陶冶中，主体不但被动地承应对象的影响，而且化被动为主动，通过想象积极地创造对象，在创造对象的同时创造新的自我，这时，信息的传递采取双向交流的方式，即，对象和主体，彼此双方既是信息的发出者，又是信息的接受者。在双向流导的审美观象面前，“磁石吸铁”的比喻显露出难以避免的局限性。因为，主体毕竟不是没有丝毫自主权、亦步亦趋地跟随“磁石”的“铁”，而是一个具有积极能动的创造能力的人。所谓审美创造力，是指主体在经验性信息的基础上想象出新形象的能力。经验信息包括两部分：第一，美感过程中对象输入主体的信息；第二，主体在美感过程以前的实践中获得的信息（此时已被贮存在大脑信息库中），前者输入主体，与后者会合，就构成如前所述的单向信息流导。在此基础上，自控系统就开始了一系列的调节活动，即，把经验信息网络的固有排列秩序拆散，重新组合或改造成新的形象，并将这一新形象回送（反馈）到对象方面去，从而构成双向信息流导。

需要指出，只要是富于创造性的主体，无论是文学艺术家，还是普通的欣赏者，在审美过程（创作或欣赏）中，都会表现出如上所述的双向信息流导的特点。所不同的仅仅是，文艺家在审美过程中所谓制出来的新形象，具体地物化为能供旁人观赏的艺术形象；欣赏者所调制的新形象未能物化在形式媒介上，仅仅在头脑徜徉，不为旁人所知罢了。

如果把想象过程中所调制出来的新形象当做人脑自控系统所发出的信息，那么，诚如日本美学家今道友信所说，“人在发出信息时，在某种意义上可以说是根据人的内部理性整理进行的。这其中包含着人的反省精神，包含着现象美与心灵美、人格美中的深刻的内在联系”①。可见，主体反馈给对象的信息，是自控系统内部经过调节机制“整理”后发出的。其中，包含着主体所理想的“心灵美、人格美”等因素。在想象中创造对象的过程，是人的本质力量对象化的过程。它所产生的效应是双重的，既孕育出新的对象，又催生出新的自我。这是想象与调节同步进行的缘故。对象方面的信息被主体像镜子般原封不动地折射回去，算不上是创造。双向流导绝不是指这种镜子般的反射和原版拷贝式的反映，而是指主体在接收对象信息后，经过一番调节，在改造输入的经验信息的同时，改造原有的心理格局。因此，随着新的形象的产生，自我的心理格局也就产生升华。想象意味着调节原有的对象和主体，从而创造出新的对象和主体。正是这种包含着积极的调节过程的双向流导，使人的本质力量对象化所创造的对象“成为确证和实现他的个性的对象”。

---

① ［日］今道友信．关于美．哈尔滨：黑龙江人民出版社，1983：162．

19 世纪上半叶，英国伟大的浪漫主义诗人拜伦一度因当时欧洲民族解放运动处于低潮而悲观。1816 年底，他从瑞士到意大利。在新的环境里，阳光普照，惠风和畅，碧海蓝天，夜空如洗，一派怡人的南国风光。他像一只受伤的狮子找到了清泉，愁闷、烦闷一扫而光。作为他性格移化的印迹是，原先他在瑞士写的《哈罗尔德游记》第三章，感伤气氛较重，到意大利后接着完成的部分，低沉的调子不见了，代之而起的是激昂的战歌。拜伦的愁绪之所以会在美丽的风光熏陶下消解，是由于他具有高度审美感悟力，因此，面对渗融着通畅顺和气韵的自然，不由地受到熏陶和感染，自由振奋的心绪在想象力的作用之下被激发出来，飞扬高举，在胸中徜徉，直至弥漫整个身心，这时，原先的低沉心理状态得到淘洗，积极进取的人格力量终于又占上风。以这样的情感思绪作为心理背景从事文学创作，意气风发的精神状态在想象力的催化孕育下，进一步转变为荡漾着激昂心绪的文学图景。这样的图景因此也就成为拜伦创造的"对象"，换言之，"对象成了他本身"，成了他重新崛起的英雄品格的感性象征。

创造性想象是自由的。因为主体能自由地按客观规律来创造世界。创造性想象又是自觉的。因为主体改造世界的活动具有明确的愿望和目的。主体越是自由地创造、自觉地想象，越能提高自己、锤炼自己、净化自己、陶冶自己，使性格日臻完善。

由此举一反三，我们将可以理解为什么歌德能在创作《少年维特之烦恼》的过程中摆脱失恋后的苦闷；为什么贝多芬能在谱写以英雄主义理想为主题的交响曲中强化他那不屈不挠的奋斗精神；为什么许多文坛泰斗都具有令人瞩目、敬佩、赞叹的性格特征：陶潜，清廉坚贞；李白，飘逸狂放；陆游，雄心勃勃；龚自珍，激情满怀；鲁迅，刚毅耿直；巴金，诚挚恳切。

进一步由此及彼，可以得出这样的结论：倘若向往通过美的熏陶进一步提高自己人生价值的旅游者，张开创造性想象的翅膀在美的蓝天中自由自在、自觉自愿地翱翔，势必将调节自己的心理格局，使之体验到超越旧我、建立新我的快乐，这是一种难以言喻的审美快乐。

主体一方面受到审美对象的影响，另一方面又通过想象创造新的对象。在这一创造的进程中，自身的个性品格在更高的层次上得到美化。你给环境增添多少活力，环境也就通过暗示回赠你多少生气。"摇荡性情"的自然是美的，以"诗情"创造着"第二自然"的人也是美的。人的力量在创造美的世界的同时，也在创造更完善的自我。美的本质和人的本质、美的哲学和人的哲学融为一体的未来，是属于创造者的。从这个角度来理解旅游审美的双向生成作用，对于拓展旅游服务的现实空间，是十分具有启迪意义的。

第三节　景观世界的美学范畴

现象形态的景观世界，林林总总，五彩斑斓，目不暇接。透过丰富的景观审美现象，我们可以从中概括出若干类型，每一类型都分别体现出内在的共同本质属性。我们把具有相同属性的景观归纳成诸如优美和崇高等两大范畴。

景观类型的本质特征，从美学的角度上分析，都是由实践主体和客体的不同关系所决定的。以优美和崇高这两个基本范畴为例，优美的本质在于主客体的和谐统一关系，美的内容消融在美轮美奂的形式之中，让人不由地陶醉在曼妙、柔绵和婉约的美感境界中；崇高的本质反映出主客体的剧烈冲突，由此而勃发高昂的生命力量，美的内容突破通常意义上的形式美外相，直通内心，诉诸理性，由此而让人不能自已，回肠荡气，激情满怀。

一、优美型景观

如前所述，美的本质与实践中发生发展起来的自由自觉的本质力量有着密切关系。优美的本质，同样植根于人们能动地改造客观世界的社会实践生活之中。从主体实践对客体现实的辩证关系上考察，优美的本质在于现实对实践的高度肯定，所体现的是合目的性的理想和合规律性的完满交融。现实对象总是处于相对静止和绝对运动的两种不同的状态，作为真和善、合规律性和合目的性彼此联系所体现出来的美，也就自然表现出静止或运动两种形态。当客体和主体的矛盾对立在实践中趋向于统一、平衡、和谐的境界时，就构成了优美的形象。

以最能体现优美本质的人类爱情生活为例。有研究①指出，爱情之美，美在主客体关系的高度和谐。爱情的主客体和谐关系，可以从两个方面来理解。首先，情

---

①　庄志民. 爱情美学探秘. 成都：四川人民出版社，1989：98—102.

意缠绵的男女双方，彼此契合交融成一个主体结构，它与作为外部世界的客体处于消殒冲突的高度融洽关系之中。包含着安定祥和底蕴的社会历史内容和有情人你恩我爱的现实生活，水乳交融般地化合在一起。这时，爱的承纳者和外部世界“合二为一”，进入“春和景明，波澜不惊”的平和境界。如此主客体高度统一所显现出来的爱情旅程，必定是轻松、愉快而优美的。倘若两者之间存在着尖锐的矛盾斗争，爱情就会在主客体的剧烈冲突中变得崇高起来，如革命志士陈铁军和周文雍在“刑场上的婚礼”，或者走向令人感伤的悲剧，如梁山伯和祝英台的“化蝶”。这两种爱情都非理想的常态生活，不是人们所钦羡的优美人生。其次，主客体双方关系的和谐，还应从相爱者双方来理解。真挚相爱，是一种双向的主客体关系。男女双方互为主体和客体。纯真的爱情，意味着主体受毫无纤尘的爱情动机引导，而无私地把自己的一切“给予”对方(客体)。当彼此都这样做的时候，就说明这对男女恳切笃实地相爱了。于是，他和她，都兼主客体角色于一身，由原先互不相干的孤立绝缘状态，发展为你我的相互吸引和沟通，从而进入“合二为一”的融贯境界。当这对有情人浴身爱河之际，矛盾对立的因素没有丝毫立足的余地。爱情生活的感性形象必定非常优美、静谧、温馨、文雅、活泼、协调、均衡。

倘若从这里切入，把爱情的底蕴拓宽，理解为一种人际之间宽泛意义上的亲情，就可以进一步把握旅游的优美本质。旅游过程的最终美学目的，是构筑一种以优美为主旋律的审美关系，这种旅游中的优美，既表现在人处于景观中的情景交融中，也表现在人们彼此相处时的文明礼貌里。当在这两种审美关系中，主客体双方排斥了丑陋的劣根性，摒弃隔膜和偏见，淘洗掉宇宙空间的尘埃垢滓，势必会创造出一种高度文明的社会形象面貌，体验到一种愉悦欢快的美感。旅游消费最终所购买的正是这种令人难忘的美妙心理体验和回忆。

优美是实践主体与客体的和谐统一所显现的宁静、柔和状态，因此，典型地体现了形式和内容的和谐统一关系。优美在形式上表现出柔媚、和谐、安静、秀雅等特点。这意味着，现实对实践的肯定以静态成果的形式，具体表现在诸如对称、调和、均衡、多样统一等形式美的规律之中。优美在内容上通过美的形式展示自由的本质。真与善、合规律性和合目的性的矛盾对立，不是以一方压倒另一方达到统一，而是彼此水乳交融般地汇合在一起，表现出一种完全没有冲突痕迹的特殊完满形态。

优美在美的不同存在领域中有着不同的表现形式。自然中的优美，侧重于理性内容的形式化，即，主体（人类）的善溶解在客体（自然）的真（感性形式）之中。所谓的“人文山水”，是看不见摸不着的悠久的历史内容和巨大的理性深度，在景观世界里，完全融化在诉诸审美感官的色彩、线条、形体和音响之中。社会中的优美，如爱情友谊文明礼貌乐善好施，侧重于感性形式的功利化，它通过客体的真（个人和群体的动态行为、活动、思想以及静态产品）凸显主体的善（人民的利益和历史的进步利益），人们为之动容的，正是感性形式所蕴含的导向善的文明人性力量。艺术中的优美，作为美之精华，则集中表现出完满内容和精致形式的和谐统一，合规律性的真和合目的性的善融汇在一起，从而具有不可移撼的令人陶醉的艺术感染力。

二、崇高型景观

崇高主要体现实践主体的巨大力量，更多地展示主体和客体在现阶段相冲突和对立的状态，并且在这一冲突中，显示客体和主体相统一的历史必然性。

崇高主要凸显的是社会领域中人的一往无前的英雄气概，集中体现的是人们所从事的严峻艰苦的社会斗争的过程，这时，内在的那种与历史进步的利益与人民的利益休戚相关的气势和力量，就处于主导地位，形式的和谐美观与否就变得不那么重要了，也就是说，崇高以内容超出和压倒形式为特征。比如著名的美国旅游胜地总统山，以坚硬的岩石和富有阳刚之气的山体为媒介，雕刻了最为人们所尊崇的四位美国历史上的总统——华盛顿、杰弗逊、林肯、罗斯福，这样的景致，显然是以响遏行云、气贯长虹的崇高人格力量，深深地吸引游人的观赏目光的。

在自然、社会和艺术领域，崇高的侧重点各有不同。自然界的崇高，如钱塘秋潮、壶口瀑布之类，以其数量的巨大和力的强悍，显示出人的感官难以掌握的无限浩淼的特性，因此引起人们的惊叹和敬畏。社会领域中的崇高，如各国正义人民所崇尚和尊敬的反法西斯英雄等，一般总是和艰苦卓绝的斗争生活紧密相联系，“沧海横流，方显英雄本色”，在正义的斗争中，显示出真与假、善与恶、美与丑的剧烈对抗，从而激发人们的战斗热情和伦理态度。艺术中的崇高，在内容上一般是社会中的崇高的能动反映，就像前面所引述的美国总统山山体雕塑那样，在形式上往往撇开过于精致的构架方式，追求大刀阔斧的粗犷硬朗品格。在艺术作品里，崇高作为一种昂然激情和斗志，表现得越是剧烈壮观，就越能产生振奋实践主体的理性精神的作用。革命史诗《东方红》、钢琴协奏曲《黄河大合唱》、贝多芬的《第九交响曲》

等，就是这样的催人激流勇进的作品。相比较而言，社会中的崇高最为重要。因为，它是艺术中的崇高的源泉，是自然中的崇高所象征的本原。

第四节　各种景观类型的本质和特征

三种景观类型，诸如自然景观、社会景观和艺术化的人文景观，存在着互有差异的本质及其特征。自然景观之美，美在“自然的人化”，实践过程中表现出来的人的本质力量，作为动态过程，有形无形地凝冻在物态化的自然外观上；社会景观之美，美在人的本质力量的直接展示和表露，以人为直接载体的景观样式，具有鲜活的人生形象内容，其与作为审美者的游客构成以社会交际为主要形态的直接性情感思绪交流关系；艺术化的人文景观之美，美在精巧的形式和深刻的内容的有机融合，这种融合达到高度典型的程度，以至于人的创造性品格能够得到淋漓尽致的发挥。

一、自然景观之美的本质和特征

自然美，是原生态的自然界所呈现的一种美的形态，它存在于包括地貌、水体、太空、植物和动物在内的自然系列之中。对于自然美本质的理解，需要注意两个方面。首先，自然美不同于一般的自然现象。美是社会现象。归属于美的自然当然不是外在于社会的客观物质，而是与历史发展状貌以及人类实践活动密切相关的一种社会现象，其美之所以成其为美，根源在于“自然的人化”。其次，自然美以与人类社会相对应的自然作为物质载体，其天造地设的形式特性在美的构成中起着举足轻重的作用，这就与以人本身做载体的社会景观和人工创造的艺术化的人文景观有重要的区别：社会美，美在内容；艺术美，美在形式和内容的统一。它们与美在形式的自然有着很大的不同。

（一）自然美与自然的人化

自然美的根源存在与自然和人的相互关系之中。全部世界文明发展史，其实也就是一部自然与人相互作用的历史。当人类从动物界分化出来之前，这种关系是不存在的。只有当超越了自然，人才作为与自然相对应的一种主体力量而自立于世。人，在实践中使得自身的自由自觉的本质力量逐渐发展起来，从而能够对自然进行支配和改造,使自然成为一种为“我”所用的对象。这时,人类控制力之外的自然,变成“我”(亦即人类)所能施加一定影响的对象。自然由于人类实践的作用而被打上人类本质力量的印记,具备了使人能够从中实现本质力量自我观照的审美特性。

自然美,美在实践中自然为“人”所“化”。自然的人化是个历史的范畴。在古代,人类改造自然的本领还极其低下,自然对人来说是个异己的力量,经常以洪水猛兽般的盲目力量,吞噬着人类的生命,威胁着人类的生存,这时,自然难以成为美的对象。在大禹治水的年代,很难设想,人们会认为泛滥成灾的黄河是美的象征。只有当自然与人处于均衡的力量对比关系时,气象万千的自然才成为风景,成为人们的审美对象。随着人的文明历史不断进化,人的实践领域不断拓阔,日益宽广的自然进入人类的审美视阈。这时,原先并不被认为是美的东西,就会获得前所未有的审美属性,产生启迪心智、激扬意气的审美效果。在走向日益文明未来的人类眼中,原先“死亡之海”戈壁滩,拥有一份“大漠孤烟直,长河落日圆”的宏阔,让人不由为此等景致的宏阔而回肠荡气;原先杳无人烟的原始森林,变成富有永恒生命力的神秘之乡,置身其中,呼吸着清真的氤氲,让人情不自禁地精神起来。

(二)自然人化的表现形态

“自然的人化”,因其与人的实践的不同关系而呈现两种性质略有区别的表现形态。

首先,人的实践直接改造了自然的物质形态,使之感性地打上人的本质力量的烙印,人们可以从中直观感受到自己力量的实现,从而产生美的感受。人类按照自身的理想、愿望和要求,对原本显得比较粗糙简陋的自然形态,进行去粗取精的典型化加工,比如梯田、果园、盆景等,自然的外观已经在一定程度上为人的实践所改造,或明显或含蓄地体现了人的审美观念。

其次,人的实践使得自由振奋的精神力量不断飞扬高举,涉及人力所不能及的自然对象,使之变成人类生活的感性象征,从而获得审美意义。譬如,太阳、月亮、银河等,并未被人的感性的实践力量所直接改造过。但是,由于人的主体力量在文明发展的历史中得到不断提升,思绪的触角所涉及的范围得到极大的拓展,以至于能够通过理念精神的无形灌注,使得物质形态上并未被触动丝毫的客观自然,一跃而变成人文化的景观,与人类生活产生约定俗成的情感联系。

(三)自然美的审美特征

客观自然在历史文明的进化中成其为美,成为具有人文底蕴的审美景观。这种自然景观之美的特征主要表现在形式至上、变异性、美丑两重性和典型的共同美等四个方面。

第一，自然美的形式特性高度突出。以人的自然为例。当我们单纯从人的自然角度去审视人的美的时候，人体美的特性就占有特别重要的意义。人体美主要是形式协调匀称的问题。纯属自然的风花雪月，风的轻柔、花的娇嫩、雪的晶莹、月的皎洁，无不以各自的形式美属性，取悦于人的审美感官，进而征服审美者的心灵。

第二，自然形式美具有变异性。自然美的物质基础，往往会随着时间流逝、空间位移而不断发生变化。这种变化既与自然物内部的新陈代谢运动机制有关，也与特定环境对特定自然物的影响有关。花卉的新陈代谢造成花开与花落的不同美态，月亮围绕地球的时序运行造成新月、残月和满月的不同美态、海水受月球引力的大小影响造成潮涨潮落的不同美态。特定的自然景物在不同的光线、气候条件下，所呈现的美，各有不同的形态。试在不同的气候条件下游览同一个杭州西湖，细雨濛濛或阳光灿烂，前者给人以柔绵绣媚的感觉，后者则酿就轻快欢跃的氛围。

第三，自然形式内含的意味具有美丑两重性。自然景观美的根源在于自然的人化，自然本身的内容是由“人化”的过程所决定的，因此，当特定自然物与人处于不同的实践关系之中的时候，其自然物的外在形式所包含的内在意味，就会呈现不同的性质，有时显得美，有时则变得不美、甚至丑陋不堪。有时候，当人们超越实际功利观念去看待某些自然物的时候，就会不由地摒弃原先在日常生活中因为利害关系而形成的丑感，相反，却会专注于其特别美妙动人的形式外观。蝴蝶就是一个例子，在彩蝶纷飞如百花盛开的蝴蝶泉，没有谁会耿耿于怀地记挂这是一种害虫。观赏作为百花大家庭中出色一员的罂粟花时，人们往往会暂时摒弃这是制作毒品的原料的知性伦理判断，纯粹为其美的形态色泽所迷醉。

第四，自然形式意味具有高度的普遍性，是一种最为典型的共同美。自然美，的确美在自然的人化；但是，其“人化”的内容的确是历史地形成的人为产物，就其渊源意义上说，自然的本性具有超越人际沟壑的一般审美属性，能够突破阶级、阶层和意识形态差异的藩篱，博得一切正义善良、积极向上人们的由衷喜爱。换言之，自然美是一种最为典型的共同美，最能体现美的普遍性，具有横跨时空广泛地赢得人们青睐的特性。因此，自然观光作为老牌旅游产品，必然会漠视曾经发生的不同国家、地区间的政治纷争、战争风云，经久不衰地活跃在跨国、跨地区旅游市场上，在我们这个“地球村落”里起到沟通胸臆、疏导隔膜和交流信息的作用。

二、社会景观之美的本质和特征

美的本质在自然和社会领域有着不同的表现方式。自然美的本质表现为它存在于自然和人的相互关系之中。与此不同，社会美以社会领域中的人际关系为纽带、以特定社会关系人的本质力量的显现为核心。自然美的本质为物和人的关系所规定，社会美的本质由社会关系中人的本质力量所规定。

（一）社会美以人为载体

人，按照莎士比亚的说法，是“宇宙之精华，万物之灵长”，因此，顺理成章地成为社会美的中心。如前所述，人区别于动物的特性，就是人的自由和自觉。所谓“美是生活”，指的其实就是从特定角度展现人的自由自觉的本质力量的社会生活。正因为这样，人才有了稳居生物进化阶梯最高层的资格。

人的实践活动构成社会历史发展的原动力，也是社会景观的主要表现形式。社会生活的美总是通过人的美得到充分体现的，而人自身的美由可能变成现实，不仅借助于自然美进化最高形态的人体美，更重要的是通过人的巧夺天工的精美构思、通过人的“随心所欲，不逾矩”的活动。因此，当人们在T形舞台上欣赏时装表演时，不仅是在看模特儿漂亮的外貌，更重要的是从一举手一投足的体态韵律中把握时代演进的文化脉络，从其身着的时髦装束上解读出若干民俗文化的隐秘含义。同样，在桃花节、风筝节、龙舟节之类的民俗文化节庆活动中，不仅是感受摩肩接踵的热闹人气，更重要的是在人际互动的参与性体验中领略特定民族的文化精灵，诸如看桃花时“媚”的青春律动，放风筝时“柔”的飘然欲仙，赛龙舟时“韧”的激流勇进。

（二）社会美与人的聪明才智和力量

美的本质——人的自由自觉的本质力量的感性显现，在社会领域、在人的实践活动中得到最为充分直接的表现。人是社会大舞台的真正主角。社会生活的全部丰富性、历史演化的全部戏剧性，无不通过人驾驭客观规律之后的创造性活动和透彻理解自己肩负的使命之后的意志行为，得到充分的展示。偌大的世界，正是有了人类演绎的五彩斑斓的各种场面，才显示出魅力无穷的精彩、美妙和壮观。“美是生活”，美的本质植根于人类社会生活的肥沃原野之中。生活中的人们通常总是喜欢在美的景象里“看到自己”，看到自己所熟悉的生活场景的典型化呈示和艺术化展现，从而得到一种由于自己的本质力量被感性肯定之后所特有的心绪畅达和胸臆愉悦。诸如民情风俗、时令节庆，特别是人自身形象之类的社会美样式，对作为广义人生旅游者的人们而言，往往由于最能触动其经验库存，最能诱发其"似曾相识"的熟悉联想，因而能够产生巨大的吸引力，博得由衷的青睐和褒扬。人们青睐社会美，因为它真切地表现了人所特有的理性自觉；人们褒扬社会美，因为它形象地展示了人所特有的创造自由。

人的自觉与社会美有着密切关系。人区别于一般动物的高明之处，首先在于其所从事的各项实践活动，是一种有计划、有组织、有预测、有安排的行为。如此行为所引起的直接结果，就是构筑一幅幅有序化的和谐图景。井然有序的感性形象，都从不同角度、不同层次，显现着人的自觉，自觉地意识到人自身与环境的区别，自觉地意识到自己所担负的任务所肩负的历史使命，自觉地在实践行为所造成的结果诞生之前就预先勾勒未来将要出现的和谐有序的图景。这种浸润着人的自觉本质的社会美，并不是抽象的理论推理，而是感性地存在于日常生活领域之中。"一叶知秋"显示的是由此及彼的未来学推想能力；"未雨绸缪"显示的是化被动为主动的预测防范意识；"三个臭皮匠，顶个诸葛亮"显现的是自觉的团队协作精神。

人的自由也与社会美有着密切关系。自由是对必然的能动认识，是人在掌握规律后的发散性想象构思，也是熟谙客观对象属性之后高度显示创造性的一种主体驾驭。任何一种社会实践活动，只要进入"庖丁解牛，游刃有余"的境界，就意味着人的自由本质在一定层面上的感性显现，人们从中可以具体感受一种从容不迫的闲雅，可以体味一种行云流水的顺畅，可以领略一种碧潭游鱼的散淡。围棋高手纵横捭阖的走势为闲雅的底蕴所灌注，书法行家挥洒自如的笔墨为顺畅的张力所濡染，气功大师坐看云起的禅定为散淡的气韵所笼罩，凡此种种，都是人的本质的自由在社会领域的表现形式。无论做什么工作，"熟能生巧"，只要在勤学苦练的基础之上达到出神入化的娴熟境地，都能成为一道道美妙的风景线。

（三）社会美的审美特征

以人为载体的社会美，其所显现的自由自觉的人的本质力量，具有实践主体性、伦理功利性和文化特殊性等三个主要特征。

第一，实践主体性。人所创造的产品，包括神话、宗教、语言、艺术，也包括彩陶、石刻、泥塑、青铜器，作为感性形象，其有形载体所凝冻的无形本质，其实就是人的实践主体性。它作为将人的所有那些创造物连接在一起的"一种普遍功能的统一性”①,所体现的是人作为“类”的特性的无限实践创造力。主体创造性是人的本质的主旋律,所有的人类实践的产物,“现在都被看成是同一主旋律的众多变奏”。人是具有高度实践主体创造性的高级动物。社会领域中的各种人的活动之所以成其为美,根本原因在于这种活动过程以及由此产生的结果(诉诸感官的具体产品),体现了人的实践主体性。惟有人,才有可能将自己与客观环境明确地区别开来,清醒地意识到自己与外在自然的差异,振奋来源于实践又与主观能动性密切相关的主体创造精神,以此为内驱力,推动自己通过现实的活动,在客观的自然上,留下属于自己的个性化的感性印记。这样的实践成果,作为改造客观世界的艺术“彩排”和“结晶”,具有突出的审美效果。人们可以从种种具有美的意味的社会实践活动过程中,比如内蒙古草原上的赛马会、长江三峡上空的走钢丝、工艺品厂女工双面绣的飞针走线,以及酒店大厨巧夺天工的菜肴造型制作,实在地感受主体创造精神,从而不由地啧啧赞叹,以表达洋溢于内心的自由振奋心绪。

第二,伦理功利性。社会美作为真善美的形式,是以合社会目的性的形式表现、合规律性的内容,即以善的形式力量表现真的内容。俗话说,“鸟美在羽毛,人美在心灵”,形象地传导了这样一种美学理念:以人为核心的社会美,美在人通过具体的与善相一致的宽泛意义上的伦理行为,实现自身的目的和理想。这时,善的目的具体落实到感性的形式之中,就如学雷锋小组“全心全意为人民服务”的美好愿望,通过身体力行的志愿服务举措以及由此构成的公众形象,得到感性显现。人的主动自由的意志性选择所具体指向的,是体现有利于人民利益和历史进步利益的社会功利性行为。与“被动”因而不自由的“要我做”不同,完全抛弃任何强制扭曲心理因素的“我要做”,成了社会美的内容,由内而外,具体演绎出一幕幕高度体现精神文明水准的感人肺腑的场景,比如,义务植树、义务献血、义务领养孤儿、主动捐献财物支援灾区民众等。从这一层面上看,社会美的感性形象又闪烁着饶有诗意的人性光辉,集中体现了中国传统的“美善相乐”的实践审美观,表露出人心向善的永恒生活真谛。

第三,文化特殊性。任何人荷载着至少一种具有特殊性质的文化。社会领域中的人及其活动的感性形态,具体反映了历史地形成的特定文化踪迹。中国人,有一颗中国心,意思是说,华夏民族的灵魂深处,为华夏文化的特质所浸润和濡染。

---

① [德]卡西尔.人论.上海:上海译文出版社,1985:91.

因此，以中国人为载体所展示的社会美图景，就成了鲜明地区别于西洋文化的一轴东方文化风情画卷。《清明上河图》里描画出的旧时京都之繁华；西安秦俑博物馆内铺陈开的昔日兵阵之恢弘；黄土高原上奏响的惊天动地的大鼓所透射的倔强生命伟力；江南水乡河湖港汊的小船上悠然自得地荡桨划橹的艄翁所流露的清远人生格调，作为社会人情风俗的直接间接展现方式，之所以在人们的眼中成为一幅幅美的画面，就是因为其中包孕着独特的文化底蕴。从这个意义上审视，具有异地性特征的旅游，其实也就是一种跨文化的活动，旅游者离开本乡本土的日常生活环境，到有所闻但未曾见的文化区域去观光游览，这时的出游动机，包含着寻觅略显陌生的异样文化底蕴的成分。社会美所折射出的新鲜别致的文化内容，成为旅游者意欲亲身体验领略的重要吸引物。

三、艺术化人文景观之美的本质和特征

如果说，自然景观的美学本质在于“自然的人化”，注重自然物的形式在怎样的程度和方式上受到人的实践力量和文化特性的影响，社会美的本质在于人的聪明才智和力量的感性显现，注重以人为载体的人类实践活动在怎样的高度上展示人的自由和自觉，那么，人文景观的美学本质是和艺术美的本质联系在一起的，注重表露诉诸人的审美感官的艺术如何将主体的天才创造力和客体的审美潜能结合起来，成为主客体相统一的杰出构架。

（一）艺术美与主客体相统一的本质属性

艺术活动的全过程，是一个由主体和对象所组成的复杂的链性结构。现实生活相对于创作主体来说是客观对象，它诱发主体产生相应的美感运动，这就是所谓的“触景生情”。因“物”的刺激而萌发的“情”在创作主体能动性的催化下，形成一股推动艺术形象酝酿构思的强大心理推动力。把在内心徜徉的意象运用一定的艺术媒介再现或表现出来，就构成艺术作品，此等艺术作品又成了欣赏主体（读者、观众、听众）的客观对象。由此可见，艺术活动的链性过程，有两种具体样式：第一是现实生活和艺术家的关系，第二是艺术作品和欣赏者的关系。这两重审美关系，先后从不同的角度体现了艺术美的主客体相统一的美学特征。

首先是主体性特征，即，以主体身份出现的艺术家或欣赏者，以人的自觉，在表现和再现之间作出自觉的审美选择。各类艺术品都是现实生活在人类头脑中反映的产物，其内容都是认识和情感、再现和表现的统一。作为艺术家，并不是镜子式

地机械被动地反映生活，而是以其特有的本质力量为中介，能动地把生活加工成别具风貌的艺术样式。这时，有的艺术家着重于再现客观事物，反映现实生活的真实面貌。有的艺术家则偏擅于抒发现实生活所诱发的主观情感，表现内在的心理感受。于是，艺术种类就有了以再现或表现为准绳的界限。绘画、戏剧、电影、叙事性文学作品等样式，以真实地再现客观事物的形象细节为主，因此属于再现艺术，音乐、舞蹈、建筑、工艺美术、抒情性文学以抒发艺术家的主观情感为主，因此属于表现艺术。从欣赏者方面来看，这两类艺术样式的特殊本质，是与欣赏者独特的本质力量相适应的。在审美活动中，直觉地引起人们栩栩如生、逼真生动的形象感的，一般为再现艺术，从并不拘泥于现实生活的逼真模拟的抽象形式中，感悟其飞动空灵的情韵的，一般为表现艺术。比较特殊的是语言艺术，它具有绘声绘色、传情达意等多种灵活功能，可以间接但全面地反映现实生活的一切领域，既可叙事，又可抒情，既可惟妙惟肖地描摹客观形象，又可真挚热烈地抒发主观情思。由于它与审美主体的认识和情感相统一的本质力量相适应，因此，是一种兼有再现和表现的艺术种类。

其次是客体性特征，即，艺术对象在客观形式方面的特殊性。无论是创作主体还是欣赏主体，对艺术样式的客体特征，都拥有高度的选择自由。现实事物总是存在于特定的时空形式之中。一般说来，空间和时间是不能分离的，但从相对的意义上说，有的客观对象的静态特征比较突出，如岩石树木、亭台楼阁等，有的客观对象动态特征比较突出，如啾啾鸟鸣、潺潺流水等。前者被再现在绘画中，如荷兰风景画家霍贝玛的《树间小道》，就成了静态的空间艺术；后者被表现在音乐作品中，如我国民乐作品《流水》、《百鸟朝凤》等，就成了动态的时间艺术。可见，艺术样式的美学特征，与其所反映的客观生活的形态特征有关系。此外，从创作主体的美感物态化所采用的媒介来说，雕塑、绘画、建筑、工艺品等，以石膏、金属、墨色、纸张、砖木、象牙、丝绒等为艺术的物质载体，它们无一不是占据一定空间位置的静物，因而比较适宜于塑造空间性和瞬间性相结合的静物形象。反之，音乐曲调所采用的流动的声音、舞蹈语汇所采用的人体律动等，都具有随着时间的流逝而不断运动的一维性，因而适宜于塑造行云流水般的动态形象。文学以语言为媒介，而语言序列所蕴含的意义，必须通过语音运动表现出来，因此，也是呈现于时间的动态艺术。

主体方面的再现和表现相统一，客体方面的空间性和时间性相统一，是艺术样式的两条最为根本的美学特征。如此特征可以从下列表格中得到更为清晰的展示：

	呈现于空间的静态形象	呈现于时间的动态形象
偏重于表现	实用艺术:建筑艺术、工艺品	表情艺术:音乐、舞蹈
偏重于再现	造型艺术:雕塑、绘画	综合艺术:戏剧、电影
兼有表现和再现	——	语言艺术:文学

（二）艺术化人文景观的审美特征

通常被当做人文景观主体的苏州园林、曲阜孔府、晋中大院等，其实是个各类艺术的有机综合体。这类景观资源的外观造型是建筑艺术，其内部空间分割和装饰是装潢艺术，室内陈设的是工艺品，门楣匾额、立柱楹联等属于用书法样式展示的文学作品，门前石狮、殿堂神像则是雕塑作品，除此之外，这些地方还是音乐、舞蹈表演的神圣舞台。这类人文景观的艺术审美特征主要表现在含蓄性、理想性和永恒性等三个方面。

第一是含蓄性。艺术美忌直贵曲。也就是说，真正的艺术总是通过有限的形式，曲折地表露内在难以言尽的审美底蕴。具体可感的形象塑造本身，并不是艺术家创造的全部目的，艺术生命的可贵在于，以形写神，通过“蕴于内而形诸外”的形象细节，欲说还休似的表达隐秘的无限情韵。比如，我国著名道教旅游胜地武当山，其宫观建筑具有明显的“依山就势”的特点。这一建筑美学风格，意味深长地传导出道家“道法自然”、超凡脱俗的意念。高明的旅游审美者一旦在实地观览中蓦地洞察如此三昧，肯定会喜不自禁，不期而遇的审美发现所激发的是主体精神的自由振奋，而这样的心绪飞扬高举，完全是由于艺术化人文景观的含蓄性所促成的。不能设想，过于直露的艺术内蕴，可以诱发审美主体突如其来的惊奇，以及伴随惊奇的深刻感悟。艺术化人文景观的含蓄特性对于我们提高导游水准具有重要的启迪意义。不必过于细致地解说眼前景观的艺术谜底，循循善诱方能引人入胜，让游客参与解读映入眼帘摄入耳内的景观细节，可以激发欣赏者的主体创造积极性。有时，艺术的含蓄程度很高，与其吃力不讨好地饶舌解说而难究底蕴，不如引导游客“按迹循踪”、根据细节的提示去苦思冥想，“不著一字，尽得风流”，倘若能够激活游客的主观想象力，那将是导游在含蓄的艺术景观面前获得的最大成功。

第二是理想性。艺术美来源于生活，又高于生活。固然“巧妇难为无米之炊”，但原生态的“米”并不是理想的美食，是吃不得的。艺术家的创作，犹如酿酒，炊米为饭，酿饭为酒。生活的“米”只有经过艺术提炼加工，才有可能变成香甜可口的米酒佳酿。艺术家的提炼加工过程，也就是艺术理论中所说的典型化的过程。通过一番去粗取精、去伪存真、由此及彼、由表及里的酝酿构思，粗疏的现象个别变成精致的本质个别，艺术家的人生理想被无形地融入所创造的艺术形象之中。由于一流的艺术家往往站在时代思潮的风口浪尖，其所坚持的审美理想便具有高度的代表性，融汇这样先进理想的艺术形象因此也就获得征服千百万审美大众的可能性。

第三是永恒性。如前所述，自然美具有变异性，风花雪月的美往往是短暂的，经不起时间老人的严峻考验，不可能一以贯之地持续展现同样的美态；社会美的主体是人，善的精神永存，然而，向善的形式力量必须以人的肉身为载体，与宇宙相比人的生命短暂如流星，因此，以个体生命为依托的社会美也难以亘古不变。与自然美、社会美不同，艺术美具有相对意义上的永恒不变性。艺术的形式载体，亦即特定的艺术媒介，往往以其纹丝不动的质的规定性，诉诸一代又一代的审美者。艺术媒介的本原生命力要比自然美、社会美长久得多。特定艺术作品的内在美学特质更是具有万古如斯的青春生命魅力。艺术是含蓄的精灵，惟其含蓄，内在的审美意味，通过世世代代的审美者得到绵延不尽的发掘。艺术又是理想的结晶，惟其理想，浓缩的人类心灵精华，犹如醇厚生命醍醐，足以陶醉无数后来的仰慕者。既然如此，我们便可以极大地拓展旅游景观创造的思维空间。如果景观资源与具有永恒审美魅力的艺术联姻，那么，势必能够提升原有景观形象的品位，从而获得千百万旅游审美者的认同感。

第九章 旅游之美的本质

核心提示

解析旅游与美的关系问题，需要经历一个由表及里的抽象思维过程。日常生活中的人们在旅游过程中所看到的是美的现象系列。如此现象系列作为审美对象，诱发了游客内心的美感。这样的主客体对应所构成的审美关系，是旅游美学研究的核心。本体论的旅游美学，要求透过现象看本质，基于对这种关系的性质、过程和特征的分析，深入把握旅游之美能够成其为美的根本属性。这种形而上的抽象本质，就是我们在本章所要着重阐述的和谐。

学习要点

和谐是旅游之美的本质。

旅游的和谐之美至少表现在三大方面：人与自然之间的和谐、人与人之间的和谐以及人的身心和谐。

艺术是美之精华，艺术化是旅游活动之美的最高境界。旅游的艺术境界之美具体表现在诗情化、自然化、个性化和过程化四大方面。

旅游之美的本质，第一，是与和谐密切相关的，旅游导向于主客体之间对立的统一，导向于“天人合一”以及人际关系的和睦亲善；第二，是与作为人类终极追求的“故乡情结”密切相关的。从宽泛的意义上说，作为人生自由、自觉选择结果的旅游，其深层根源在于人类对于精神家园的梦寐以求，是魂牵梦绕的本体论意义上的“家”在吸引着人们出游；第三，是与人生艺术化的理想追求相关，“爱美之心，人皆有之”，人们钦羡美、向往美，因此顺理成章地会以作为美之精华的艺术为标准，来影响和改造包括旅游在内的人生存在形态。

第一节　旅游的和谐之美

旅游的本质是和谐。这种论断的理论基础是关于稳态的宇宙观。有关研究认为，稳态是整个世界的特性。稳态不同于绝对平衡的静态，而是一种以有序运动为特征的特定系统的生长机制。世间万事万物都处于稳态之中。生态平衡规律显示出自然的稳态；国际大家庭越来越趋向于“和平与发展”的主题显示出社会的稳态；更为关键的是，人需要稳态，因为，只有稳态的自然和稳态的社会才有利于人的生存和发展。①

一、追求和谐的出游动机

从旅游的需求动机上看，人们的出游主要是为了寻求刺激还是为了获得慰藉？答案恐怕只能是后者，或许有些旅游项目充满震慑人心的刺激，比如，到现代游乐园去玩“疯狂爬山车”，赴浙江海宁去观看“钱塘秋潮”，到黄河源头乘上橡皮艇顺水漂流，或者冒九死一生的风险钻进黑皮沟探索大自然的奥秘。但是，就总体而言，旅游者的出游动机却是为了在和谐的审美关系中，得到人性的抚慰和心灵小憩。旅游是人生的美学散步，是人与环境亲密无间的相契相合，是人际间沟通方寸隔膜的天造地设的绝佳机缘，是人类消除焦虑感、抑郁感，恢复心气平和的自然良方。

当然，优美的抚慰和壮美的激励，是人类精神追求的两极。形象地说，工业革命时代所孕育的充满着英雄主义豪情的贝多芬那理性主义色彩极浓的音乐，那与命运抗争的不屈不挠的拼搏精神是永放光辉的。但是，与此几乎同时产生的西方

① 王达敏、丁莉兰. 稳态学. 合肥：安徽人民出版社，1995：11—14.

浪漫派音乐，与莫扎特等音乐家的名字联系在一起的幽雅、宁静、喜悦和欢乐的情感旋律，将有助于平抑当代人无可规避的浮躁和焦虑，有助于建构人与环境相和谐的未来文明，有助于使人成为真正意义上的人。有位学者曾就西方 19 世纪浪漫派音乐对未来的文化意义，做过十分精彩的论述。他说："在广泛使用微型电脑和机器人的现在，为什么西方浪漫派音乐反而更令我们陶醉，使我们从中得到美的享受呢？原因之一，是它在你我心中唤起一种家园感。当地球生态环境（人类最重要的家园和真正的故乡）受到严重威胁，'远道人心思归'的情怀便会在我们心中油然而生、与日俱增。这时，舒伯特的《春天的信念》和门德尔松的《春之歌》于我们，就会像一汪清泉，蓦地注入沙漠似的心田，给我们以安慰和温存。"①我们当代旅游，应当肩负起促使创造和谐世界的重任。"四化"建设需要广大人民有一股拼搏精神；就个体而言，要建功立业或脱贫致富，也需要有点贝多芬音乐的阳刚之气。不过，劳作之余，人们需要休息。于是，人们选择了旅游。应运而生的旅游业，所要奉献给大家的，正是一种修身养息、陶冶情操的旅游环境。可以这样认为，旅游行业中的许多令人愉快的对象，诸如游乐设施、宾馆接待、清山真水，与休闲服、沙滩鞋和轻音乐在一起，构成一种优美的格局，其所指向的便是情景交融的浪漫韵致。当旅游者陶醉在旅游环境的曼妙氛围中流连忘返、心绪畅达时，这种心理感受便渗融着令人亲切的家园感。换言之，旅游活动所蕴含的审美文化精神，是和西方古典浪漫派音乐精神息息相通的。

二、旅游之美与三大和谐

工业文明的优越性众所周知。从"一分为二"的辩证观念看，工业文明的缺憾也是非常明显的。最为突出的是，以大机器生产为主要特征的工业文明使得社会危机日益严重。国际知名的学术团体"罗马俱乐部"，自 20 世纪 60 年代以来，专门从全球问题框架的角度来揭示目前我们赖以生存的地球上存在的种种危机。我国也有学者，如郭因先生，曾于 1991 年在内部刊行的《绿色文化、绿色美学、文明模式与人类应有的选择》中振聋发聩地呐喊："今天，人类面临的不是美景，而是危机。今天，人类的前途并非遍栽鲜花，而是布满荆棘。今天，人类最需要听的不是赞歌，而是警钟。今天，人类最该做的，不是寻贴脸的金，而是找活命的水。"

① 赵鑫珊. 哲学与人类文化. 上海：上海人民出版社，1988：123.

当今世界人类面临的危机主要集中在三个方面：由于人口膨胀、资源枯竭、环境污染而造成的生态危机；由于社会竞争而造成的人际关系上的信任危机；由于快节奏的生活和高强度的工作而造成的身心危机。

因此，也就逼迫人们付出与危机相抗衡的拯救自身的努力。这种努力，归根到底是为了达到三大和谐：人与自然的和谐、人与人的和谐以及人自身的和谐。①

旅游的美学本质是和谐。既然如此，旅游势必具有这样的效应，那就是为实现上述"三大和谐"而起到不可忽视的积极作用。

三、导向于人和自然相和谐的旅游

20世纪70年代，美国的著名未来学家阿尔温·托夫勒提出颇具影响的三次浪潮理论。他把整个人类文明演化的历史分成三个彼此联系的阶段：作为第一次浪潮的农耕文明、作为第二次浪潮的工业文明和作为第三次浪潮的后工业文明。

我们不妨把一部人类文明发展的历史，看做一部自然与人类相互作用的历史。三次浪潮文明分别体现了人和自然的不同关系。在农耕文明阶段，人和自然的关系呈现出一种原生态的淳朴与协调。但这种和谐是建立在人被动地适应自然的基础之上的，它所包孕的是不事雕饰的自然风韵。在工业文明阶段，人类充分发挥自身的主观能动性，积极征服自然、改造自然，创造了无比崇高伟大的工业文明成就，同时也酿就了人与自然的尖锐冲突，制造出本来亲密无间的人与自然关系上的巨大鸿沟。理想和憧憬中的后工业文明则是农耕文明的优美朴实和工业文明的崇高恢宏的完美结合。它意味着人和自然在更高层面上重新回归和谐。

西方发达国家自20世纪60年代以来向旨在重建人与自然和谐的后工业文明迈进。与中国不同，西方社会的文明演进历史，由农耕文明、工业文明到后工业文明，基本上呈现依次更迭的态势，三次浪潮的推进似乎具有一浪盖过一浪的特点。

中国的三次浪潮文明的更替颇具特殊性。它不是依次更迭，而是三种文明并存，三次浪潮重叠。中国是个农业国，几乎大部分人口是农民，如今不少地方仍用牲畜作为动力。与此同时，工业化在中国方兴未艾，工业文明成就是当代中国人的世纪之梦。另外，中国的某些地区（比如上海）已先行一步，与国际社会接轨，电脑

---

① 郭因、黄志斌等. 绿色文化与绿色美学通论. 合肥：安徽人民出版社，1995：118—368.

迅速普及，生态意识日渐增强，这就标志着后工业文明因素的萌生。

面对整个国际国内的大文化背景，我们便不难把握旅游的美学意义，瞥见其所具有的促使人类和自然和谐拥抱的功能了。

旅游的发生发展是与人类文明程度、生活整体水准呈正比例关系的。在生存条件低劣的境遇中，旅游无从谈起。劳作者整天疲于奔命，难得温饱，没有足够的经济能力，也没有闲情逸致去游山玩水。在我国某些尚未脱贫的地区，所涌现的是外出打工谋生的“民工潮”，而绝不是“旅游热”。由于受经济条件的限制，多少普通老百姓所梦寐以求的是超越农耕文明，摆脱田园生活的封闭、粗陋、繁琐等落后境况，尽快成为工业文明的受惠者。面对如此情境，侈谈人与自然的和谐，并且“画家不解渔家苦”地阐发其美学意义，无异于对牛弹琴、痴人说梦。令人欣慰的是，我国毕竟走在让少数人先富起来、最终达到共同富裕的道路上。越来越多的中国普通大众，介入旅游热潮，在游览名山大川的过程中，增进知识、丰富生活、活跃体魄、充实内心，积极而饶有诗意地消费闲暇时间。从旅游美学本体论的高度审视，其深蕴的美学意义首先在于人与自然的和谐状态的重建。

中华民族的山水意识是根深蒂固的，在农耕文化形态中生活的时间相当长久。但工业化、都市化使我们告别了乡村、田野，也逐渐地削弱了人与自然的高度相关性。旅游就其最能显示美学本质的主要部分而言，意味着人类重新回归灵山秀水、花香鸟语、美不胜收的景致，进入“相看两不厌”的赏玩境界。参与旅游，便是与山峦、河流、顽石、洞穴沟通，与植物世界和动物世界对话，彼此交融，和平共处。回归自然的心态，有助于旅游者在情景交融、融于自然中增进生态保护意识，从而在走向现代化的征途中，倍加爱护宇宙的宠儿——我们赖以生存、发展的地球。人在美景中，人类之爱亦成为自然的一个有机组成部分，如此“天人合一”的境界当然是美不可言的。

人类与自然的和谐共存，意味着工业文明时代“主宰自然”观念的终结。文明发展史告诉我们，在传统的游牧—农耕文化中，先民们对自然有着深深的敬畏。低下的生产效率和粗放的生活方式，使得人类不至于在很大的范围内、很高的程度上改天换地，近代以来的工业化进程改变了人类和自然的力量对比。人的主体力量的崛起，使其迅速成为征服自然所向披靡的主宰，工业化以及相伴随的都市化，使得人们创造了前所未有的物质财富，品尝到工业文明带来的种种富足和便捷。但是，随之而来的贪得无厌的心理，造成了极其严重的后果：环境被污染，生态平衡被破坏，工业文明熏陶下的现代人有时候确实表现出某种对大自然的肆无忌惮、为所欲为的破坏性。蔑视自然规律，当然会受到环境保护法规的制裁，但是，更重要的是会受到自然法则的惩罚。我们因片面追求眼前利益不惜付出污染环境的沉重代价。结果，酸雨、灰雾、全球温室效应接踵而至，后果是极其严重的。当代人类比以往任何时候都要更多地关照自身，注重生活质量的不断提高。但是有时人们似乎忘记了，环境的质量并不是外在的，而是我们人类生命有机体运动状态的一个有机组成部分，人类呼吸需要空气，饮食需要水源，耕作和栖息需要土地……地表生态圈里的植物圈、大气圈遭到破坏，所影响的首先是人类自身机体的健康。从尊重自己的意念出发，我们也应有起码的环境道德，具有起码的怜爱自然的温存情怀，爱护环境，就是爱护自己、爱护人类。诚如国外有的科学家所说，围绕着我们的自然世界，无论是丛林还是海洋，都是人类广义的基因；破坏人类的栖息地，也就破坏人类生命发育和成长的基础。因此，国际社会的某些已经向后工业文明迈进的民族及其有识之士在大声疾呼，杜绝盲目的主宰自然的心态，涤除这种被认为是工业文明时代带来的极为有害的思想，重建自然与人的和谐，在地球上创造一个被称为“the earthmanship society”的“天人合一”的社会生态环境。前进中的人类，理应适当地唤醒一些沉淀于心底的先民的那种对自然的原始恐惧和崇拜心理。这是走向未来的当代人所应有的环境道德自律的重要方面。文化人类学告诉我们，埃及人崇拜太阳，尼泊尔人崇拜耕牛，西藏同胞把唐古拉山当做圣山来敬奉……的确，对孕育世间万物包括人类的地球，我们理所当然要崇拜敬奉，对荷载着希望的沧海桑田，理所当然要怀有那种赤子对慈母的虔诚恭敬的心情。

幸运的是，钢筋混凝土森林的挤压使得当代人（尤其是都市人）走出“围城”，去真诚地拥抱大自然。真正为山水之美所陶醉的旅游者即便回到日常生活中，也会因难以忘怀的旅游审美经验的驱遣，钟情于人类和自然共存共荣的社会生态意识。这种闪烁着智慧和理性光芒的思想至少包含两方面的意义。首先是忌贪婪，这就意味着人类不能得寸进尺，毫无节制地进行掠夺性的开发，拼命攫取自然资源而置其枯竭的后果于脑后。人类位于能量金字塔的顶端，在自然界中几乎是没有天敌的。威力无穷的人类完全应当以宽泛的仁爱之心来对待自然，尽量用最小的自然能耗来最大限度地改善生活条件，持续提升存在价值。其次是忌狂妄，这就意味着人类应当清醒地意识到自身的自然处境，自己在宇宙间的位置，而不能以霸主自居，自鸣得意，不可一世。回顾历史，“地心说”、“日心说”都受到科学的无情挑战；

如今，以人为中心的宇宙观也摇摇欲坠。有外国学者指出，人类并不是整个生命进化链条的终端，只不过是向天使般生物境界进化的一个阶段；不但作为个体的人会消亡，作为物种的人类也将被新的种属超越。正视这类不无臆测的论述，人类或许可以平抑一些霸气，从而以宽容之心来对待整个大自然了。

的确，俯视"鱼翔浅底"而体察其清澄意蕴可以忌贪婪，仰望"鹰击长空"而领悟其恢弘气势可以忌狂妄。自然与人的和谐在旅游审美过程中被建构，所导向的正是那种出神入化的中和之美，这是典型的无为而无所羁绊、有为而有所发现的诗情画意的人生模态。

四、导向于人与人相和谐的旅游

当人与所处的环境达到情景交融、物我两忘的境界时，很容易诱发内在的纤尘毫无的情愫。它剔除了功利性的杂念，纯洁着因尘世的负面影响而受到污染的心田。花的艳丽、月的皎洁、幽谷的清逸、碧潭的恬静，乃至于蕴含着温馨舒适情韵的优质旅游服务，如甜美的微笑、优雅的举止、无微不至的关照……这些外界审美刺激物，都将无形地引导着各种人以无限爱意进行人际间的沟通。旅游活动本身应是惬意无比的。以如此欢悦舒畅的心理体验做背景，很容易旅行中的待人接物、人际交流披上一层诗化的色彩。

现代心理学的"无意识推理"和"异质同构"理论对解释这种诗化色彩的成因很有帮助。第一，人的情感活动的发生发展，是环境影响和认知过程彼此作用的结果，当特定的具有审美价值的外在环境刺激物通过人的大脑，就会为在长期实践中所形成的认知比较器所辨认推导。这种被称做"无意识推理"的心理过程运动极其神速，以至于意识领域都难以觉察。但，如此包含理性因素的认知确实发生在人的胸臆。它不知不觉地以表面上的不假思索的方式引导着美感的萌发。人的神奇的直觉性认知方式，作为尚待进一步研究和解说的形象思维，使得沉浸在美感享受中的人们不必脱逸情感过程而保持心理活动的逻辑品性，同时又饶有情趣。直觉的认知给旅游活动中的审美带来无比曼妙的自然韵调。谁都能够体验到，在美妙景致的影响之下，喜悦欢快的情感是如何难以抑制地腾涌于心胸，情不自禁，不能自已。这就是说，旅游审美的情景交融所具有的升华人性、激扬亲情、和睦关系的功能，表现出古代文论中所说的"不涉理路，不落言筌"的直觉认知特性，因此，使整个以美感人的心理过程显得格外自然熨帖、生趣盎然。

第二,主客体间由于“异质同构”中的相似性对应机制而使情景交融时的人性升华成为可能。以蕴含着美的意味的客观环境为一方,以作为审美者的旅游者为另一方,两者之间由于情景交融而构成审美关系。这时,现代心理学中所说的“异质同构”,使得旅游者接受了审美环境的良好影响,从而滋长出高雅纯洁的情思。主体和客体,你影响我,我影响你,相互感染,彼此吸引。这种双向作用过程是通过奇妙的张力运动的传递来完成的。世间万事万物,其内部都包含着特定的张力,由于特定的张力运动,而使某种事物的生动气韵,具有外向辐射的影响力。力的运动样式千姿百态、五花八门、难以尽数,但从理论上概括却可以归为两类:阴柔型的张力和阳刚型的张力。当或阴柔或阳刚的环境刺激物作为审美对象映入眼帘传入耳际的时候,特定的张力就会像一团雾霭,在人们的胸中徜徉游荡、弥漫扩散。主体于不经意间接受外在环境的影响,在自身的内宇宙空间复现客体所渗融的或柔美婉约或刚劲豪迈的张力样式,从而使不同“质”的主客体,因情和景的相似性对应,产生“同构”(共鸣中的“合一”)的效果,进入人性升华的境界。

五、导向于人身心和谐的旅游

旅游审美关系的建立,使得置身于美妙景观世界的人们,沉浸在如前所述的情景交融的美感共鸣当中。就如此共鸣的自然基础而言,与作为客体的外部世界之五行(金木水火土)和作为主体的内部世界之五脏(心肺肝脾肾)的正相契合、彼此融洽有关系。如今,生态旅游风头正劲,绿色美学受到青睐,与大众的健康意识强化不无关系。可以这样说,某个旅游地的名胜古迹再有历史文化价值、地域风情,再有民俗文化价值,倘若空气污浊、水质黑臭,没有鲜花、绿草、大树,且缺乏生意盎然的鸣虫、飞禽、走兽,就难以受到游客的特别青睐,因此也不可能被市场所持续追捧。所以,生态为本的旅游地建设本身,是促成健康层面的和谐旅游的基础。此外,作为理想旅游境界的通俗表述方式,“高兴而来,满意而归”则说明旅游者对于愉悦心理体验的关注。这更是旅游所应当达到的更为深层内在的美学效果。因此,旅游业界非常重视这样一个问题,即,如何通过有效的产品(不仅指高景观度的风光产品,还包括精心周到的服务产品)供给,来激发游客舒心惬意的形象感知和意蕴体验。后者所涉及的则是人的心灵和谐问题。

从人类本体追求上说,旅游审美的最终效应,是导向于人类内心的和谐。就像美有阳刚与阴柔之分,心态也有激情和平静之别。俗话说,一张一弛,文武之道。

青松所蕴蓄的阳刚气魄与垂柳所饱含的阴柔情韵，构成了树之美的对立统一构架；同样，人的和谐心理状态，也通常应当是张弛有致的，张力较强劲的激情和张力较舒缓的心境，在两极对立中达到总体的统一（和谐）。水波不兴的人生毕竟寡淡无味，气冲霄汉、雄浑壮阔的心理体验，以及与之相伴随的心情激荡、热血沸腾，是个体生命历程中不可或缺的组成部分。但应承认，这是暂时的生命高潮。就像心理学告诉我们的，激情，使得人的大脑皮层的抑制和调节作用被削弱，感情犹如脱缰的野马一样狂热地奔腾。这种暴风骤雨式的非常紧张的情绪反应只能是短时期的，通常不会持续得很久。谁也难以消受不间断的心绪狂潮的持续冲击。其实，人类的正常心态是心平气和而决非激越兴奋，在日常生活中人们更乐意接受的倒是与上述高潮相联系但性质不同的心境，一种持久而稳定的恬静悠闲的心理状态。

旅游过程中人的内心和谐的建立，往往依赖于旅游者与景观世界（尤其是自然美景）在情景交融中回归人类魂牵梦绕的精神家园。人是要有一些精神的。这个“精神”的根本含义，不仅是指充沛的精力、高昂的斗志，而且包括宇宙精神牵引的人类文化归宿。“质本洁来还洁去”，未受人力影响的自然是极为本真的。社会化使脱胎于本真自然的肉身之人，变成打上文化烙印的社会之人，日趋理智和成熟，但有时也难以脱俗，遭受污染。清污除垢的途径之一，便是回归自然、回归传统，接受自然阳光美妙的沐浴和传统雨露温馨的滋润，从而进入相对而言纤尘毫无、清纯淡泊的精神世界之中。19 世纪的德国哲学家费尔巴哈就大声疾呼，回到大自然，才是幸福的源泉。中国古代老庄的自然哲学美学，同样主张人与宇宙精神的沟通，置身自然，回归家园，领悟天地万物间的无限自由。显然，回归自然，回归传统，并非简单地复制蓬牖茅椽的粗糙的农耕生活方式，而是昭示人类站在当代文化的制高点反观历史，高瞻远瞩向未来，以寻求人类的精神家园。

当代人面对外面精彩的世界而不禁跃跃欲试，亟待以一腔激情与命运相抗争，创造事业的辉煌。与此俱来的精神压力却将奋力拼搏的人弄得十分疲惫。疗救的方法之一便是进入旅游审美的佳境，从自然景观、社会景观和人文景观之中，汲取诗化的氤氲，涵养自身，升华自我，获得人性的温馨抚慰。

丰富多彩的旅游景观之美开阔了人们的眼界，拓宽了因生活的重负而不免显得逼仄狭隘的心胸。诚然，旅游只是短暂人生中稍纵即逝的一瞬。旅游过程中建构起来的心灵的飞扬高举，充其量只是人生的假定性超越。如果有谁沉浸在秀美恬淡的山水美景之中，原本缠绕在心间的郁闷苦恼不翼而飞，这种心理境界当然不会持续得很长久。待到回了家，面对锅碗瓢盆交响曲，面对琐碎的柴米油盐酱醋茶，面对复杂严酷的竞争场面，又会故态复萌，变得普通和现实起来。的确，特定审美关系中的心灵超越并不带有持久性。但是，彼时彼地哪怕是短暂的假定性超越，也可以成为现实人生超越的“预演”。如果经常得到旅游的机会，屡次产生正价值的假定性超越，这样的超越性心态就会越来越深地镌刻在方寸的空间，就会凝固成不断为现实人生输送精神动力的较为稳定的和谐性心理特征，就会以优化了的心理特征去应对现实人生的不断挑战，创造新而又新的亮丽未来。这是旅游审美本体论层面的“弄假成真”。

第二节　旅游之美与故乡情结

从本体的意义上说，旅游对人们之所以具有无穷的美学魅力，在于其与旅游者萦绕于内心深处的“故乡情结”有着千丝万缕的联系。

“故乡情结”首先表现为一种久久地漂泊他乡之后的一种亟欲回家的“归巢”意识，即古诗中所描写的“鸟恋旧林，鱼羡故渊”的情怀。这是古老的向心型集聚式华夏文化心理的具体反映。浪迹天涯的炎黄子孙，心灵的深处，总是牵挂着一个足以让人得到真正慰藉的“家”。

固然，外向辐射往往与奋求拼搏联系在一起，希冀建功立业的人们总是毅然背起行囊，告别故乡的父老乡亲，踏上奔赴他乡的人生征战路途。远离熟谙的家乡，在外面精彩的世界闯荡，有成功的喜悦，也有失败的沮丧，有梦幻中的兴奋遐想，也有面对严酷现实的冷峻思考。尘世间的颠沛流离，不免会弄得各种人疲惫不堪、焦虑不已。家的和煦亲情所隐含的抚慰人性作用，具有足够的感召力，吸引着离开家的游子迸发回归之想。

据说，海外华侨评选最受欢迎的中国古典诗词，结果，李白的《静夜思》名列榜首。“床前明月光，疑是地上霜。举头望明月，低头思故乡。”那苍穹一轮的明月，是海外游子不老的故乡，其所寄托的是千百年来中华儿女一脉相承的“故乡恋”。正是因为这个最为深层的原因，旅居海外的游子回国省亲旅游的大趋势不会消解，相反，将会获得长足进展。只要心里埋藏着“故乡情结”，必将不断踏上故乡的土地。

一、度假休闲游中的"故乡情结"

当今世界风行的度假休闲游,从旅游美学本质上说,其实就是为了满足人们某种"故乡情结"发散的要求。旅游的异地性决定了游客必须离开长期居住的社区,涉足某个较为陌生的旅游目的地。一般而言,陌生的事物容易造成的疏远感属于心理障碍,这是与旅游所追求的适情顺性的和谐本质背道而驰的。而度假休闲的旅游方式以及相配套的系列"软件",譬如"微笑服务"之类所包容的宽松、温馨、悠然自得的审美文化氛围,则使得身居异域的游客油然而生一种宽泛意义上的"家园感",觉得无比的舒畅惬意。

工业文明社会的激烈竞争性,使得在整个大工业化机器中充任"齿轮"和"螺丝钉"作用的人们,只有竭尽全力地搏击,才能获得名利双收的报偿,如此报偿是支撑整个现代化舒适便利物质生活的基础。这种现代人的生活方式,通常是与狭义的家密不可分的。换言之,尽管白天上班,晚上总得回到自己的家。如此"上班—回家—上班"的机械轮回,仿佛让人觉得少了些什么。往深处探究,其实少的正是广义的"家"所应有的诗化情韵。度假休闲游正好可以让上班族暂时性地来到洋溢着温馨气息的游憩之所,在温情脉脉的度假休闲氛围中,领略作为人类文化之根的大"家"必然蕴含的那种人生诗化之况味。

二、回归自然游中的"故乡情结"

同样从本体的意义上考辨,需要远离狭义的小"家"的旅游具有如此强烈的诱惑力,是因为它能满足人们内心所潜沉的一种对远在天涯的故乡顶礼膜拜的深层审美文化渴求。

故乡的价值,往往在远离故乡的异域,在漂泊流浪的时候,在客居他乡的时候,才会得到格外明显的凸显。故乡与异域的空间距离越是遥远,无尽的思念之情就越是炽烈。这种审美文化现象叫做"远距离崇拜"。

"不识庐山真面目,只缘身在此山中。"当人们蛰居家乡的时候,觉得周围的一切都显得十分平淡,司空见惯,不足为奇。而一旦与自己的种系之"根"远隔千山万水,原本十分普通的景象,此时就被披上高洁的色彩而显现出神圣的特性,哪怕是一场老掉牙的电影,影片生动地展示出家乡的民俗风情,哪怕是一封来自远方的家信,信函上熟悉的手写字体以及反映家乡文化的邮票,哪怕是在家乡都摆不上桌面的一碗雪菜面、一碟香干丝、一把茴香豆。的确,创造崭新生活体验的魔力,来自于空间距离。由于漫漫旅途的阻隔,往日那种确凿的感知形象转化为日渐恍惚朦胧的心中意象,只能意会和理解,难以真切地被感触。邈远之空间催生无尽的空灵,原先过于熟悉的人物和事物因变得扑朔迷离而生发出丝丝缕缕的朦胧美。这朦胧,正与心底的"故乡情结"暗契冥合。人不能没有家,不能没有小憩的暖巢,不能没有使自我被和顺接纳的安身立命之所。这种追寻认同的心理,被空间距离放大,于是,久违了的细枝末节,诸如凡人小事、琐屑掌故之类,都有可能诱发联想,激起盎然意兴,构成似乎出人意料的感性审美文化魅力。当思念故乡的夙愿以特定的方式付诸实现时,内心的激动之情犹如陈年佳酿般的香醇,陶醉之感弥漫在胸臆,这种美妙的感受的确是难以言喻的。

旅游学中流行的一种理论认为,空间距离的远近与出游的动机强弱成反比。距离越远,越懒得动身;距离越近,越能激发旅游的强烈愿望。这种现象在周末出游中尤其明显。

其实,从旅游美学本体论的角度上思考,上述的定律未必完全正确。事实上,只要消除经济支付能力上的障碍,只要消除交通"瓶颈"阻隔造成的鞍马劳顿,那么,距离越远,越有可能因远距离而产生神秘的诱惑力,其激发出游动机的可能性就越大。关键是,其旅游吸引物是否和游客心中的"故乡情结"有着感应和沟通。

不难注意到这种当代旅游中的"围城"现象:都市中的人们意欲"出城",回归大自然的清真;乡村的农民则希冀"进城",领略大都市的壮观。如果说,后者的旅游动机属于"探奇览胜",探求见所未见的外面精彩的世界,那么,前者则是"寻根问底",寻觅为都市化所疏远了的往日亲情,重温平和朴实、悠闲淡泊的游牧—农耕文化旧梦。从城市到农村,从高楼大厦到青山绿水,彼此间的空间距离孕育出耐人寻味的旅游吸引力。"围城"中人的回归自然游,其表面形态的"换换口味",潜藏着的正是深处的一颗热恋故土的赤子之心。正是心底的寻根意念,濡染着旷野田园、幽谷丛林、寂寥地流淌的小溪以及浩瀚如海的大漠戈壁,使其变得富有旅游价值。设想这林林总总的景象,就是人们的日常栖息地,两者之间毫无空间阻隔,司空见惯的一切就会化为视而不见的虚无,于是"故乡情结"也就消散得无影无踪。显然,距离感是"故乡情结"形成和固化的基本心理要素,也是人们萌发出游动机的主要心理前提。离开了广义的审美文化发生学层面的"家"已经太久了,作为种族根系所在的乡野农庄以及围绕着它们的山水自然,神奇地幻化为离"家"日久的"游子"朝思暮想的精神家园，进而转变为颇具游子意味的城里居民所追慕的出游对象。鉴于寻“根”意识，亦鉴于中华民族根深蒂固的山水美学观念，富足起来的城里人将执着地用日渐走红的回归自然游来表现其“远距离崇拜”从而将投身于大自然怀抱的举动，当做与传统对话、与祖先交流、与天地宇宙相融合的契机，当做高技术环境中的人们已经阔别很久的精神升华的祭祀。

三、文物古迹游中的“故乡情结”

旅游，特别是文物古迹游，其实也和度假休闲游、回归自然游一样，与人们的“故乡情结”有着水乳交融的紧密联系。我们可以从生活中常见的“隔代亲情”现象入手，理解文物古迹游的美学本质。

家庭中的横向亲情，诸如夫妇、兄弟、姐妹、妯娌等，无疑是夫妇关系最为诗意盎然。纵向亲情中，祖孙隔代亲情的馥郁浓烈程度要远远超过其他，并且，具有特别发人深省的文化启迪意义。爷爷（奶奶）和孙子（孙女）最亲，其原因在于，在祖辈的眼里，孙儿无意中成了象征，是个诗化人生的理想符号。从天真的小生命中，长者感悟出无限的本原情韵，这是一种深邃的“清水出芙蓉，天然去雕饰”的美。仿佛，在这稚拙的言行举止里，徜徉着自己业已消失却难以忘怀的旧梦。孙儿是爷爷奶奶们的心头肉，是方寸间的生命图腾，是内心“故乡情结”的外在媒介。

按照常识，在日新月异的当代，人们发思古之幽情，面对一大堆老古董，肯定会陷入“历史的冷漠”和“理性的严峻”之中。然而，审美文化发生学明明白白地告诉人们，中国古代历史文明（尤其是远古文明）的感性形态所固化的是我们这个民族童年时代的天真印迹。那是本原意义上的新生事物。比之于后来者的辉煌成就，人类（民族）的童年时代自有一番别开生面的纯真风韵。那龙飞凤舞的远古图腾，那朴实生动的彩陶纹饰，那流动畅达的书法线条，还有兵马俑、古长城、都江堰、大运河等文化创造物，正是我们中华民族文化的真正故乡。作为华夏儿女，谁也无法忘却历史，忘却这历史陈迹中所沉淀的“隔代亲情”。

当代旅游者为层叠累创的文化所包裹濡染，而变得雅致、成熟、雄心勃勃、踌躇满志、富有竞争意识，但因此而滋生出生存的累赘负重感。如今的社会，就像个颇具象征意味的盛大假面舞会，踱着文雅舞步沉湎其中而津津乐道的个体，或许会因此而或多或少地失却自己的本真面目，一心想着自己要到哪里去，却忘记“文化”了的自己从哪儿来。因此，亟待智慧人士带领着芸芸众生，到处觅求，寻找一个“回归”人性之自然的处所，灵魂的栖息之地。觅觅寻寻，蓦地，古代灿烂文化悠悠然地以那“孙儿”般的稚气清甜角色出现，其所诱发的是处于种系发生学上人类“爷爷”位置的当代人的莫大欣喜。现在似乎谁也不会不谙事理地抵御这样的“隔代亲情”氛围所弥漫的那种难以抵御的情感。

既然如此，我们当代人理应缜密地思考如何精心保护人类文化的发展轨迹，保护具有“历史沉积岩”性质的文物古迹的演化脉络。就像时下的年轻父母们，为新生的小宝宝准备一份精美的相册，上面留下孩子成长过程各个阶段的影像和故事一样，走向未来的当代人，需要具备可持续发展的视野，认真梳理出一份富于层次感的民族文化清单，以便我们的后代以及那些从种系文化演化历史的角度上看具有更老资格的人们，能够赏鉴和感悟这份与生动形象的实物相结合的清单，从而激发意味深长的“隔代亲情”。

第三节　走向艺术化境界的旅游

艺术的美学特性主要表现在诗情化、自然化、个性化和过程化四个方面。

“无情不成书”的俗谚，说的是艺术必须具有诗化情韵。艺术就其最根本的特性而言是属于诗的，或许这就是古代西方哲人用诗学的称谓来替代艺术学的原因。艺术为人的曼妙心绪所灌注，才与缺乏诗情的现实生活有了明显的分界线。正是诗化情感，使得人可以从另一个更高的、理想的、超验的世界来重新设定现实世界，从而使得现实世界得到美化。美化了的世界又使人的诗意化本质得到感性的确证，也就是说，审美化世界的创造使人本身诗意化了。

艺术来源于自然，高于自然，最终又将回归自然。艺术需要技巧，真正伟大的艺术，却让技巧不落痕迹。所谓“绚烂至极，归于平淡”，平淡的自然外观所包容的是内在的无比光辉灿烂。不见技巧的技巧是最大的技巧。以唐代的三位李姓大诗人为例，李贺、李商隐的诗作以奇崛华艳著称，从“黑云压城城欲摧，甲光向日金鳞开”和“身无彩凤双飞翼，心有灵犀一点通”等名句，便可见其诗意的绚烂程度。然而，相比之下，崇尚“清水出芙蓉，天然去雕饰”的李白，似乎总是在不经意间直抒胸臆，尤其是那首千古绝唱《蜀道难》，三言、五言、七言掺杂，如同生活中的一咏三叹，博得横空出世的美名，与杜甫并列，双峰对峙，两水分流，雄居唐代诗坛榜首。由此可见，自然是艺术的最高境界。

艺术的最为重要的特征便是个性。雷同是创作的大忌。真正一流的艺术作品，总是另辟蹊径地用独特的构思，创造鲜明地打上自己个性化本质力量印痕的艺术形象。以李杜为例，古人早有评点，李白的诗以"飘逸"著称，杜甫的诗以"沉着"见长，这便是个性，因此才会有"李杜诗篇万古传"的历史评价。

在过程和结果这一对哲学范畴中，艺术更为钟情的是前者，因为，艺术创作时的情感体验是个历时性的过程，艺术欣赏时的美感享受是个历时性的过程，作为创作和欣赏汇聚点的艺术形象，其性格成长也是个历时性的过程。艺术的诗化情韵的流动性本身，决定其过程的巨大美学价值。这一过程性的特征，将艺术和更垂青结果的日常生活区别开来。

旅游是人生艺术化的一种典型表现形式。旅游的最高境界是艺术。既然如此，走向艺术化境界的理想旅游方式就获得了艺术的这四个本体属性。

一、诗情化的旅游

某种意义上已经成为艺术代名词的诗，是与普通平凡的现实生活相对而言的。现实人生中的锅碗瓢盆交响曲当然无法和美妙动人的诗化音乐相比。这是因为，诗情化是对世俗化的艺术抗衡，"诗的世界是作为一个与现实的庸俗的世界的对立面提出来的"①。因此，诗情化的旅游理所当然超越日常生活的平庸单调，具有超凡脱俗、异彩纷呈的特征。在个体人生的历史中，可供旅游的休闲时间仅占一小部分。短暂的旅游所留下的美好记忆是这样绵长，使得游人一谈起游山玩水的经历，就不由地滔滔不绝，内心的欢跃快慰难以抑制。人生一瞬在这时候似乎具有涵盖永恒的审美意义，日常生活中的繁杂琐碎，在与之相比简洁得多的旅游经验世界里，不得不黯然失色。具有美学定性的旅游，显现着人开辟真正属于自己理想的空间环境的自觉，也显现着人拓展与自己的兴趣爱好相吻合的时间流程的自由。在旅游的短暂时间中延展的有限空间，成了游客从令人乏味的现实中超脱出来，创造一片片属于自己的意蕴化的象征符号。此时此刻，攀援长城成为艰辛长旅的浓缩，

---

① 刘小枫.诗化哲学.济南：山东文艺出版社，1986：29.

佛寺朝圣成为虔诚信念的修炼,漂流天目溪成为人生逍遥漫游的预演,都市购物成为过把瘾的心理实验室。

诗情化的旅游意味着人生本身成了“诗”,成了“画”,成了诗情画意的风景。世界的美化,以人自身的美化为基础。当游客本身由于美妙景色幽雅环境的诱导而升华为艺术化的主体,整个大旅游的美学氛围就形成了。以入住酒店的游客为例。当游客一住进高星级酒店,抛却尘世琐屑烦恼的诗化体验就会在心中徜徉,温馨的服务、幽雅的氛围、舒适的环境,一切都那样的圆满周详,整个心胸,都会像喝上佳酿般地被灌注令人陶醉的诗化氤氲,同时,游客则由于家常熟悉而自然萌生悠然自得的情韵,显得格外轻松自如。

旅游诗情化,的确能够“化腐朽为神奇”,使一日三餐的家常便饭升华为美食,使日常口语的平板口吻升华为服务礼貌用语的娓娓动听,使旅游车上的导游对原先陌不相识的游客如对家人那样和蔼可亲。对旅游灌注诗情,能使我们感到世界到处充满爱的阳光,温暖和煦,美妙动人。

二、自然化的旅游

真正走向过程的旅游,之所以具有无限的审美魅力,归根到底是由于其在建设自身文明方面所起到的哲学沉思、伦理教化难以企及的作用。哲学形而上的抽象思考,以理性的严谨和缜密,把人们引向由表及里深入感悟的意念世界,从而构筑人类内在精神文明的大厦。伦理学用合理的社会规范,通过人们的自律和他律,促进生成人类内在精神文明的道德根基。感性审美则采取诗情画意的直观形象态势,诱使人们不知不觉地沉醉其中,受到感染;与此同时,以美求真,以美求善,从而诗化整个人生。

以美感相伴随是包括山水景观欣赏在内的审美活动的重要特点。这一特点自始至终和具体生动、洁净无瑕的感性形象联系在一起。外在形象的直观性和内在心理的愉悦性的融合使得旅游过程具有特别耐人寻味的回归自然中的人生超越意义。

人起源于自然,并且至今仍然是自然的一个组成部分。种系无意识会驱遣文明人类去寻找自己的感性文化之“根”。当然,都市化的进程使得越来越多的人摆脱往日农耕文明状态的贫穷和落后,同时也日益阻隔了与自然化的生活空间的触觉联系。足穿鞋袜,阻碍肌肤和土地的接触;工业烟尘弥漫,妨碍了呼吸器官对新鲜空气的摄取；高楼大厦林立，隔离了最明澈的感官——视觉对广袤绿色原野情意绵绵的扫描；车水马龙的喧嚣，窒息了音乐的耳朵对宁静和轻纯音响的敏锐感受。这种都市生活的消极面，在固有审美情趣的旅游，特别是以有野趣、贵清真的山水旅游之中，则可得到相应的克服。人在自然中，整个肉身感触传导给智慧人类大脑的，是幽谷鸟鸣、清水芙蓉般的天籁。由于张力同构的作用，人的自然生命有机体会因受到积极诱导和调节而进入有序而活跃的状态，人的自然意识会被激活而汇入情景交融的心理空间，自然人性的情韵会油然充溢于整个心胸，从而使人变得格外爱意无限、温文尔雅。从这个层面，我们便不难理解，为什么人们在辛勤劳作之余会选择旅游作为恢复精力重振斗志的积极休息方式，为什么人们在饱览自然风光之后，会由衷地萌发与宇宙万物融为一体的和谐情怀，为什么建基于性本能而又为文明濡染的爱情，往往容易在花前月下怦然迸发。

从宽泛的意义上来理解旅游的自然化，我们可以极大地开阔旅游业发展的思路。旅游酒店作为人工技术的结晶，在其物质本性上有着太多的“刚”性，火爆气息过于浓厚，因此需要用柔性的自然物来中和，需要将天然形态的植物（如花草）引进室内以装点环境。旅游从业人员的“微笑服务”固然重要，但其美学实质是构建和谐的人际关系，因此，服务的美学风格应当是极其自然的，必须摒弃任何人为造作故意雕饰的成分，以商场售货员对顾客笑脸相迎热情导购为例，过于殷勤往往适得其反，会弄得顾客非常不自在。助人为乐是一种值得称道的美德。但人所特有的自尊，会使人拒绝恩惠式的帮助，哪怕这种帮助是善意的，因此，在提供旅游服务式必须注意方式的自然妥帖。再如，有的商业步行街，几千米长的路段，没有一个可供游人休息的座椅，让提着大包小包逛街的游客劳顿疲惫，因此，需要根据人体自然功效原理，间隔若干距离，设置一个公共休息区，备有座椅以供小憩。

三、个性化的旅游

人类单体的个性特征是十分鲜明的。世界上没有两片相同的叶子，也没有两个气质性格完全相同的人。艺术理论告诉我们，风格（个性）是艺术的生命。人生艺术化意味着人生存在状态（过程）的不可重复（复制）性。风格鲜明的个性是美好的、引人注目的，尤其在当代。

但是，值得注意的是，人的社会化的过程，往往会使文明人类的个性不以自身的意志为转移地被掩饰甚至扭曲。如同一个演员，自己的本真性格经常与所扮演的舞台角色不一致，社会实践生活的大舞台所规定的每个成人所必须承担的角色任务，也不时地与真实个性发生冲突。社会期待的是前者，要求社会中的个体忠于职守，接近角色。这是维系社会稳态发展的需要。但随之而产生的不尽如人意的后果是，个体自我那片独特的心理空间因受到挤压而收缩，乃至于变形。

旅游中的宽泛意义上的自然美，扎根于大地，散发出泥土的淳朴气息，活脱脱一个清真世界。以此为现实诱因，极易促使旅游者暂时卸下社会化的面具，刺激原本根深蒂固的个性特征的复现，从而陶醉在“情景交融，物我两忘”的审美境界。其间所“忘”的，准确地说是暂时抛却的，恰恰是社会生活中的某些角色规定。于是，会忘乎所以，会袒露胸襟，会找回真实的自我。人们经常论及，旅途中的邂逅相遇者，往往可以成为短暂的倾心交谈的知己伙伴，其原因在于，互不相识，很快将各奔东西，心中不必设置重重隔离的栅栏。其实，从旅游美学的角度上说，游客间的心灵开放度较大，与纯真自然促使真实自我复现有着密切关系。李白诗云“酒逢知己千杯少”。对此做反向解，酒暖人心，千杯之下出知己。把盏畅饮，对酌者即便是陌路相逢，亦极易成为知己。常言道，“酒后吐真言”，正是酒，促使真实个性的复现。“醉翁之意不在酒，在乎山水之间也”，旅途美景，正是一壶诱人沉醉、流露真情的好酒。这酒诱导人的本真个性复现的香醇的确是耐人寻味的。

四、过程化的旅游

过程和结果是一对发人深省的哲学美学范畴。世俗观念追逐结果，审美领域推崇过程。

在现实生活中，无论“下海”经商，还是上学读书，或是在某一具体工作岗位上工作，奋力拼搏都是为了达到特定的功利目的，追求理想中的完满结果。对功名利禄的孜孜以求，可能成功，也可能失败。人们欢呼成功、庆贺凯旋，却为失败而悲伤、痛苦和烦恼。得失之间，所渗融的是入世者清醒的建功立业的进取精神。这是文明历史进步的心理动力。然而，眼盯着结果，通往理想“结果”的“过程”就成了手段，成了进门即可抛弃的“敲门砖”。如此注重实用目的的世间一旦落入名利场之窠臼，便与审美境界疏远隔离了。

旅游之所以超脱于一般的生活实践，是由于其对过程的关注。一张导游图在手，景点布局历历在目，景观特征一览无余。虽然胸中有数，游客仍然不知满足，依旧迈开双脚，为身临其境、探奇览胜而踏上意在观光赏鉴的旅游。因为谁都懂得，惟有旅游过程，才是生动直观、气象万千的，才是激发情趣、澄化胸臆的，惟有亲历亲为才是引人入胜、耐人寻味的。

旅游过程之美，首先依赖于景观世界与旅游者的审美关系的建立。如前所述，人与外部环境的关系有三种：旨在求“真”的认识关系、旨在求“善”的伦理关系和旨在求“美”的审美关系。“真”即规律，探究规律是人类认识世界的最终目的，通向规律的彼岸世界所不可缺少的概念、判断和推理，则都属于逻辑思维手段。手段归根到底是指向于目的，服从于目的性的实现的。换言之，认识关系的中心是向目的倾斜的。“善”本身就是目的，是与人民的利益和历史进步的利益密切联系的目的。人类文明发展史上的一切伟大的发现，其功用主要在于有利于实现这种“善”的目的。与这类求“真”和求“善”活动对过程的扬弃不同，求“美”重在过程性的美感体验，而并不直接关注逻辑思维的理性结果，并不热衷于伦理思辨时的功利性考虑。这种超凡脱俗的“只事耕耘，不问收获”的态度，是人与客观外部世界缔结审美关系的重要心理前提。

旅游过程之美，仰仗旅游者在足够的时间流程消费中对特定空间范围内的美景细节和整体所做的潜心观照，著名美学家朱光潜先生，在他的论著《谈美》的结尾部分，谈到这样的旅游经验：有一条大汽车路，两旁的风景极美，路上插着一个标语牌劝告游人说：“慢慢走，欣赏啊！”许多人在车如流水马如龙的世界里过活，恰如在阿尔卑斯山谷乘汽车兜风，匆匆忙忙地一驰而过，无暇回首流连风景，于是这丰富华丽的世界便成了一个了无生趣的囚牢。这是件令人极为惋惜的事情。朱先生在此论述的，其实是个重要的旅游美学原理。

有位西方哲人说过，艺术达到精微的境地便会逼近音乐。旅游活动无疑是诗化人生的一个重要组成部分。旅游审美的要诀之一，便是进入音乐的境界，毫不吝啬地消费宝贵的生命时光，不慌不忙、从容不迫地面对眼前的美好景色进行“无所为而为的玩索”。于是，旅游过程与美感过程在时间的绵延性质上正相契合起来。旅游者调动以视听感官为主体的审美感官系统的积极性，捕捉审美对象那“蕴于内而形诸外”的形象细节，将它们有条不紊地输入大脑，细加玩赏，与此同时，美的感受也就犹如行云流水般地在心头徜徉。

旅游过程中的景观美感在时间中展开，这一审美心理性质，是与人生的本体意义紧密相连的。人类的生命存在状态可以被看做一个新陈代谢的过程。人类之生气、生趣和生意，存在于生命过程的欢快活跃的流动之中。当人与景观世界的审美关系建立之后，景观，特别是山水自然所折射的宇宙精神，经由感知和体验相结合的美感中介，与人的生命状态“异质同构”，从而促成新我的诞生。所以，旅游过程之美的最根本意义在于人生的超越和升华。

第十章
旅游审美心理特性

核心提示

研究旅游活动中的美感特性和美感过程，主要目的是为了深入解析作为旅游审美者的美感心理运动规律。旅游活动带给游客的根本收获，是综合性的服务所诱发的美好回忆。本章所要回答的是如下所示的四大问题：旅游所激活的美好回忆建立在怎样的心理基础之上？特定的审美对象刺激在怎样的环境氛围之中才能诱使作为审美主体的旅游者萌发情深意长的美感？面对美不胜收的景观世界，作为旅游者应该具备怎样的心理素质和修养才能进入美感境界？旅游从业人员应当从对旅游审美者一般美感心理过程的分析中得到怎样的启示？

学习要点

旅游审美，先有感觉，然后才有感动。

旅游审美就其主观心理表现形式的角度上说，具有突出的、非狭隘的、功利性的特点，但就其客观效果上说，却具有突出的社会功利性。旅游审美感往往可以在不假思索的审美直觉中达到对于审美对象底蕴的深刻感悟，由此而给各种人带来莫大的过程性体验的乐趣。

由于审美对象内容的丰富性以及审美者个性的差异性，使得特定旅游者的景观审美感因人而异具有突出的个别性；但是，具有象征图像意味的审美对象所具有的普泛社会文化意义又使得旅游审美感带有高度的共同性。

美感是沟通审美关系两极的心理桥梁，正是这座无形的桥梁，把审美对象（景观世界之美）和审美主体（旅游者）连接起来。因此美感在旅游审美中起着重要的心理中介作用。

从其历史起源、发展过程和社会作用来看，美感有着与科学意识、道德意识相同的意识形态性质，归根到底受社会物质生产状况的制约，同时能动地对社会生活产生相应影响。但是，美感毕竟是实践的人在自己所创造的感性世界中直接观照自身的审美心理活动，作为一种特殊的意识形态，具有和科学意识和道德意识相区别的某些特征，诸如视听快感和精神愉悦的统一，超个人功利性与社会功利性的统一、直觉和理解的统一，个人差异性与社会共同性的统一，等等。

美感的这些特性，既取决于审美对象构架的特殊性，又与审美主体心理感受的特殊性密切相关。因此，我们必须从对象与主体所缔结的审美关系上把握上述美感特征。

第一节　视听快感和精神愉悦相统一

人们通常用“赏心悦目”、“悦耳明心”来形容面对美妙的景观世界所产生的美感享受。“悦目”、“悦耳”指的是作为审美感官的视觉和听觉感到舒适、惬意，当景观形象刺激能够满足人的受“快乐原则”支配的官能需要，就会引起以视听感官为主体的感官系统的愉悦感觉。“赏心”、“明心”则是指视听感官所摄取的对象信息通过特定的神经通道输入大脑之后在多种心理要素的协调运动之下，引起主体精神上的愉快欢悦，这是由于作为高级情感之一的审美感得到满足之后所产生的积极的精神性反应。

一、美感与科学感、道德感的区别

美感与科学感、道德感相区别的特性之一，就是视听快感和精神愉悦相统一。所谓科学感和道德感，分别是科学意识和道德意识的情感表现形式。它们与美感（亦称审美感）一样，均属人的高级情感范畴，但三者之间又存在着重要差异。

（一）审美感和科学感的对比

人在特定的社会、集团或个人动机驱使下，运用科学意识去观察和分析客观事物，力求从中寻找某种能够揭示本质的抽象规律，在这一理性追求的过程中，内心所体验到的有所认识和发现的喜悦，或为真理而献身的情怀，就是科学感。

科学感由于和理性思维相结合，因而是排除视听快感这一感性特征的。运用概念进行判断和推理的逻辑思维进程，是对视听感官所直接观察的事物的高度抽象，其目的是为了达到对客观规律的真理性认识。科学感正是基于这一抽象认识所产生的高级情感。因此，科学家所关注的主要不是外部世界的形式和谐以及这种和谐带来的感官愉悦，而是外部世界的深处所隐含的规律以及由于揭示了特定规律所产生的由衷喜悦。正因为这样，一个在科学研讨会上做报告的专家，其宣读论文的沙哑嗓音，并不会影响其报告内容的真理性。真即规律，揭示规律意味着在人们的面前展示一幅将无序导致有序的科学图景，这幅图景也许是一个明确的坐标、一个简洁的公式、一个清晰的表格。有序化的科研境界由于解析理性思维中的疑虑因而显得格外澄澈透明，当报告人明晰地表述着科研成果，将他（她）有所发现、有所创造的喜悦传导给听众时，情绪状态良好的听众，决不会注意其报告表述音色的感官完美与否，而把注意力集中在内在的真理性规律的理解和领悟上。

科学感的精神愉悦和美感过程给人们所带来的精神愉悦也有着重要的区别。科学感的愉悦性建立在严密的概念、判断、推理的基础之上。在科学考察游中，专家们对大自然的客观物理现象的深入剖示解析，显得那样具有逻辑说服力，以至于旁人不由地沉浸在以由表及里深入理解为特征的理性畅游境界之中。春游时地理老师对山体溶洞的地学解说，诱发的是学生的科学认知，基本心理趋向是由对地形地貌的感性观察，升华为抽象的逻辑思维和理性的科学结论。与此相反，审美愉悦固然也是含有真理性认识的高级情感，但其认识（理性）因素并不是来自理性化的分析，而是来自感性观照中的直觉。在直觉里，理性融于感性之中，并且是融于不脱离视听快感的感性之中。无论是创作还是欣赏，美感总是直接地或间接地和生动的鲜明形象感受交织在一起的。假如，游客来到黄山，面对奇松怪石云海温泉，加上那山体岩壁上的巨型摩崖石刻“大好河山”的积极诱导，一种对神州大地的热爱之感会油然而生，这种情感与爱国主义的理念并不是没有任何关联的，但是，此时此刻的爱国情怀，与眼前对景物形象的直接官能感受紧密结合在一起，其基本心理趋向是由感性个别向感性一般升华，对个别物象的感知上升为对其蕴含的一般

(普遍)理念的感悟。然而，这样的升华，始终不脱离感性观照，不脱离视听感官对面前形象细节的真切扫描体察，以及由此带来的精神愉悦感。

（二）审美感和道德感的对比

从社会形成的道德范畴出发，用道德原则的观点感知各种实际生活中的现象而体验到的一切情感都属于道德感。

道德感和科学感在具象和抽象问题上各有偏擅。科学感的情感刺激(触发)物一般是抽象化的概念。比如，当内行的人们被爱因斯坦的相对论所打动时，相对论公式所包含的对于自然规律的深刻揭示是触发科学感的对象，它主要是以环环相扣、层层递进的逻辑推理所得出的真理性论断为核心的。与科学感的抽象真理不同，道德感的刺激物在很多场合是活生生的善恶现实，是在人们面前形象地展开了生活图景，因此，具有高度直观性。

但在直观性上道德感又与审美情感有着重要区别。道德感的起因是人们对生活现象包含的社会功利内容的道德评价。在体验着道德感的时候，人们不仅需要具有关于社会行为中什么是应该做的和什么是不应该做的这些观念，而且把这些观念在内心里当做准则来接受。由此可见，一方面道德感的关注重点是人们对客观现实的道德内容的体验，现实本身的观察并不是活跃在意识中的兴奋中心，另一方面，道德体验会促使人们按照道德规范(榜样)那样行动(模仿)。感官所观察到的情形(如舍己为人的模范)会在得到肯定的道德评价之后，成为行为模仿的直接对象。与此不同，在美感运动过程中“情景交融”，主体对审美对象的感性观赏始终与情感反应同步行进，伴随着视听感官对美的形象的观照，萌发令人愉悦的美感。而且，这种心理过程并不立即转化为行动，在美感于胸臆荡漾之际，主体采取“静观”态度，纹丝不动地陶醉在起伏不定的情潮所带来的精神愉悦里。当游客站在一棵劲松面前，随着视觉对挺拔傲立的树干和锐角状的树冠的上下扫描，一种顶天立地的稳定感和自下而上的升腾感会情不自禁地升腾于胸臆，精神世界因此而无形中增添了英雄气。包含着善的内容的旅游审美感与单纯的道德感的区别非常明显，劲松所诱发的美感，在意识层面上似乎并没有显性的伦理判断掺杂其间，或许观者根本没有明确感觉到任何善的理念，但是，如同苹果所含有的维生素是无形的、不留痕迹的，审美心理体验中的伦理感也好像是水中月、镜中花，难以直接被感触，却可以真切地被体验和领悟，从而使得观者得到良好的心理滋养和熏陶。同时，如此有利于社会和历史进步利益的心理感受，在今后的人生长河中，势必将通过实践活动得到感性显现，但在特定的旅游审美关系中，在美感犹如行云流水般于心头徜徉之际，却并不会立即外化为导向于善的行为。

二、视听快感对美感产生的作用

在旅游审美中，视听快感对美感的萌发和发展能起到积极的促进作用。视觉和听觉是美感的门户。只有诉诸感觉的东西，才能引起强烈的感动，美的形象只有映入眼帘，传入耳内，才有可能诱发美感。目前，在旅游目的地的建设实践中，出现某些专门供失明者游乐的盲人植物园和为失聪者服务的视觉音乐会。这是值得称道的人道主义努力，旨在使文明社会中的每一位公民都能享受旅游的权利。但是，官能健全毕竟是获得完整意义上的旅游审美感的重要先决条件。

（一）形式美与视听快感

视听快感主要是指审美对象形式美作用于认识性感官之后所引起的生理快感。这种生理快感，当然不是人的某些生理需要（如食欲）得到满足所产生的快感，而是与人的审美需要相一致的感官舒坦、情绪畅快。要使视听感受适意可心，从客观方面说，审美对象的特定内容必须自然地通过符合艺术规律的形式体现出来。形式美是娱乐感官的法宝。聪明的艺术家，常常利用感官的魅力来博得审美者的好感。而当审美者并不缺乏敏锐的感知能力时，这种“好感”就会被美的形式所唤起。比如以下这些受到人们热情赞叹的音响形式美：清脆美，声如裂帛；高亢美，响遏行云；纤弱美，莺语蝶舞；浑厚美，黄钟大吕；流利美，溪水潺潺；连腔美，珠圆玉润；婉转美，余音绕梁。比如，我国书法艺术中体现造型规律的笔画结构美：“横”如勒马用缰；“提”如策马加鞭；“顿”如高峰坠石；“撇”如竹篦掠发；“竖”如万岁枯藤；“捺”如崩浪奔雷；“斜钩”如万钧弩发；“折钩”如劲弩筋节。人们对诸如此类符合法度的诉诸视听感官的形式要素，感到“悦耳”和“明心”，觉得“悦目”和“赏心”。感官在摄取这些形式要素时，兴趣十足，为美感愉悦提供了良好的前提。

美只有首先征服感官，为视觉听觉所乐于接受，才能进一步征服心灵，激荡起美感的涟漪或浪潮。因此，有经验的旅游景观设计者，总是剔除景观世界的任何杂乱无章的偶然枝蔓，想方设法运用种种形式美的规律构筑足以抓住游客第一印象的形象外观。首先是清洁卫生，肮脏污秽在官能感觉上将直接引起游客的厌恶感、丑陋感，整洁的外观是赢得人们的旅游审美愉悦感的重要前提；第二是井然有序，人类一般总是要求景观世界满足心底的追求稳态和谐的要求，亢奋的刺激的确激动人心，但是，谁也消受不了无止境的杂沓纷纭的信息环境影响，因此，旅游目的地的形象外观，往往需要注重形式美，运用流畅明快的线条、搭配合理的色块、舒缓悦耳的音响等，博得游客视听官能的好感。

（二）视听快感与情绪畅达

从生理角度考察，视听快感是与人的情绪畅达相联系的。情绪是与情感相对的一个概念。情感大都与人的社会需要相关。情绪则主要指情感的外在表现形式。我国常言的“喜、怒、哀、欲、爱、恶、惧”等“七情”，基本上概括了情绪的基本形式。

人的情绪在它产生和起作用的时候，受人的社会生活方式、社会习俗和文化教养的影响和制约，同时又和有机体的天然生物需要是否获得满足相联系。审美主体由视听快感引起的情绪畅快，一方面固然和人的大脑皮层（意识活动之所在）的指导和调节分不开，另一方面又是皮下神经系统（下丘脑网状结构和边缘系统）和植物性神经系统兴奋的结果。就后者而言，当形式美刺激作用于皮下神经系统时，就会由于人的天然生物需要（主要指人体节律等因素）得到满足而产生积极的情绪体验，全身心地沉浸在惬意的愉悦之中。有的研究者就用人体生物性节律得到适当调节来解释听觉快感。人的脑电波运动、肠胃蠕动、心脏搏动以及自律神经的活动，都有一定的节奏。当音乐的节奏通过听觉传导作用于植物性神经系统而与人体内部脏器节奏相合拍时，就可造成生理快感。例如，人的听觉感受最适应的节奏是每分钟 70—90 次，即每秒 1.2—1.5 次，与人体心脏搏动频率相近。再以视觉感受为例。柔绵的曲线看起来比较舒服，按照有的美学家解释，是由于人体筋肉运动节奏的缘故，眼睛在观赏曲线时，有起有伏，造成筋肉运动的一张一弛的节奏感，这就比看单纯而无变化的直线来得舒畅。英国经验派美学认为“曲线使眼睛由于追逐的乐趣而感到极端高兴”，也是从生理角度来确定形式美（曲线）所具有的娱乐感官和情绪的效果。这种理论的缺陷在于把生理快感当做美感。但其所指出的视觉快感还是很值得重视的。因为与这种快感所交织在一起的畅快情绪是美感的有机组成部分。从景观审美对象上看，深邃的思想、炽热的情感、鲜明的性格、真实的生活，这些内容要素如果没有通过美的形式流露和表现出来，就会因人们不“喜闻乐见”而被冷落和抛弃。从审美主体上看，形式的和谐曼妙，往往能使感官舒坦，情绪畅快，进而对形式所包含的内容产生更高一级的美感。探究人们的出游动机，很多并无其他刻意的追求，主要是为了在湖光山色的审美中使身心得到放松和休息。适应情绪畅达这一旅游主体需求的景观，势必在形式美方面表现出足以使人舒心惬意的特征。

三、嗅觉、味觉、触觉的辅助审美作用

视觉、听觉是高级审美感官，是美感的主要门户，但这并不排斥其他感觉（如触觉、味觉、嗅觉、运动觉等）具有辅助审美的作用。人的五官感觉在旅游审美中，经常是协调配合，从而为诱发美妙的心理感受服务的。

（一）嗅觉、味觉、触觉辅助审美的原因

一方面由于审美对象形态的丰富性，另一方面则由于审美主体强烈的求知愿望，两者的有机结合，促成了审美过程中五官感觉协调运作的机制。

比如，植物园中的一丛茉莉花正值盛花期，袭人的清秀幽气，刺激着嗅觉，使人心旷神怡。它绿叶白花，不算妖艳，却有一番淡素的韵味。回忆起品尝过的茉莉花茶，口内泛起缕缕悠悠然的滋味。曾经欣赏过的江南民歌，用吴侬软语所唱的“好一朵茉莉花”，飘飘忽忽地荡漾在耳边。于是，面对茉莉花，人的五官感觉功能的积极性，几乎全被调动起来。

这种审美心理现象的产生，首先是由于茉莉花本身具有与人的感觉相对应的多种形态属性，其次是由于求知心理在起作用。每个人差不多都会产生这样一种愿望，想细致、全面地了解自己所感兴趣的客观对象。劳动实践中形成的人的五官感觉，是满足强烈的求知愿望的工具。每当某一客观对象出现在面前时，眼、耳、鼻、舌、身就会自动地兴奋起来，各显神通，觅求和捕捉感知对象的相应特征。各个感官通过不同渠道，把有关信息输送到大脑，与脑中所贮存的经验掺和化合，融合成相对完整的“立体”形象。

适应审美心理的上述特性，在旅游目的地或者游憩之所的建设构想中，应当注意配备有利于各种感官协调运作以构成“立体”形象的景观要素。比如，中秋赏月，要有便于游客观赏明月的楼阁高台，要有《花好月圆》之类的民乐助兴渲染气氛，此外，还要有散发宜人芬芳的桂花树做背景陪衬，月桂之下，放上一张供家人围坐的圆桌，桌上最好摆上圆圆的月饼以饱口福。

（二）五官感觉协调与完整的形象感

假如一个人的五官感觉有缺陷，感知景观对象就会受到限制，与美感并不矛盾

的生理快感也就显得不完满。光凭视听感受,没有嗅、味、触等低级感官的辅助,客观对象似乎是虚幻世界里存在的东西,只可理解,不能肯定,缺乏一种对客观对象的最直接的感性经验的确证。倘若一个人没有亲口尝过青梅,缺乏对青梅之类食品的最直接的感性经验,"望梅"就不能止"渴"。同理,没有丰富的触觉经验,在欣赏雕塑时,也很难对这类艺术作品的质感产生真切体味。在"举头望明月"之际,有桂树的芬芳做嗅觉渲染,总比伫立荒野一派萧瑟气息要显得有趣些。

反过来说,光凭嗅觉、味觉和触觉而失去视听功能(特别是视觉),又没有受到足够的文明教育,客观对象与本质的全部丰富性相适应的外在属性就会在感受中变得混浊一片,不可理解。"盲人摸象"的故事就是鲜明生动的例证。与单纯的视觉感受或听觉感受比较,调动各种感觉的积极性,能使主体对各种对象的感受更全面、更充分、更摇曳多姿、更丰富多彩,无论是心理上还是生理上,都能得到极大的满足。

(三)物质性感官辅助审美的前提

但也应看到,嗅、味、触等官能毕竟是低级的物质性感官,如黑格尔所说:"嗅觉只涉及空气中飞扬的物质,味觉只涉及溶解的物质,触觉只涉及冷热平滑等等性质。"[①]这些感官就其本性来说是实用的,主要为人类的物质生活提供方便。

嗅觉、味觉、触觉要在旅游审美中发挥作用,首先必须摒弃实用目的,剔除占有欲望。在美食府里品尝佳肴,一盆造型优美的"龙凤呈祥"端上桌,不能在用审美的眼睛欣赏其美妙色彩图形时,内心同时萌发"吃"的意想。对于景观对象的物质特性的感性接触,是为了获得一种真切的官能体验,这种官能体验具有强化精神享受的性质,而不是相反,仅仅为满足物欲服务。其次,一种感觉要想是美感的,只是不受实用目的的束缚是不够的,它必须同更大的感情背景联系起来。低级感官必须和视听感官一道,同一定的"感情背景"结合,为表现高尚的审美旨趣、抒发纯洁的审美情操服务。只有经过社会化过程熏陶提携的文明人类,才有可能真正将物质性感官纳入审美的轨道。

四、五官感觉的社会化与美感

以视听感受为主的生理快感与人的高级情感得到满足时产生的精神愉悦在审

① [德]黑格尔. 美学(第一卷). 北京:人民文学出版社,1958:46.

美实践中统一起来。这就启示我们，只有在特定的审美关系中，才能形成真正能够体现人的自由自觉本质力量的感觉，惟有这种属于人所特有的官能，才能通过形式知觉，由表及里，饶有诗意地把握内在的审美文化底蕴，从而使得视听快感和精神愉悦得到有机的统一。

（一）五官感觉和人的感觉

单纯的五官感觉并不等于“人的感觉”。视、听、嗅、味、触等感觉是高等动物所共有的生理官能，就其自然特性而言，人们五官感觉的灵敏度甚至不及某些动物，人不如鹰看得远，不如猫听得真，不如狗嗅觉灵。人可以通过五官感觉得到某种生理性的情绪畅快，动物也如此。因此，孤立地谈感觉，并不能说明人与动物的根本区别。

“人的感觉”与美感愉悦的关联主要取决于人的特殊的实践活动——对象与主体审美关系的建立。也就是说，“那些感受人的快乐和确证自己是属人的本质力量的感觉”，取决于人的本质力量对象化的特殊活动。当主体与对象建立审美关系时，人一方面将其智慧、才能、创造性本质对象化，创造出能够“确证和实现他的个性的对象”，另一方面，与自身本质力量和对象的存在方式相应的“人的感觉”也就得以发展或产生。

从创造对象方面看，它是一个形式美和内容美相统一的构架，有的研究把音乐的广度分成五个层次：感官美、情感美、艺术美、思想美、精神美。第一个层次是诉诸听觉的外在形式美，其他诸层次（除艺术美外）则基本上是借助主体多种心理要素（如想象和理解等）的综合运动才能被体验。我们可以按由外而内的顺序，把文学作品看做是一个由语言、表象、情感、意蕴所组成的构架。在这一构架中，语言就是形式，语言所拟代的表象，从其外观特点看，也是间接地（通过想象）诉诸感官的形式，而表象所包含的情感意蕴则是内容。审美主体所创造的就是与自身“丰富”的本质力量相契合的“丰富”的美——外在形式和深蕴内容相统一的美。这是审美对象特殊的存在方式。

从审美主体方面看，“由于相应对象的存在，由于存在着人化了的自然”，“人的感觉、感觉的人类性”也就被创造了出来。能够体现人类本质属性的“丰富的、全面而深刻的感觉”不仅能具体、生动地知觉审美对象的外在形式（诸如色彩、线条、形体、节奏音响等），而且能由表及里，直接对深层的内容进行“观照”，因此达到了对美的感性把握。这就是审美感官（主要指视觉和听觉）之所以被称为“认识性感官”、“精神性感官”的深刻根源。

（二）由表及里的审美感官

审美对象形式和内容相统一的感性存在方式，审美主体形式知觉与内容体验、领悟相统一的感性把握方式，决定美感即视听快感与精神愉悦相统一的感性沉醉特性。美感不仅仅是感知对象形式美所引起的情绪快感，更重要的是由表及里洞悉深层内容美而产生的情感愉悦。由于对象的感性存在方式，主体就能通过审美的眼睛和耳朵，从中直接观照自身本质力量的丰富性，从而得到一种由于自我得到充分肯定而萌发的由衷喜悦。

由于“人的感觉”——在审美活动中主要指以视觉、听觉为主的审美感官——包含着深刻的社会内容和理性内容，人们就可以极大地开拓审美的领域，从某些乍一看并不怎么漂亮的形式外观中领略真正的美，得到意味无穷的精神愉悦。有些“化丑为美”的艺术品，看上去并不见得漂亮，但仍能使人感到美。如德国进步艺术家珂勒惠支的版画《磨镰刀》中的老妇人、罗丹的雕塑《欧米哀尔》、曹雪芹笔下的刘姥姥……罗丹说：“在艺术中，有‘性格’的作品，才算是美的。”①上述几个著名的艺术形象，并没有维纳斯式的曲线，也没有西施般的容颜，谈不上一丁点儿漂亮。审美的门外汉未必愿意多瞅她们两眼。但她们都是有血有肉有“性格”的，是意味隽永的，因此仍然不失为美，从而使审美者的灵魂得到净化、震撼和陶冶，使更高层次上的情感需要得到满足。有幅著名的题为《父亲》的油画，真实地再现了一位黄土高原上的陕北老农的形象：白羊肚毛巾缠头，沧桑岁月的犁铧在额头的田垄上刻下深深的印痕，面带欲说还休、难以言尽的沉重微笑，一只劳动的大手端着一只粗瓷大碗，碗里盛着漂了几片茶叶的略显浑浊的茶汤，看样子，像是在给谁敬茶。当年，这幅油画发表后，引起广泛的关注，一些大学生深有感触地说，面对这样的“父亲”，我们应当想一想，“自己怎样做儿子”。如此深沉的审美感，显然是真正意义上的积淀着理性内容的“人的感觉”，有了这种感觉，旅游者来到黄土高坡，在“信天游”的苍凉遒劲的节奏感召下，面对窑洞前朴实的农民，就会产生回归土地时那淳厚而纯净的情愫。

显而易见，在审美实践中创造与人的本质和自然本质的全部丰富性相适应的人的感觉，是从通常人们“视而不见”、其实意味深长的审美对象上获得美感的关

① [意]罗丹. 艺术论. 北京：人民美术出版社，1978:25.

键。只有促使人的五官感觉社会化，使得作为审美者的旅游大众进一步提高自身的文化修养和美学定性，才能为旅游活动的某些似乎并不起眼的景观对象所感动，从看似破败的圆明园废墟、没有现代气派的半坡人类古文化遗址、空荡荡无美景可观的赤壁古战场等，感悟其中的历史审美文化底蕴，萌发超越一般官能感受的深层精神愉悦。

第二节　非个人功利性与社会功利性相统一

旅游审美感所具有的陶冶情操、修身养性的功能毋庸置疑。在旅游活动中，景观世界的美通过激发旅游者的内心美感，达到促使个人精神境界升华的客观社会效果。需要做进一步分析的是：为什么旅游审美感具有这种社会功利性？它与伦理道德教育的功利性有什么不同？通过感性审美达到理性升华的旅游审美心理特征与美感的直觉性具有怎样的关系？这些问题的症结是：如何理解美感与功利性的关系。

关于美感的功利性问题，历来有两种根本对立的意见。一种意见是从"美善"同一说出发的，既然美与善不分，那么美感与道德感也就没有本质差异。如西欧18世纪启蒙主义美学就主张美感的道德作用和功利性质。这种进步美学观的缺陷在于，对美感心理的特殊性注意不够。另一种意见则极力强调美感的非功利特点，如近代西方美学，常常将美感与道德乃至认识绝对分割开来，抹杀或忽视审美意识深刻的社会教化功能和伦理作用。但其中的某些阐述包含着某些值得重视的东西。康德说过："只有对于美的欣赏是唯一无利害关系和自由的愉快；因为既没有官能方面的利害感，也没有理性方面的利害感来强迫我们去赞许。"[①]也就是说，美感既不是生理快感，也不是伦理的判断，而是无功利的愉快。以后的唯心主义美学利用康德这一论述把美感与功利性绝对地对立起来。其实，康德的本意是强调美感的一个重要特性，那就是非个人功利性，这样看似偏颇的说法，包含着某些富有启发性的精神实质。因为，审美过程的确与狭隘的个

① ［德］康德．判断力批判（上册）．北京：商务印书馆，1964：46．

人功利观念具有不相容性。

一、美感与功利性的关系

对功利性只有经过具体分析，才能界定它与美感的真实关系和性质。功利性有两种，一是个人狭隘的实用功利观念，这在美感运动过程中是应当完全排除的；二是社会功利性，由于审美对象包含着特定的理性内容，由于审美主体在美感萌发时内蕴着理解、评价和审美判断，使得美感能够潜移默化地感染人、教育人，推动人们从事改造世界的实践，因而具有社会功利性质。从辩证的角度来看，美感应是非个人实用功利性和社会功利性的统一。绝对肯定或绝对否定美感中的功利性，都是缺乏具体分析的片面观点。

如前所述，美是人的本质力量的感性显现，美感则产生于人对自身力量的感性直观。当审美者通过对美的对象的感知、体验和想象创造激发自身的自由自觉的本质力量的时候，这种主体力量就会被投射到对象身上，对象被打上主体的精神烙印，此时此刻，主体就能够从对象身上看见自己的理想、希冀、期待、愿望的具体实现，从而萌发肯定自身的精神愉悦。当审美者沉醉在美感氛围里的时候，主体在对象的感性形式中直接观照高度超越的自身，因此，内心就会得到自我升华的体验，得到无比自由的心灵慰藉。虽然这种愉悦在根本上离不开社会功利，但由于它是人类自由自觉本质的表现，因而能够超脱个人实用功利观念的束缚。比如，登上泰山，杜甫那“会当凌绝顶，一览众山小”的名句启发了旅游者的想象，作为客观物象的泰山就会在主体自由自觉创造力的作用之下，灌注“雄镇天下”的底蕴，变成激荡着英雄主义豪情的审美意象，这时，“情景交融”中的审美关系就会诱导主体（旅游者）从对象（泰山）上直观自身、实现自我，个中人的胸臆间激涌起荡气回肠的豪情。如此旅游经历，在心理空间的实际体验中，排除个人的狭隘功利观念，既无物质渴求欲，也无概念性道德判断，但在实质上显然蕴含着有利于人民利益和历史进步利益的社会功利性。

（一）美感的非物质渴求欲

美感的非个人实用功利性，首先表现在美感过程与物质渴求欲的不相容性。每一个人都是自然性和社会性的统一。就自然生理属性而言，人与动物相仿，有“饮食男女”的需要和这种需要实际上得到满足之后所产生的快感。人的物质性渴求欲的满足，不仅是需要“外在事物的外形，而是它们本身的感性的具体存在。欲望所要利用的木材或是所要吃的动物如果仅是画出来的，对欲望就不会有用”①。“画饼”不能“充饥”。物质渴求欲的满足以对物质性本体的实际占有为前提。这一前提就使人为其自然生物性所制约和束缚，因而是不自由的，与美感是风马牛不相及的。有些不幸成为“美盲”的劳动者，整日为温饱奔忙，所关注的是劳动成果（如蔬菜瓜果）的实际使用价值和交换价值，在这种情况下，也就难以对那些并不能给自己带来物质利益的美的形象（如长河落日、翠林鸟鸣）产生美感，或者对那些既有交换价值又有审美价值的对象，津津乐道于前者，全然忽视后者的意义。当人们用物质财富是否得到满足来评判对象时，美感在心中就毫无立足之地，而那种对异性肉体的实际占有的渴求和这种渴求得到满足之后所产生的快感，更是离美感相距十万八千里。如果一个人处处以黏附着物质渴求的功利眼光去看世界，以这种眼光去评定一切事物的价值，不但不会产生美感，反而是人的自由自觉的本质属性的沦丧。

（二）美感的非概念性道德判断

其次，美感的非个人实用功利性也表现在美感过程与纯粹的道德判断的不相容性。美感的萌发，是包含理解的诸种心理因素协调活动的结果，人在过去的实际生活中所受到的包括道德理想在内的全部文明教育，作为理性活动的积极成果，都会积淀在心理背景中，对美感运动产生无形的影响。但美感的重要特性之一就是通过感性直觉直接达到对内在理性本质的把握。在美感产生和发展的进程中，审美感官所直接观照的是“蕴于内而形诸外”的美的形象。因此，理性因素的影响并不表现为严密的以概念性语言为载体的道德判断。诉诸逻辑思维的道德判断建立在个人的功利目的基础之上。以被自我意识认可的道德规范和道德准则来衡量对象、评判对象，顺应其规范和准则，就产生道德快感。如有相悖，则产生道德痛（恨）感。显然这种不脱离概念、判断和推理的理性分析程序与美感的非个人实用功利性质是相矛盾的。

二、美感的积极精神影响与社会功利性

美感排斥物质渴求欲，排斥纯粹的道德判断，并不意味着它与功利性丝毫无缘。就美感对人的精神产生的积极有益的影响而言，它有着深刻的社会功利性。

---

① ［德］黑格尔. 美学（第一卷）. 北京：人民文学出版社，1958：43.

美感是人们对美的一种情感反应,但美所触发的情感反应却并不都是美感。美所引起的情感反应必须具备一个重要特征,才有可能成其为美感,那就是导向于善的社会功利性。

（一）美感与主体本质力量的升华

真正称得上是美感的审美心理活动,能在观照与创造性的生活相一致的美的形象时,促发自身本质力量的觉醒、活跃和振奋,因而能引导主体精神境界向尽善尽美的境地升华。这种纯洁、诚挚、高尚的审美情感是与社会发展趋势和人民进步的利益相一致的,至少有益无害,不相矛盾。一位前苏联美学家曾从不同侧面多次强调过美感的社会功利性,“审美感情本身不是别的,只是对于最美好的生活的愿望”;“美感会使人的思想意识高尚起来并得到提高”;“就人的最高意义来说的审美感情,好像种子一般,从中滋长出各种有益于社会的事情和行为”;“审美感情的实质,就是对创造的追求”①。

（二）美感的陶养性情催促行动作用

总的来看,美感的社会功利性表现在陶养性情和催促行动两大方面。

美感的陶养性情作用主要是通过美所诱发的特定心理状态表现出来的。在审美过程中,和“对于最美好的生活的愿望”融于一体的美感氛围,具有渲染人的心理状态的作用。所谓心理状态,是一定时期使人的一切活动都染上特定情绪色彩的状态。美感过程所渲染的心理状态主要有两种表现形式:激情或心境。当美的形象与主体所直接经历的生活图景或所孜孜以求的生活理想具有某种程度的一致性时,就会迸发强烈的情感共鸣。这种共鸣在心理学上叫做激情。“激情——这是短时间内暴风骤雨般地进行的、非常紧张的情绪反应。激情以很强的表现为特征,它笼罩着整个人。”②处于激情状态的人,大脑皮层的抑制和调节作用被削弱,任凭感情宣泄,有时往往不能意识到自己在做什么,这种心理状态能迅速地震撼审美者的心灵,使之表现出正面的具有典型意义的与审美对象相类似的心理风貌。特别是属于“分享型”的审美者,仿佛与文艺作品中的主人公生活在一起,以他们的欢乐为欢乐,以他们的痛苦为痛苦,尤其容易于激情翻腾之际,与对象取得心理特征的一致。突发性的激情状态能极其神速地造成主体心灵不同寻常的奇景异观,但往往

---

① [苏]米特里耶娃.审美教育问题.上海:知识出版社,1983:6、4、48、37.

② [苏]波果斯洛夫斯基等主编.普通心理学.北京:人民教育出版社,1981:381.

又会很快恢复平静，时过境迁，主体的心灵状态又恢复原貌。

美感过程所诱发的心境，情绪强度较低，但却能在相当长的时间内，持久地对主体的心理施加影响。心境的恒常性，能为主体的性情陶冶提供生生不息的精神能源，由堪称榜样的审美对象所引起的心境，能够潜在而又恒常地在心头保持一种称之为“爱”的情感。爱松、爱石、爱山、爱水、爱英烈、爱模范、爱革命先辈、爱文艺作品中所敬仰的英雄主人公。卢梭说：“凡是真实的爱，都是充满热情的，其所以那样充满热情，是因为在想象中始终存在着一个真正的或虚幻的完善的对象。”①爱，使审美对象在主体心目中显得“完美”。这时，内心就会产生亲和的心理趋向，朝美善的对象靠拢，使自己的思想感情“再生产”出某些良好的秉性和品质。心境对于一个人的影响作用显得既温和又持久。“常常有这样的情况：正是深刻的美感形象影响了一个人往后的生活道路，而这种美感印象可能还是他在很早的青年时代或童年时代所获得的；不管他走的是工人的道路、科学家或艺术家的道路，美感的指针将潜移默化地引导他展开活动的趋向。”②

就对一个人的性情陶养的不同方式而言，激情能引起“忽如一夜春风来，千树万树梨花开”式的骤变，心境则造成“活水源流随处满，东风花柳逐时新”式的渐变。倘若将稍纵即逝却相当强烈的激情与持续不断却比较微弱的心境交替地衔接起来，张弛有致，就构成了陶冶颐养良好的性格情操的最佳心理状态序列。这一序列是审美活动之所以能潜移默化地感染人、教育人的关键。

美感运动除了通过渲染特定的心理状态陶养人的性情之外，还能在心灵深处集聚一股情感推动力量。作为心理内驱力，它能催促人们在审美活动结束之后，投入火热的自觉自由地创造世界的伟大实践中去。这是美感社会功利性的又一表现形式。

美感本身是“静观”的，它要求审美者纹丝不动地观照、品味、玩赏。美感又是以其活跃的心理运动形式表现出来的。如前所述的激情和心境就是美感心理运动的直接结果。美一旦打动人，构成具有进步性的心理状态，就会促使主体惊醒起来，亢奋起来，产生一种对实践一样生活的炽烈渴求。这种实践在很多场合上表现为对审美对象（作为理想范型）的模仿。较之成熟的大人，稚气的小孩更容易在审

① [法]卢梭. 爱弥尔(下卷). 北京：商务印书馆，1978：584

② [苏]德米特里耶娃. 审美教育问题. 上海：知识出版社，1983：21.

美情感的催促下进行行为模仿。“儿童很容易感受充满情绪的生动范例的影响，这些范例可以引起儿童模仿它们的愿望。”①这是因为，儿童思维具有情境性。具体的事物和能够体验到的情感相结合，很容易产生行为模仿的冲动。因此，儿童最初的模仿对象是父母，在拟人化的童话故事中，动物的一举一动，无不充满小朋友生活的情趣，因此，儿童喜欢模仿这些可爱的小生灵。而且，儿童的行为模仿具有说干就干、“雷厉风行”的特征。处于人生中感情激烈期的青年，虽然人生观大致已形成，但其言行举止与少年儿童比较，更多地受到思想观念支配，但在接受审美感染的迅疾、强烈程度上，却是中老年人望尘莫及的。审美对象对青年人的影响力，“是由于强烈的情调同某些动作和实现这些动作的观念之间的联系而产生的”②。也就是说，美所诱发的“强烈”的情感推动力量（和某些“观念”相联系）激励青年由“感”而“动”，产生模仿。美国作家欧·亨利的短篇小说《最后一片叶子》中，女画家琼西身患肺病，几乎丧失求生的勇气，是那片挂在常春藤上的久经风雨而不凋落的秋叶，激起琼西生活的希望。她向往着，病愈之后，要去画那不勒斯的海湾，在想象的天地里创造美的世界。审美情感推动力量可以激励人们做出“各种有益于社会的事情和行为”，去奋力开拓、追求和创造。这正鲜明地体现了美感导向于善的社会功利性。

从现象上看，美感萌生和发展进程中的人们应该绝对排斥包括物质渴求欲和纯粹的道德判断在内的个人实用功利性，但从实质上看，美感所造成的心理状态和对于实践的情感推动力量，又起到了其他意识形态所不能代替的教育作用，具有深刻的社会功利内容和效果。因此，美感的特征在这里表现为：社会功利内容和效果积淀到非个人实用功利性的心理形式之中。这种积淀是与下一节所要分析的另一个美感特征——直觉和理解的统一相关联的。

第三节　直觉和理解相统一

所谓美感直觉，是人们在对美的观照中不假思索地产生的精神愉悦。美学家

---

① [苏]尼·德·列维托夫. 性格心理学问题. 北京：人民教育出版社，1959：358.

② [美]J. M. 索里、C. W. 特尔福特. 教育心理学. 北京：人民教育出版社，1982：498.

李泽厚曾描述过这种奇妙的审美心理现象："大家都有这种美感经验，无论是观赏梅花也好，看京剧也好，读诗也好，并不是先通过一大段理智的考虑才来决定：是不是应该欣赏它，是不是应该产生美感，恰恰相反，而是根本没有顾及考虑、推理，而立刻感到对象的美或不美。甚至感到美或不美后还一时说不出个道理来。"①普通旅游者往往是凭借直觉对美的景观世界产生美感反应的。关键是怎样从较为科学的审美心理学角度解释这种直觉性旅游审美感。

一、直觉与理性的关系

并不借助于严密的逻辑思维程序，是美感直觉的一个显著特征。人们正是从对这一特征的分析评论出发，形成了对直觉的多种不同意见。有的从非理性主义立场出发，认为既然直觉是不假思索的，就说明它与理性活动是完全对立的，直觉萌发的美感与人们对美的认识和评价绝然无缘；有的则从理性主义原则出发，认为人们必须通过理性思维达到对客观事物本质性的认识。缺乏理智考虑而通过直觉产生的美感势必显得肤浅，直觉是不可靠的。这两种看似根本对立的观点都忘记了一个基本的审美事实：通常所说的审美观照，就是通过感性直觉直接达到理性本质内容所把握的一种心理过程，倘若感性直觉完全脱离理性因素的制约和引导，是不可能深刻地把握对象内部的理性内容的；顺理成章的，既然感性直觉能够进入审美把握的境界，就不能把它与肤浅简单地画等号。

社会的人的感觉（在此主要指审美感官系统）之所以"具有丰富的、全面而深刻的感觉"，就在于这种感觉具有理性功能，它在对审美对象丰富的直观形式的知觉同时，由表及里，深入洞悉内蕴的特定意义。直觉和理解、感性和理性完全可以在历史发展中，特别是在个体审美实践过程中，达到对立的统一。现在的问题是，怎样科学地解释这种统一的心理机制？

二、美感直觉和意念领悟

有关审美心理研究认为，美感直觉是通过意念领悟达到对审美对象本质的理解的。

（一）意念领悟中的无意识推理

所谓意念领悟，是一种尚待深入研究的心理现象。它一方面保持感性直觉的

① 李泽厚. 美学论集. 上海：上海文艺出版社，1980：77.

鲜明性、具体性,始终不脱离对形象的知觉和想象过程,另一方面进入富有诗意的悟性领域,去“理解”审美对象的内在本质,对它产生一种黑格尔曾经指出过的“朦胧预感”①。正是这一独特的理解(审美判断)方式,成为美感愉悦萌发的前提。美感的重要特性在于判断在前、愉悦在后。但是,这种判断并不是通过以概念语言为基元的理性思维来进行的,而是融入在意念领悟的进程中。意志及其领悟进程积淀着理性因素,可以从三个方面来分析。第一,人们在长期的生活实践和审美实践中形成了未必全部能被自己所明确意识到的特定需要、意向和期望。这是一种能引导美感直觉迸发的心理冲动趋势、一种能规范审美判断的情感反应模式。特定的趋势和模式起源于丰富的经验积累。在平时,人们自觉或不自觉地对经验所进行的整理和思考,都作为意识活动或逻辑思维的成果,融会到大脑的经验库存之中。从而使往往并未形诸言表的需要、意向和期望,作为意念(而并非意识)性的心理冲动趋势和情感反应模式,积淀着理性因素。它在没有外界审美刺激的情况下,一般蛰居在无意识领域,处于潜伏状态。第二,当主体与对象的审美关系建立之后,包含着需要、意向和期望的意志性的心理冲动趋势和情感反应模式受到激发,开始从相对静止状态,转入迅疾的运动状态。此时,就表现为意念领悟的进程。这一进程沟通了主观意念和客观对象之间的联系,前者对后者展开一系列认知辨析工作。由于意念领悟对客观对象本质的辨认极其神速,难以被审美者的意识所察觉,借用德国心理学家赫尔姆霍茨的一个术语,可以称这种心理现象为“无意识推理”。意志领悟进程就是以“无意识推理”的方式来表现其理性功能的。第三,在意念领悟进程的每一个相对阶段,通过“无意识推理”,就可能滋生和迸发“朦胧预感”。之所以说它是“朦胧”的,是由于“预感”没有变成用概念语言固定起来的明确思想,但既然有“预感”,就和毫无所感、胡乱的敏感有根本区别,因为,它毕竟已经捕捉、揣摩和领略到审美对象本质的氛围了。这时的“预感”所得处于非语言概念的意念状态,而这种意念作为形象思维的结果之一,显然是积淀着理性因素的。似乎可以断言:在美感直觉中达到本质性的理解,所运用的手段,是与形象感受密切结合的,以意念性的心理冲动趋势和情感反应模式为内因的非概念的意志领悟,而不是抽象的理性分析;所产生的结果,是与美感进程水乳交融的未被明确思想定形的“朦胧预感”,而不是清晰的逻辑结论。

---

① [德]黑格尔.美学(第一卷).北京:人民文学出版社,1958:163.

（二）无意识推理和朦胧预感

我们不妨采用逆向程序，先剖示一下美感直觉时无意识推理的结果——人们对审美对象的直觉理解为何会处于非概念的"朦胧预感"状态。审美实践表明，意念领悟能够帮助人们富有诗意地体会和领略审美对象，从而沉浸在或醇厚浓烈或淡雅幽远的美感享受之中，在聚精会神的观照时，"只可意会，不可言传"的心理境界如果介入概念语言，有时会暂时脱离审美对象，丧失意味无限的美感。试读李白诗："白发三千丈，缘愁似个长"、"黄河之水天上来"、"抽刀断水水更流"等，只有凭意念领悟（结合下文）去体会其中的情思，朦胧而有所感，才显得有审美趣味。一旦把所体会的意蕴"翻译"成确凿概念语言，就难免会使诗味流失，使美感淡化。由此可见，朦胧的意念与确凿的语言相比，前者更机动灵活、丰富多彩。意志领悟之际，概念语言来不及表达或难以表达的地方，意志潜流却可以自由运动，无形地渗透到审美对象的深处，摄取其隐秘的内在本质，在大脑的相应部位迅速加以辨析认知，进而使得审美者的胸臆涌现意味深长的美感。

（三）意念领悟的过程

这种直觉产生的非概念的美感包含着主体对审美对象的真理性认识。达到直觉与理解对立统一的手段，是积淀着理性因素的意念及其运动。

为了便于更清晰地了解刹那间所直觉地迸发的领悟为什么具有思维因素，我们不妨采用类似高速摄影的方法，拉长时间，去剖示瞬间领悟中的意念运动进程。我们认为可以把这一瞬间进程分成三个密切联系的环节：第一，凝神观照。审美对象的深邃本质通过诱人的形象细节自然而然地流露出来，引起审美者聚精会神的观照。这时，蕴于内而形诸外的细节特征通过感觉器官进入大脑，激发多种心理要素的协调运动。第二，信息推导。外界刺激（形象细节）一旦输入大脑，存储的意志信息即由静态转化为动态。情感反应模式对外界刺激进行敏感神速的认知比较和辨析推导。从而，在主体尚未完全意识到的情况下，完成对审美对象的"考察"。心理冲动趋向则引导审美者对外界刺激产生美感，或不产生美感；产生韵味淡雅的美感，或产生风格奔放的美感，等等。第三，萌发预感。随着不同主调的美感的产生，对审美对象本质的"预感"油然而起。这种瞬间领悟所得，并未形诸概念语言，尚处于隐隐约约的意念状态，如同水中月，镜中花，具有难以言喻的美感魅力。这三个环节，作为意念领悟的一个单元，在实际审美过程中，以人的主观意识不能察觉的速度，在头脑中"自动"闪现，正是互相联系的无数个"自动"闪现的意念领悟单元，构成了潜伏在意识活动(意识流)之下的意念流,帮助主体在直觉中艺术地把握世界。

（四）意念领悟的实践品格

这种将直觉和理解融为一体的审美心理现象,是人类通过长期实践所形成的一种特殊的形象思维功能。人的脑子能够把最初由愿望、意识所引起的东西和作为紧张注意之结果的东西转变为自动的行为,意志领悟正是这样一种似乎不受形诸概念的意识支配的自动的行为。这主要是后天修养的结果,是受文化教育的结果。在人们的审美修养水准比较低的时候,对审美对象内在本质的挖掘,往往要靠别人的口头语言或书面语言的提示和解说。之后,人们不用指点也能单独领会其内在本质,但瞬间领悟所得还比较肤浅,或者要琢磨较长时间才能产生比较深刻的认识。由于多次审美实践,受到传统的和现代的艺术文化的熏陶培养,意志领悟"自动化"的程度不断提高。终于,达到了"神居胸臆,而气志统其关键"的境地,不必用概念语言时时提醒,单凭意志及其运动,就能从容自如地进行审美观照。这时,情境交融,物我两忘,由表及里而不脱离美感直觉,由此及彼而不脱离美感定向,使美感既深切又深刻。很明显,"自动化"的意念领悟,是人脑这种高度组织起来的特殊物质的机能;而这种机能是在无数次的重复实践中逐渐形成的。同样,领悟时神速运动的意念信息也是人们在审美实践中经过多次重复,才在人的无意识中以准"逻辑的格"固定下来,在一瞬间对外界刺激物(审美对象)如有神助地作出正确的情感反应。换而言之,直觉和理解的统一是实践的产物。

认识和把握直觉和理解相统一的美感特性,对于旅游工作者适应旅游者的审美要求从而提供优质服务显得非常重要。以导游为例,既然直觉采取意念领悟的"无意识推理"方式达到对于审美对象的诗化认识,我们的导游就要善于通过一系列与之相适应的技巧和方法,促使旅游审美不脱离理性方向而又富有情趣。第一,以生动形象的描述替代生硬枯燥的概括介绍;第二,以引而不发的启发方式引"导"旅"游",自然而然地把游客的心绪引向有所感受、有所领悟、有所发现的境界,而不是吃力不讨好地越俎代庖,以喋喋不休的解说,影响游客主观能动性的发挥,窒息游客在意念领悟"神游"世界徜徉的心理积极性;第三,有时需要善于利用"静穆"来创造让游客"神与物游"的环境氛围,避免"画蛇添足"般的话语,干扰游客意念领悟的过程,使之从饶有诗意的直觉情感共鸣和沉醉中"醒"来,丧失美妙的精神体验机缘;第四,一些理性的结论性语言,与其直率地从导游那里脱口而出，不如诱导游客萌发意味深长的“预感”，然后，使其按照自身的意愿以自由发挥的形式表达出来。

第四节　个别性和共同性相统一

美感的共同性即普遍性，美感的个别性即差异性。作为审美意识的美感区别于科学意识和道德意识的重要特征之一，正在于它是在人们感性观照的个别性中表现出时代、民族、阶级乃至阶层的普遍性，这一普遍的、必然的审美趋向，通过个别的、偶然的审美趣味体现出来。从宏观和微观相结合的角度来考察，美感的普遍性和差异性是相互统一的。从主体与对象的审美关系上来分析，美感的必然性和偶然性也是有机结合在一起的，只是为了讨论问题的方便，才对美感的共同性和个别性分别加以论述。

一、美感的个别性

从微观方面考察，由于客观的审美对象构架的开放性，亦由于审美主体个性特点的丰富性，美感过程中的感知方式、体验内容和所创造的意象形态各有不同。

（一）多维多向的审美世界

美的世界无比广阔。就美的最高形态的艺术来说，几乎涉及社会人生的一切领域。有关分析表明①，文艺作品作为社会人生的某一境界的整体展示，是一个多维多向的结构：文艺所涉及的生活内容是十分广阔的，有经济生活、政治生活、文化生活、精神生活以及科技活动和国际交往；文艺与社会意识形态的各个部分（政治、道德、哲学、宗教、历史等）有着错综复杂的联系；文艺渗透着各种学科的经验知识，如心理学、历史学、人类学、民族学、社会学、经济学、语言学以及自然科学等等。文学与各种艺术门类（如音乐、绘画、雕塑、建筑、书法等）相互交融：文学所展示的时间的跨度和空间的广度是无限的、多向的。每一件优秀的文艺作品（大至一部长篇小说或交响乐，小至一首短诗或轻音乐）都是一个自足的世界。如此千姿百态的审

---

① 林兴宅.艺术魅力的探寻.成都：四川人民出版社，1985：158—195.

美对象，全都向具有审美能力的主体开放着，为主体从各个角度来审美进而萌发各具风味的美感提供可能。

同样，一个旅游风景区或旅游度假区，也是一个多维多向的审美构架。以西湖为例，按照专家的旅游审美眼光，它并不简单就是一个优美的象征，而是“一个收罗备至的博览会”①。在这个美景大观园里，历史地呈现着展示中国士大夫阶层“达则兼济天下”情怀的白堤和苏堤，历史地融合着表露中国士大夫阶层“穷则独善其身”胸襟的林和靖，历史地沉淀着“把美熨贴着自己的本体生命”因而幻化为青春梦境意象的名妓苏小小。包含着丰富内容的西湖于是成为一面棱镜，折射出大千世界的七彩众生相。每个旅游者都可以按其所需，从中发掘出切合自身文化口味的内容，从而产生带有鲜明个性特点的美感反应。

（二）深不可测的审美世界

美的世界无比深邃。从审美对象构架的深度上看，外在形态和内在意蕴构成有限和无限的关系。每一个具体的审美对象，特别是那些流传千古的传世名作，或经得起历史考验的景观形象，其凭视听感官便可以直接或间接感知的形态特征，总是有限的，是一个定数，而形态特征所包蕴的情味、思想等深层氛围却是无限的，难以穷尽的。诚如歌德所说，“优秀的作品无论你怎样去探测它，都是探不到底的”。以文学作品为例，其表象性语言所描绘的形象特征是既定的，一经作者定稿付印，在社会上传播，就是一个不以人的意志为转移的客观存在，除非作者再版时加以修改，其他人是不能擅自动其纤毫的。但是，语言形象的既定特征所隐含的情感意味却是一个变量，是一个具有相当弹性的层次。它被有着不同经验和个性的审美者所体验，因此而催发的美感，其情调是很不一样的。人们在读鲁迅的小说《阿Q正传》时都会不约而同地被阿Q荒诞不经的言行举止和思维逻辑逗得发笑，但对喜剧性场面所蕴藏的悲剧性实质却有着互不雷同的体验：有人领略到的是悲哀；有人察觉到的是悲怆；有人体味到的是悲凉；有人感触到的是悲愤……具有不同理解功能的审美意识一旦由表及里，深入到审美对象的形态所包孕的意蕴氛围之中，势必会产生相互区别的美感。这种由于对象外在形式隐含着无限丰富的内容因而诱发互有差异的美感的现象，在旅游审美中是屡见不鲜的。同样面对江河，杜甫的“无边落木萧萧下，不尽长江滚滚来”、李煜的“问君能有几多愁，恰似一江春水向东流”、

---

① 余秋雨. 文明的碎片. 长春：春风文艺出版社，1994：42.

李白的“黄河之水天上来，奔流到海不复还”、陈子昂的“前不见古人，后不见来者，念天地之悠悠，独怆然而涕下”，分别发掘出了流水之美所包含的不同深度的意蕴。

（三）审美主体个性对美感形成的影响

具有不可蠡测的广度和深度的审美对象要诱发带有个别性的美感，依赖于主体那带有鲜明特征的个性的感应作用。所谓个性，是人的心理特点——包括性格、气质、心理过程进行的特点、主导的情感和活动动机的总和以及形成的能力——的独特结合。其中，性格和气质是构成个性的两个最重要的因素。它们是由先天与后天、生理与社会多种因素的复杂关系造成的，因而是千差万别的。一般而言，气质的差异直接关系到主体对形式美感知方式的差异；性格的差异则与主体对内容美体验方式的差异有关。

心理学上所说的气质，是指决定一个人心理活动动力的个体独有的心理特性。比如，同样具有勤劳秉性的两个人，一个在工作时踏实肯干、操作精细，一个则表现为情绪饱满，动作敏捷，这就是作为心理活动动力的气质所体现的差异性。据研究，“气质的这种动力特征的生理基础是高级神经活动的类型”。巴甫洛夫根据神经系统活动特性的不同而把它划分为四种基本类型，并且与四种气质分别相对应：(1)强而不平衡型（兴奋过程强度占优势），属胆汁质；(2)强而平衡的灵活型，属多血质；(3)强而平衡型，属黏液质；(4)弱型，属忧郁质。

由于每个审美者的气质类型不同，对形式美的知觉方式及由此而产生的情感状态也就有差异。胆汁质的人兴奋性很高，常以强烈的情绪冲动形态去敏感地知觉客观对象。多血质的人情绪易于产生，也易于改变，因而敏感性表现在迅速地选择和交换知觉对象。黏液质的人情绪不易外露，比较内向，对外界刺激的反应缓慢，但能比较稳定地知觉某一对象。

一般来说，人的气质类型是与生俱来的，它给后天形成的性格带来独特的情绪动力风貌，并成为个性差异的生理基础。有经验的产院护士，从新生儿的日常哭法、溺便方式或吃奶方式等各个方面，来把握他们各自的习性和特点。有活泼好动的宝宝；有孤僻喜静的宝宝；有爱撒娇的宝宝；有好装模作样的宝宝。这些习性就是受遗传因素影响的气质特点。新生儿从娘胎里带来的气质特点，具有比较稳定的机能结构或系统，可能在整个一生中都不发生变化。换言之，主体对形式美的知觉方式在很大程度上是由先天决定的。但是，如前所说，美感差异性的重要内因是个性。而个性是先天的高级神经类型（以及气质）和后天教育所形成的性格的特殊

"合金"。因此,制约着对形式美的知觉方式的,不仅是气质,还包括性格,是生理因素与社会因素的综合效应。

分析心理学家融恩把人的性格分成两类:"内倾与外倾"(即"内向"与"外向")。他认为,生命力内流占优势的人属于"内倾型,内倾型者重视主观世界,常沉浸在自我欣赏和幻想中;生命力外流占优势的人属于外倾型,他们重视外在世界,好动,爱社交;大多数人属于中间型,兼有内倾和外倾的特征"①。性格的两分法与气质的四分法的一般对应关系是:胆汁质、多血质与外倾型性格对应;黏液质、忧郁质与内倾型性格对应。除此之外,兼容诸种气质的人与内倾和外倾相融合的中间型性格相对应。我们把第一种对应称为甲类个性,把第二种对应称为乙类个性,把较为特殊的第三种对应称为丙类个性。不同类型的个性制约着主体对形式美样式的知觉选择和情感反应风格。从理论分析上,按照相似性对应原理,可以得出这样的结论:甲类个性所喜爱的往往是阳刚型的形式美,如,直线和转折突然的线条、长方形、椭圆形、不规则的三角形、闪电、苍松,内心所迸发的是兴奋、高亢、强硬、冲动性强的情感;乙类个性所青睐的则往往是阴柔型的形式美,如,曲线型和转折比较平缓的线条、正方形、圆形、规则三角形、清风、垂柳,内心所洋溢的是温柔、凝重、闲适、和谐的情感;丙类个性则往往欣赏阴柔和阳刚兼而有之,所占比例不同、组合方式有别的形式美,这时所体验的情感以一种情调为主,渗融其他的情调。之所以会产生这种各取所需的对应关系,按照格式塔心理学的分析,是由于形式美的张力样式和审美者的高级神经系统活动特性及情感生活达到"同构"的缘故。

当然,在个性诸心理要素之中,性格占有比气质更为重要的地位。气质毕竟只是个性的生理基础,它并不决定个性品质的优劣,各种气质的人都可以成为具有杰出性格的人物。决定个性的质的规定性的,是一个人的性格特征。所谓性格,是对现实的稳固态度以及与之相适应的习惯了的行为方式的独特结合。即,性格的重要组成部分,一是态度体系,二是行为方式,它们都是后天因素(社会文明教育的影响)所促成的。正是性格,成了体验审美对象内容美而显示其美感差异性的重要内因。

在现实生活中,每个人所面临的环境和命运、所经历的道路和遭遇以及所受的文化教养等,是各不相同的。这种不同决定了一个人的特殊性格,使其以特殊的情

① 林崇德.中学生心理学.北京:北京出版社,1983:220—221.

思、兴趣、爱好，去选择美、领略美，形成别具一格的审美情感。想抒发豪情壮志，会注意“大江东去”的气势；想感叹生活炎凉，会注意“满地黄花堆积，憔悴损”的景物；想歌颂新时代，会注意“莺歌燕舞”。由于不同性格的驱使，即使对同一个审美对象，也会从中体察到与众不同的意蕴。《红楼梦》中描写了这样一个耐人寻味的情节。面对纷纷扬扬随风飘逐的柳絮，寄人篱下、具有清高而又抑郁性格的林黛玉不由沉重地感叹道，“一团团逐对成逑，漂泊一如人命薄，空缱绻，说风流”；“嫁与东风春不管，凭尔去，忍淹流”。字里行间，弥漫着说不尽的哀惋悲戚的气氛。相反，诸事顺心、踌躇满志的薛宝钗，妩媚地吟唱着欢乐的歌：“万缕千丝终不改，任他随聚随分。韶华休笑本无根，好风凭借力，送我上青云。”对于同一景物，林、薛二人所萌发的美感如此大相径庭，这只有从各自性格的特质上分析，才能找到正确的答案。

既然如此，我们的景观审美就应当因势利导，为“仁者见仁、智者见智”创造良好的环境氛围。值得庆幸的是，许多对景观而言具有“画龙点睛”功用的楹联、匾额、题记，往往能够产生诱发不同旅游者独特联想和想象的功能，似乎并未说清道明什么，却能以一当十、以少胜多，在激发众多旅游者的个性化美感反应中，显现自身的无穷魅力。据有关记载，原先的圆明园有知名景区百处以上，有仙人居住的“方壶胜境”，有歌颂升平的“禹贡九州”，有反映朴实乡村的“多稼如云”，有赞赏哲人的“光风霁月”和“澹泊宁静”，如此景致如今大都已经成为湮没的辉煌，但是，凭借这些构思精巧的园林命名，人们仍然可以从中体味渗融着各自游历经验和历史文化知识的审美情韵。

二、美感的共同性

相对于美感的个别性，美感又有其共同性的一面。把众多的个体作为群体进行宏观考察，我们就可以发现一种社会性的共同审美倾向。这种倾向基于作为象征图像的积极诱导，又是一定时代、民族、阶级审美理想的具体表现。因此，与美感的个别性一样，美感的共同性也是对象与主体相互作用的结果。

深入认识和把握美感的共同性，对于旅游业的发展，包括旅游目的地的建设、旅游服务质量的提高，都有着重要的意义。既然特定的社会群体具有彼此相贯通、相联系的美感取向，就为景观创设、旅游服务项目的拓展尽可能满足绝大多数人的心理需求提供高度的可能性。

（一）美的本质和美感的共同性

美感作为美的一种能动反映形式，也都直接或间接与自由自觉的创造生活有关，具有共性和普遍性。就美感程度不等地包含着对真（规律性）的理解和对善（目的性）的追求，是一种深刻而又纯洁的高级情感来说，也具有共性和普遍性。

旅游审美的重要前提是景观之美的创设。存在于自然、社会和艺术领域的景观，总是包含着某种能够打动尽量多的旅游者的审美属性。景观个体所对应的绝不是人类个体，而是具有爱美之心的全人类。景观之美越是具有广泛吸引力，越能够产生理想的社会效益和经济效益。从旅游美学的意义上说，只有上升到象征图像高度的旅游景观，才有可能诱发带有普遍性的美感反应，博得绝大多数人的好感，使之在旅游之前容易将出游动机转化为实际的出游举动，在旅游结束之后容易留下深刻美好的回味，这种持续的旅游审美体验有可能成为游客及其亲朋好友未来出游的积极的心理影响源。

（二）象征图像的创造和美感的共同性

美感之所以在相当广泛的范围内具有惊人的一致性，审美理想之所以能渗透到美感之中，主宰着一定时代、一定民族、一定阶级的审美趣味、风尚和趋向，关键在于审美主体创造象征图像的实践活动。按照马克思主义美学的观点，人在创造对象性的现实的同时，也就创造出了与对象性质相适应的本质力量的性质。因此，体现了人的自由自觉的本质力量的共同美感，也只有在创造能够诱发共同美感的对象中产生与发展起来。这一对象就是有的研究者所指出的象征图像。

所谓“象征图像”，就是在审美活动中经过审美者群体共同创造的具有象征意义的意象。它是在审美对象形态特征基础上创造出来的相对稳定的社会性集体表象。因此象征图像具有如下几个特点：第一，它不是个别审美者自己杜撰的意象，而是社会性的集体表象。也就是说，“象征图像”是审美者群体共同创造的，一旦形成之后，它就成为各类审美者都能接受的共同的象征形式。第二，它不是个别审美者于一瞬间随机产生的意象，而是社会群体在长期的审美实践基础上创造的具有相对稳定性的集体表象，因此能够激发各种不同的审美者产生某种定向联想。第三，它是在审美对象客观形态基础上形成的，既与原来的形象有密切的联系，又与之不完全相同，带有新的创造性因素。

比如，龙和凤就是典型的带有鲜明中国传统文化特色的“象征图像”。前者是象征华夏民族强盛的社会性集体表象，后者则被我国民间普遍看做吉祥的象征。

这些象征图像是我国人民千百年来共同创造的。在古老的华夏大地，蛇、鸟等动物，曾被远古居民作为祖先的形象崇奉过，后来，这类动物几经变形，成为自然界未曾有过的神奇的龙和凤，充当我国具有悠久历史传统的两大图腾形象，随着岁月洪流的冲刷，它们所包含的神秘的信仰观念和情感意义逐渐淡化，作为一种美的形式，被赋予新的象征意义，直至今日，成为我国人民所能普遍接受的具有相对稳定的特征和内涵的象征图像。每个欣赏龙和凤的中国人，一闭上眼睛就会在脑海里浮现一个隐约朦胧的影像，心头就会涌起难以言尽的民族感情。当审美者群体在共同创造龙和凤的象征图像时，也就同时在雕塑着具有共同美感的民族自我形象，在培养着“龙的传人”的自豪感和“百鸟朝凤”的喜悦感。随着民族的本质力量对象化为特定的象征图像，这一象征图像也就成了“确证和实现”民族共同美感的对象。

由此及彼，就不难理解具有华夏文化特色的群体文化意识与广州越秀山五羊雕塑之间的联系，妈祖崇拜意识与惠安女、漳州水仙之间的联系，以及龙的形象与九曲黄河、绵延起伏于群山之巅的长城之间的联系……人们共同创造了诸如黄龙那样的图腾、妈祖那样的神话、五羊雕塑那样的环境艺术形象，也就共同创造出了欣赏类似景观的美感取向。

（三）具有象征图像特征的标志性景观的创设

美感的共同性对于旅游目的地的建设具有不可忽视的启迪意义。旅游景观之美，作为旅游产品，只有被旅游者所购买和消费之后，才能由可能转变为现实，真正实现其内在价值。怎样使得旅游景观具有广泛的群众性，获得尽可能广泛的社会认同感，是旅游目的地建设中必须认真思考的一个问题。一般来说，无论是旅游风景区还是旅游度假区，作为完整的审美构架，都由若干个细部（子项目）所组成。这些整体中的众多局部，必须体现有所侧重的原则，以众星拱月的方式，突出重点，兼及一般。应当千方百计地使景区中的重点项目达到标志性景观的高度，具备统摄总体、雄镇全局的功能。而要做到这一点，重要的前提是，通过一系列技巧手法，按照象征图像的基本要求和特点来设计重点景观，使之真正具有突出的代表性。在这方面，一些重要旅游城市的标志性景观创设的成功经验，是十分值得重视和汲取的。比如，埃及的金字塔、印度的泰姬陵、法国巴黎的埃菲尔铁塔、美国纽约的自由女神像、澳大利亚的悉尼歌剧院、中国北京的天安门城楼、上海的东方明珠电视塔。天安门城楼、金字塔分别以其稳如磐石的厚实造型，体现深扎于大地的东方民族的古朴情韵；埃菲尔铁塔、自由女神像、东方明珠广播电视塔等标志性景观，则以其向上升腾的造型，展示了现代人锐意进取的精神；悉尼歌剧院如扇贝似风帆的形象透射出在辽阔大海远航的飞扬灵动感；泰姬陵则以融于天际和大地之间的秀雅形态，渲染体现圣洁之爱的历史氤氲。由于土地感、进取心、灵动感和爱的圣洁性在一定意义上反映了全人类的精神追求和向往，容纳这些共同美感的景观，就变得格外具有标志性，具有震撼和感染众多旅游审美者的强大影响力。如果酒店的外观造型、主题公园的主入口、游乐场的主体项目形象等切合大多数人的审美需求，较易唤起人们的共同美感，就可以当之无愧地具有标志性，从而提升景观的审美价值，增进其审美吸引力。

第十一章 旅游审美心理过程

核心提示

美在过程。如此过程性审美的特性，是与由美激发的人类审美心理过程联系在一起的。审美感觉是审美意识的门户，实践中为“文”所“化”的人类五官感官对于形式美的感知是美感运动的起点。然后，人在实践中积累的经验就会介入其中，与外部世界的审美对象产生经验性的彼此呼应关系，所谓美感共鸣以及联想乃至于探究，正是这一审美心理阶段的产物。更进一层，化被动为主动的想象力，在经验的基础之上，由表及里，由此及彼，从而创造足以体现自身自由自觉地本质力量的图景。本章将由这种创造性想象所构成的图景表述为各擅其胜的三类意象。

学习要点

旅游者的实际景观审美心理过程犹如行云流水，实际上是不可分割的，仅仅在理论分析意义上，才有可能被假定性地分成三个阶段：形式感知——内容经验——意象创造。从总体上看，这是美感心理运动可能经历的三个构成递进关系的阶段。

旅游审美者的经验结构决定其与旅游心理需求具有高度相关性，理解这种相关性对于旅游项目策划具有重要启发作用。旅游意象形态构成所具有的创造品格，则将引导我们的旅游景观设计积极探索一条通过激活旅游主体想象力来构筑审美境界的诱导路径。

美感是感知、情感、想象、理解等心理要素协调运动的过程。既然美感意味着运动，我们对旅游审美过程的研究就不能停留在对诸种心理要素进行静态分析的水平上。对审美主体丰富多彩的美感形态所做的实际观察表明，一般而言，形式感知——内容经验——意象创造，是美感运动所必须经历的三个递进式的阶段。所谓形式感知，是运用审美感官去注意审美对象的外观形式，把有关形式信息摄取到头脑中来；所谓内容经验，是对有关形式所包含的内容进行认知辨析、体察领会；意象创造是美感运动的高级阶段，它通过想象对已被输入人脑的形式和内容相统一的审美对象进行创造，构筑渗融着主体本质力量的意象。人们正是通过这三个连动式的美感发展阶段，由形式到内容、由现象到本质、由浅入深、由此及彼地把握审美对象的，尽管上述三个美感运动阶段是互相渗透、彼此诱发的，在实际心理过程中并不显得那么泾渭分明，但仍不妨按假想的理论形态把它们做相对的划分，以便于做深入分析。

第一节　审美感知阶段

审美感觉是审美意识的门户。感官对于形式美的感知是美感运动的起点。人们必须在敏锐而又朦胧的感知中，获得对美的生动而又丰富的印象。美感就是一种不脱离这些感性印象的特殊的意识活动。

一、形式感知

所谓形式感知，是指人们对形式外观的感觉和知觉。对形式的感觉和知觉有联系也有区别。一般而言，前者是后者的基础，后者是前者的发展。前者关注的是客观对象的个别物质属性，后者则将零散的个别事物属性联接组合成整体，从而完整地反映对象。

（一）对形式的感觉

感觉是人的一切认识活动的基础，是客观事物在人的头脑中的主观印象。客观事物自身具有多种多样的感性状貌，如各种色彩、声音、形状、硬度、温度等。感觉就是对事物的这些个别属性的反映。例如，近赏河北赵县赵州桥，首先映入眼帘的是各种弧度、跨度的圆弧线条；远观上海东方明珠电视塔，第一眼的印象是向上升腾的直线和一连串圆形；黄山“四绝”之一的温泉，直接给人的感觉是澄泓无色、晶砂见底、浮珠累累、嗅之而香；有“壮观天下无”美誉的海宁秋潮，或天海之间的一线白浪，或在潮头撞堤后腾涌起滔天巨澜。当景观世界的这些林林总总的个别形式属性进入相应的感觉通道时，旅游审美心理过程就开始了，人们开始从中产生对于景观之美的最初情绪反应。视、听、嗅、味、触等诸种感觉，是形成旅游审美感的第一步。不通过感觉，我们就不能知道实物的任何形式，也不知道运动的任何形式。美感运动同其他形式的认识活动一样，必须以对审美对象的感觉为基础。只有通过感觉，审美主体把握了审美对象的各种感性状貌，才能进一步引起审美感受。

（二）对形式的知觉

人们在反映事物个别特性的感觉的基础上形成了对现实中客观事物、对象和现象的知觉。知觉的主要特点在于，它不只是反映事物的个别特性，而是把感觉的零散信息组合为完整的形象。知觉反映事物的完整性，既表现在将同一感官所摄取的许多印象的综合上，又表现为运用多种感觉的联合活动去映现对象多种多样的外观属性。如，映入眼帘的是银幕上的一匹马，马的皮毛色泽、身体形状、神态等个别的感觉特征经过综合，就构成有关马的视知觉图像。由于听觉的参与，使人感觉到马的长嘶声、马在奔跑时的着地蹄声，这时，对马的知觉就更加完整了。

知觉之所以能比感觉更完整地反映对象，是由于得到了主体在过去的实践中所获得的有关知识经验的补充。人们在彼时彼地的经验，在此时此地对客观对象的知觉综合的心理过程中起着重要作用。同样面对着徐悲鸿笔下的骏马，草原上牧民的知觉和海上的渔民是不一样的，饱经风霜的长者的知觉和稚气未脱的少年也有巨大差异。由感觉进入知觉（和主体大脑所储存的有关经验相结合），反映了美感运动的初步深入和发展。在理论著作中，通常把审美感觉和审美知觉统称为审美感知，有时理论家们所说的审美知觉也包含着感觉，与审美感知意义相似。

二、审美感知的特点

审美感知具有一般的感觉和知觉的共性，又有自己独特的个性。审美感知的特殊性表现在敏感性、朦胧性、生动性和丰富性等四个方面。

(一) 敏感性

审美感知具有敏锐地觉察外界事物的细枝末节及其变化的特长。这些细节变化往往是常人所习焉不察的，海浪澎湃，细雨迷蒙，鲜花凋谢，泉水叮咚……此等景致，现实生活中不少人会视而不见，听而不闻，即使在观察，也往往显得粗枝大叶，极不细心。相反，那些具有敏感的审美感知力的人，却会从中感觉到包蕴着某种特殊情味的色彩、线条、体态和动势，通过综合而产生富有审美趣味的知觉印象。

艺术家们的审美知觉更是敏感到神奇的地步。据说法国印象派绘画大师莫奈，年轻时有一次在田野漫步，突然发现眼前的一切与往日所见大不相同。他眼前的田野，不再是覆盖着青草、作物和树丛的坚硬地面，而是一幅由光影和色彩交织而成的画面，这个与往常经验不同的发现，促使他日后倾向于印象派，创造出诸如《布日瓦的塞纳河》、《阿尔让特之秋》、《清晨的鲁昂大教堂》等风景画，这些作品凝聚着他对光与色的敏锐的感知印象。就像画家对形体、色彩、线条的美特别敏感一样，音乐家对曲调、节奏、旋律、和声的变化感受也特别灵敏。这些专业性的敏感对于艺术创作中的美感深化起了重要的作用。

对于有修养的旅游审美者来说，诗化的眼睛和耳朵格外倾心于大千世界的形式美细节，并且很容易为此深深感动。从野草的生长中，看出坚韧不拔的生命力；从有着巍峨云冠的银杏上，看出华夏文明的古老庄重；在黎明，感受着青春生命犹如朝阳在东方崛起，充蕴着蓬勃朝气；在黄昏，觉察到所有的人都乘坐着日暮之舟，向灰暗的晚霞微光中渡去。可见，敏锐的感觉应当被当做诗情画意的心理源泉。

(二) 朦胧性

普通感知往往是理性化的，直接为客观而又真实地认识事物的感性形态服务。例如，地理老师带领同学到野外考察地形地貌。学生眼中的山山水水，往往成为巩固和丰富理性的地理知识的对象，显得冷静、客观、明晰、确凿。倘若从这个角度用望远镜去感知三峡神女峰，所看到的只不过是一块粗糙的立式岩石而已，缺乏美的情趣。但在情感化的审美感知中就不同了。长江三峡上的神女峰被披上一层扑朔迷离的轻纱，恍恍惚惚，宛如情思绵绵的贤妇，伫立岸边等待捕鱼未归的丈夫。再看齐白石笔下的虾，虽在纸上，却好像正嬉游于水中。朦胧之中的玉兰，束素亭亭，如未出阁的羞涩少女；还有苍松，披翠巍巍，似历尽沧桑的老人。审美感知的朦胧性，与本章第三节所要着重分析的意象创造有着密切关系。

（三）生动性

心理学告诉我们，知觉可分为有意的（随意的）和无意的（不随意的）两大类。无意知觉可以由外界对象的特点（它的鲜明性、排列秩序、异常性等）所引起。如蔚蓝的天空中展翅飞翔的苍鹰，浩瀚的大海里劈波斩浪的轮船，以其异常于背景的动态吸引人们的无意知觉。我国古代成语“鹤立鸡群”、“烘云托月”中的仙鹤和皓月，因其比背景（鸡、云）更突出鲜明而激发人们的无意知觉。

人们对日常生活中无关紧要的事物一般都采取无意知觉的方式，对善于审美的有心人来说，其感知特性在于，常常从对事物总体概貌的无意知觉，迅速过渡到对事物细部的有意知觉。所谓有意知觉，是指为了更好地实现意图而作出一定的意志努力以选择知觉对象的观察方式。人们在对大千世界不经意的浏览中，蓦然发现某一事物的审美价值，尽管当时的发现还带着朦胧预感的性质，但其身心却为有所发现的心理雾霭所笼罩，随即进入探测求索的审美历程。为了探索其内在价值，审美感官有意地选择与此有关的大量感知对象。细节的库存在有意知觉过程中不断得到充实。对事物的感受也在有意知觉中滋长着勃勃生机。有创作才能的人将这种感受和知觉经验用艺术媒介表达出来，就成为生动具体给人以感性观照满足的艺术形象。刘白羽的散文名篇《日出》就是典型的范例。这篇散文对日出过程的生动而精彩的描绘，是刘白羽积累在头脑中的有意知觉经验的艺术升华。倘若我们的旅游者在游山玩水时能够做有心人，注意搜集进入感知通道的有关信息，无疑将有利于形成生动活泼的知觉形象。

（四）丰富性

审美知觉建立在五官感觉积极性整体调动的基础上。多种官能的共同参与，可为知觉的丰富性奠定感性基础。多层次、多侧面的知觉感受，有助于旅游审美者从整体上把握景观世界之美。

最能体现审美知觉丰富性的是通感（亦称“联觉”）。这是一种不同的感觉之间相互挪移流通的心理现象。按照感知常规，视、听、嗅、味、触各司其职，分别从不同的角度为审美意识提供有关对象形态的个别特征，在一定的条件下，五官感觉可以产生联系，形成通感，人们平常所说的“热闹”、“冷静”，将触觉（热、冷）和听觉（闹、静）联系起来。在中国古典诗词中，“哀响馥若兰”，将听（响）嗅（馥）视（兰）三种感觉糅合于一体。在外国现代派诗歌中，常出现诸如“明亮的吻”、“干脆的蝉声”、“响亮的香味”、“寒霜般的沉寂”之类的字句，也是由许多感觉交织而成的。

相比较而言，最常见的是视听通感，即视觉向听觉流通，听觉向视觉流通。由于视觉和听觉是高级审美感官，视听通感也就显得最有美学趣味。有首题为《蓝水兵》的诗，其中两行是这样写的：“蓝水兵/你的嗓音纯得发蓝。”从中，读者至少可以感受到三方面的知觉内容：第一，我们的水兵战士穿的是蓝军服。第二，他们生活和战斗的环境——海洋，也是以蓝色为基调的。第三，似乎这种蓝色已感染了一切，包括战士的铮铮誓言，嘹亮歌喉。由于援引通感技巧，短短的两行诗，所容纳的东西就变得十分丰富。

通感，尤其是视听通感，在旅游中可以发挥拓展和丰富审美境界的作用。中秋赏月，诉诸视觉圆月诱发产生听觉的联想，仿佛耳边缭绕出民乐《花好月圆》的曼妙曲调，诉诸嗅觉的桂树芬芳又激发出与亲友共同品尝月饼时留下的香甜回味。不同感觉的挪移流通使得团圆亲和的情感氛围显得更加浓郁。假如游客站在无锡鼋头渚，眼望碧波万顷、白帆点点、众鸟在蓝天翩然起舞的太湖，蓦然间产生向听觉流通的美感心理，好像眼中闻音，用吴侬软语演唱的《太湖美》悠悠然地像涟漪般荡漾。假如游客在音乐厅欣赏二胡独奏曲《二泉映月》，悠扬舒缓的曲调，或许会把听众的思绪引向曾经游览过的“天下第二泉”，耳中见色，清纯的音响和清冽的泉水融合在一起，这时候的审美感受是十分惬意舒心的。

三、审美注意

具备敏感、生动、朦胧、丰富等特性的审美感知，之所以能源源不断地为审美意识提供经过选择的形式美信息，是与主体注意的审美心理特性相关的。

（一）审美注意的指向性

审美关系中的对象要对主体产生影响，首先必须唤起主体的注意。审美注意最重要的特性就是指向性，在每一个瞬间，运用相应感官（视觉或听觉）注意特定的对象（细节），同时离开其他对象（细节）。有的心理学家把人的这种心理倾向叫做“注意的中心化”。注意中心以外的对象（细节），有的处于注意的边缘（或称为“背景”），大多数对象则处于注意的范围之外。注意的指向性，使审美感知可以从容不迫地反映某个对象，把握特定的外在形式与内在意蕴的对应关系，达到由外而内、由表及里地进行“观照”的目的。

审美注意指向性的客观原因是由于对象刺激的鲜明性、新奇性、复杂性。在对比中强度较高、更为新奇和复杂的对象容易引起注意。在景观审美中，动态美格外引人注目，与相对静止的背景相比较，动态的对象气韵更生动、强度更高、更吸引人。蔚蓝的天空、苍鹰展翅飞翔、浩瀚的大海、轮船劈波斩浪、一望无际的平川、火车风驰电掣般在铁道线上奔驰，在人们的视野里，动态的苍鹰、轮船和火车，往往凸现在眼前，变成注意的中心，天空、大海和平川则凹陷下去，成为注意中心的陪衬。

引起注意的第二个原因是客观对象的新奇性。心理实验表明，在单调重复的对象刺激下，人的注意力往往会迟钝起来，难以产生心理反应，新颖奇特的对象则会促使人脑神经系统兴奋，激发强烈的注意力。新款时装、新潮装潢等，就是靠“出奇”而“制胜”，赢得消费者的青睐，获得较高的市场份额。人们对于旅游目的地的选择，重要的标准之一，就是能否具有难以替代的独创性和在旅游市场上具有一定的“垄断性”。深圳微缩型主题公园“锦绣中华”开内地同类项目创设风气之先，因此开业初期的游客量十分可观，后来各地纷纷仿效，蜂拥跟进上马的主题公园，就未必都能引起人们的注意，营销情况往往很不理想。正反两方面的例证都说明，旅游目的地建设必须适应旅游审美心理规律的重要性。

引起注意的第三个原因是客观对象的复杂性。国外心理学家曾做过一个实验：在墙上挂一张简单多边形的线条图画，然后让被测试者自由地看这幅画；同时，用一种特殊的仪器把被测试者的注视点记录下来，标在多边形线条图画上。这时，线条画就像打靶之布满弹着点的胸靶一样。根据这一实验，科学家们得出结论：图画的各角最强烈地吸引着他们的眼睛。因为“线条图画信息最多的部分是各角和锐角线。换言之，波浪、云朵、女性体型、高耸苍穹的哥特式教堂的尖顶等引人注目，是因为这些视觉形象的曲线和尖角比直线包含的信息更多，从而更容易吸引人。”由此可见，为了适应人们探奇览胜的心理趋向，审美对象（在一定的限度内）越新异、复杂，越有可能吸引审美注意力。

从主观方面看，投合审美需要、激发审美情感，是审美注意形成的心理依据。一般来说，越是能契合主体内在的愿望、希冀和期待，就越有可能赢得格外的重视。在通常人们的审美观念里，绿叶扶红花，叶是花的陪衬，这种主次关系形成的心理原因，在于人们认为红花比绿叶更能投合内在的精神需求。我国古代诗苑中的咏花诗不计其数，绝不是偶然的审美现象。牡丹、梅花、蔷薇、菊花、芭蕉、桃花等，都是为诗人所垂青的景物对象，在现代甚至有著名诗人写百花诗的例子，专为100种花写下100首诗，爱花之美可见非同一般。人们青睐“万绿丛中一点红”，无非是因为那“一点”红花比繁茂的绿叶更能满足特定的审美情感，当然，我们不能因此推论，红色比绿色更能激发人们的美感反应。一切颜色都可能是美的，在特定的情境中，都能唤起特定审美个体的美感。比如绿色，好多诗人就以此色为主线抒发心声，有赞美椰林良宵绿色月光的，有盼望贫瘠的黄土地上出现一轮绿色太阳的，有讴歌高原挺拔参天的绿色白杨树的，有深情吟唱三月里碧绿江南好风光的。丰富多彩的景观世界本身就是一个能够满足旅游审美大众各种需求的精神源泉，其审美的适应性是极为广阔的。

(二) 审美注意指向和信息的过滤

审美注意指向性的生理基础是一个十分复杂的问题。巴甫洛夫所阐释的大脑神经过程的兴奋抑制规律告诉我们，大脑皮层上发生的每一个兴奋中心，都会引起周围区域的抑制，兴奋不会均匀地沿着皮层扩散开来。每一瞬间，皮层上都有一个最优势的兴奋区域。这一区域与人的积极觉醒状态以及与之相伴随的意识活动相联系。由于大脑皮层在一定区域可产生优势兴奋中心，因此，人能够更充分地觉察与这一中心相联系的特定对象。与此同时，皮层的其余区域就多少处于抑制状态，与这些区域有关的客观事物就不能引起意识反应。换言之，在这种情况下，不能引起意识反应的客观事物信息其实就被过滤掉了。

正因为如此，人们在审美过程中，不让视觉和听觉担任同等强度的劳动，当画面作用于视觉并成为注意中心时，传入耳中的声音相对模糊，处于注意的边缘或注意范围之外，在一定程度上“听而不闻”，当声音作用于听觉并成为注意中心时，映入眼帘的画面相对模糊，处于注意的边缘或注意范围之外，在一定程度上被“视而不见”。

此外，即使审美者把主要注意力集中在视觉或听觉上，也并不将视野里或听觉范围内的所有信息毫不遗留地摄取进来，而是有选择地逐步地吸收一些最能反映对象本质的、对自己来说最有意义的东西。一些生理心理学家认为，人脑就像一种精细的“过滤器”(或称“滤波器”)。它能自动扬弃非必需的信息，摄取关键的信息。众多的形象细节展示在审美者面前，“过滤”性能良好的人脑，会自动指挥相应的感官，专注于某一细节，使其他细节相对模糊，处于注意的边缘，或处于注意的范围之外。从而，使形象细节通过视觉或听觉，“鱼贯而入”，分别吸收，构成川流不息的美感源泉。

为了适应审美注意时信息过滤的特点，在进行旅游景观建设的布局设计时，一定要删除芜杂以保证突出重点，在面对美景进行导游时，必须抓住重点，予以浓墨重彩的渲染，把声势造足，敢于进行大刀阔斧的舍弃，以避免面面俱到，从而给游客留下深刻印象。

（三）审美注意的转移

为了获得相对完整的知觉形象，必须在一定的范围内尽量丰富地摄取感觉材料，并对这些材料进行有机综合，这就要求主体的注意力不能凝滞在某一点上，避免狭隘的“井底观天”，而要有条不紊地转移注意的中心。先集中注意某一对象，再集中注意另外一个对象，或者，先集中注意某一对象的某一点，再集中注意这个对象的另外一点。就这样“扫描”下去，结果，在头脑中形成关于客观对象的完整的知觉。这种心理，被称做“注意的动力特征”。它表明，注意的特性之一就是通过运动转移感知重点。

当然，注意的转移不同于粗心、马虎性质的“走马观花”。因为这种转移，是建立在仔仔细细的静观默察基础之上的。以文学欣赏为例。实验证明，人们在阅读中，眼睛的注视（即静观默察）占全部阅读时间的 90%—95%。阅读时注意的转移，乍一看，犹如行云流水，在不断地运动。其实，运动是由若干相对静止的间歇所组成的。

注意的转移就在于把若干静观默察的间歇联系起来。其联系的速率因审美对象的时空特性而异。一般来说，对空间突出的对象（绘画），注意转移的速率可以慢一些。欣赏静态的美术作品，人们可以不慌不忙地扫描品味。同时，审美者有较多的注意转移的主动性。与此不同，对时间性突出的对象（如音乐），注意转移的速率就要快得多。审美者的知觉注意力基本上是被动地跟着随时间一维性流动的形象而转移。由此可见，在空间形象面前，知觉注意呈主动转移状态，在时间形象面前，知觉注意恰好相反，呈被动转移状态。

审美知觉注意力一边转移，一边对鱼贯而入的形象细节进行综合、融汇，在运动中完成对审美对象全貌的整体性考察。如果说，在感知活动刚开始时，人们所把握的整体对象是混沌的，从这混沌的对象整体中所得到的信息量比较少，那么，随着注意的转移，建立在若干细致的静观默察间歇基础之上的整体形象就不再是混沌一片，而是有血有肉、充满生机的了，这时从中所采撷的信息量势必比较丰盈。

旅游者站在法国雕塑家吕德的巨作《马赛曲》面前，势必会在注意不断转移的过程中形成对主体形象的全面深刻印象。这件表现18世纪末法国大革命的装饰性雕塑，给人的第一眼印象是，造型精美、洋溢着战斗的激情。不满足于这种混沌大全景的审美者通过知觉转移，进入细部的观赏。首先引起注意的，是顶端披着铠甲、挥动长剑的自由女神，她那张开的双翼和飞动的衣裙，体现了奔放的革命激情。一个长着大胡子的高卢战士，雄狮般威武，带领自己年轻的儿子，走在队伍的前列。接着，注意第二个场面。一个久经沙场的老兵，在全副装备的重压下弯着腰，但仍然迈着刚毅的步伐奔赴疆场。正在吹响冲锋号的号手和弯着腰拉弓的弓手，构成第四个场面，旌旗飘扬，枪矛簇拥。从自由女神和大胡子战士向后挥手招呼的英姿中，人们仿佛看到第五个更加广阔的场面：数不清的人群，正紧跟着他们，高唱着马赛曲，向着巴黎奋勇前进。这时，再把视知觉的“光圈”加大，取一个大全景，获得的感受显然是难以言尽的。

随着注意的转移，美感也就向前发展，人们不由自主地从形式感知阶段进入内容经验阶段和意象创造阶段了。

第二节　审美经验阶段

随着感知注意力对审美对象形式美的动态扫描，美感运动也就进入由表及里的经验阶段。审美经验作为处于形式感知和意象创造之间的中间阶段，所起的主要作用是：第一，以主体内在的审美心理结构为内因，赋予所感知的形式细节和整体形象以诗化的理解，使其充盈着特定的意蕴；第二，通过由我及物的直觉和由物及我的联想，在更深的层面上推进内在的审美心理过程，拓展对于审美对象内涵的感受和理解；第三，为创造性想象力的发挥以创造“形神兼备”的意象形态奠定基础。

一、审美经验的静态分析

这里所说的审美经验兼有两个含义。首先，做名词用，指人的大脑信息库所储藏的在实践中获得的知识经验，包括生活积累、思想立场、情感趣味、文化水准、心理冲动趋向和情感反应模式。诸如此类的要素组成主体的审美经验结构。其次，做动词用，指的是主体以上述经验结构为内因对审美对象内容美所进行的体验活动，它包括认知辨析、直觉感受、联想和探求等心理运动环节。这一意义上的经验其实就是主体的审美经验能力。名词性的静态和动词性的动态相结合所构成的审美经验，是主体心灵与对象内容美相契合进而萌生和发展美感的关键。

（一）审美经验结构的两大信息系列

从静态的角度来看，审美经验结构诸要素可以归纳为两大系列。表象性信息系列和意向性信息系列。首先是人们在感觉（反映客体个别属性）和知觉（反映客体整体状态）基础上积累的映像构成的表象。在感知过程中所得到的，都是当时作用于感觉器官的客体的感性映像，这些感性映像并不是完全不留痕迹地从我们的意识中消失的，有的是作为表象、以记忆的形式在意识中保持下来（通常所说的联想即以记忆表象的复现为其根本特征的）。显然，感知缺乏概括性，客观事物是什么，它就是照样反映，表象则不同，它可以是某个独特事物的反映，例如关于长城的表象、关于黄山迎客松的表象、关于班上某个同学的表现等等，这些都没有概括性，因为它们所反映的事物是客观世界中独一无二的。但表象也可以反映一类事物的某种具体形象，例如关于房屋的表象、关于树的表象、关于人的表象等等，这种表象便有一定的概括性。例如，说到房屋，大城市的居民可能想起平顶高层、露砖构缝的公寓式房屋，小城市的居民可能想起砖木结构、斜顶铺瓦、墙面抹灰的二层楼房，农村居民可能想起一明两暗，灰泥顶、四角硬的平房。这三种房屋表象已经不包含任何一种房屋中的实际个体所具有的许多特点，而是突出了三种房屋分别表现的某些共同的、一般的特征（如样式、高低、外墙和屋顶等），因此它们在同类房屋中具有一定的概括性。虽然如此，它与高度抽象概括不可感知的概念仍有区别，具有一定的形象性。[1]这些形象储存在大脑中就构成表象性信息系列。以此作为主体的内在参照物，才可能对特定审美对象所包含的生活内容产生熟悉感、亲近感，进而产生美感。

审美经验结构的另一个组成部分是意向性信息系列。在包括审美在内的实践活动中，人们会对所见所闻产生一定的分析、思索和情感反应，这些心理活动并不

① 金开诚. 文艺心理学论稿. 北京：北京大学出版社，1982：6.

随着时过境迁而被淡忘，有些会和表象一起留在大脑当中。日积月累，这类信息凝聚起来，就会促使人们对某一类事物形成某种带有巨大巩固性的稳定看法和想法，以及带有惯性的情感反应模式。这种建立在一定的文化水准之上的、受制约于思想观念和情感趣味的意向、期望和需要以及与之相适应的情感反应模式，就是意向信息系列。它像无形的磁场一样，在左右着主体对审美对象意蕴内容的辨察和探求，从而影响着美感发展的方向。

（二）审美经验系列与审美对象构架

审美经验的两大系列与审美对象的内容的一般构造是相联系的。从理论概括的意义上说，无论是现实美还是艺术美，都具有构架上的同一性，它表现在，美的形式、美的形象和美的意蕴，由此及内，形成互相联系而又层次分明的同心圆。特定的形式（特别是具象化的形式）所刻画或模拟的是特定的形象，特定的形象所暗示或象征的是有既定趋向而无确定范围的意蕴。以黄山“四绝”之一的奇石赏鉴为例。作为奇石基本形式要素的色泽、线条和形体的有机组合，构成一个个在“似与不似”之间的象形造型，特定的石头形态在华夏文化土壤的滋润下被赋予特定的命名，构成几乎完整体现传统道德观念的景观系统：文王访贤（仁）、关公挡曹（义）、容成朝轩辕（礼）、孔明借东风（智）、丞相观棋（信）、武松打虎（勇）、苏武牧羊（节）、介子背母（孝）。这时，幻觉中的象形石几乎获得了意味深长的文化生命，诸如武松、关公、孔明等几乎家喻户晓的人物形象，所指向的是尽善尽美的传统道德文化理念。

与其相对应的是旅游审美者的审美经验系列，过去生活中积累的直接间接的经验（表象信息积累），特别是有关于象形石命名所提示的历史人物形象的印象，会不知不觉地强化对于石头造型的感受，使之幻化为栩栩如生的审美对象。过去生活中形成的意向经验则会帮助理解特定审美对象内蕴的道德文化含义，于是，外在形式（形象）与内在表象相对应，客观存在的形式意味和形象内涵则与内在意向相对应，主客体的两相对应的关系因此得到建立。

二、审美经验中的对应关系

如前所述，形式美与主体的审美感知能力相联系。形象和意蕴所组成的内容美，则和主体的审美经验结构相契合，因而散射其感人的魅力。后者是解析审美经验阶段美感奥秘的关键。美感的深刻审美心理根源主要在于美的形象与表象性系列、美的意蕴与意向性系列之间的相似性对应关系。

（一）美的形象与表象性系列的相似性对应

看戏的观众有句俗语："先看表演得像不像，再看表演得好不好。"这种审美心理表明，人们往往把真实性作为审美选择和评价的首要标准。因而真实也就成为美感萌发的首要原因。当人们对审美对象产生真实感（熟悉感）时，美的形象与自身经验结构的表象信息系列就不由地对应起来。当然，这种对应不是客观形象与主观表象之间外在形态相同，而是一种内在属性的近似。比如，哪个旅游者十分喜爱《三国演义》，非常崇拜故事中的英雄豪杰，来到黄山诸如"武松打虎"、"孔明借东风"等象形石景观面前，由于美的形象与表象性系列的相似性对应关系，势必会"一见钟情"，直觉地迸发美感共鸣。

（二）美的意蕴与意向性系列的相似性对应

当美的形象所包含的意蕴内容符合主体意向发展的趋势，与期望显示的情思样式相吻合，能够满足特定的精神需要时，美感往往会不可遏制地涌溢于心胸。作为三国文化遗迹的黄州赤壁，其蕴含着的"大江东去，浪淘尽，千古风流人物"的历史文化底蕴，与当年落难来到此地的苏东坡"无官一身轻"的内在清纯空灵意向一拍即合，因此而催促这位超时代的文化名人产生作为美感结晶的《念奴娇·赤壁怀古》。这一例证足以说明，"兴到神会"是怎样的一种奇妙的审美心理现象，惟有"兴到"——内心的富有充实，才能"神会"于特定对象，萌发足以提携性灵向雅致文明境界飞扬高举的真正美感。即将出征的战士听一曲《再见吧，妈妈》而激情满怀；素来敬仰英雄的青年，读了《钢铁是怎样炼成的》而浑身充满信心和力量等等。诸如此类情愫，都是由于所体验到的意蕴内容与自身的意向系列在属性上相似而促成的。既然如此，我们的旅游目的地的设计和建设者们，就有必要仔细研究一下，当代的旅游者具有怎样的旅游审美意向，自然、社会和艺术景观世界必须渗融和寄予怎样的内在意蕴，才能诱发如前所述的相似性对应关系，从而使旅游业的发展获得正确的定向。

三、审美经验过程

那么，在审美过程中，主体是怎样寻求如上所述的相似性对应关系的呢？这就涉及审美经验过程了。对内容美的经验过程具有时间性。按照时间特征来划分，我们可以把这一过程划分为瞬时式经验和延时式经验两种类型。

（一）瞬时式经验与直觉

瞬时式经验亦可称做“直觉式经验”，指的是主体一瞬间迅速找到自身的经验与对象的内容美之间的相似性，直感地产生美感的心理过程。这种以自身经验为内因极其敏捷地对特定内容进行认识辨析的心理功能，如前所详细分析的，建立在跨越式思维的基础上。在此，我们要进一步探讨这种跨越式思维的心理机制在瞬时式经验中的具体表现形式。

主体在长期的实践中所积累起来的意向性表象，是理解瞬时式过程中的认识辨析、美感萌生何以如此迅速的关键。我们已经知道，感觉、知觉和表象构成主体的感性映像系统。而表象是这一系统中的最高形态。表象，脱离了对审美对象的官能感知，是一种事过境迁之后仍旧长久地遗留在大脑中的印象，具有观念性。此外，观念性的表象已具有一定程度的综合，这种表象综合不同于知觉综合。后者是对同一个对象的许多感觉材料的综合，而表象则是对同一类对象的许多知觉材料的综合。因此，与知觉相比，表象已具有更多的概括性，渗融着主体的认识、评价等理性因素。例如，一位当代青年心目中有关英雄的表象，就是对于自己所熟知的保尔等具体人物壮美事迹的初步概括。在概括过程中，他对这些英雄人物的品质也就逐渐加深理解，由英雄形象所引起的对人生意义的思考，对自我价值的评估、对过去经历的反省和未来事业的展望，作为意识活动的积极成果，无形地积淀到有关英雄的表象里，储存在审美经验的宝库中。这时，作为感性映像最高形态的表象并未完全蒸发为抽象的理性映像或词的映像（思维、概念），仍然有着具体的性质，显得鲜明生动、情意盎然。彼时彼地在知觉特定对象时的情感反应，仍然渗透在有关这类对象的表象之中。一个在自学过程中遇到坎坷的青年，想起了张海迪（表象），浑身顿时好像充满克服困难的勇气和力量一样。这种心理现象说明，他在参加张海迪事迹报告会时，内心所掀起的巨大心潮已和有关张海迪的知觉形象结合起来，成为“情景交融”、“形神兼备”的表象。以后，只要这一表象被联想所唤起，与之相联系的情感也就在心里升腾起来。总之，储存在记忆中的表象已经意向化了，已经积淀着主体的理性评价和感性情思，意向化的表象成了主体意向、期望、需要的凝冻物，成了情感反应模式的“瞬间激活”装置。当审美对象的内容为主体所经历之际，由于隐含着意蕴的形象与意向化表象暗相契合，往日凝聚在这类表象中的情感就会迅速被“激活”，直觉地萌现于胸际，于是以概念、判断和推理为特征的逻辑思维为意念领悟为特征的跨越式思维所取代。主体的意向化表象制约瞬时式经验的所谓富有诗意的“逻辑的格”。它是纵向的意识活动和横向的无意识活动交织在一起的结果。从纵向上看，意向化表象是在长期实践中形成的，是一种经过长期经验积累的、实际上经过了理性认识阶段的高级直觉；从横向上看，意向化表象成为思维活动的历史积淀物，在审美活动的瞬间，都会在无意识领域经过一番以意念领悟为特征的跨越式思维进程。理性的东西积淀在感性中间，社会的东西积淀在个体中间，历史的东西积淀在瞬间直觉中间，这是瞬时式经验的奥秘之所在。

（二）延时式经验与联想和探求

当审美经验过程在心理空间相对舒缓地展开的时候，就产生了延时式经验。它使主体可以比较从容地将审美对象的内容和自身的经验结构进行认知比较、体察辨析，从而萌发美感共鸣，相对于瞬时式经验而言，延时式经验的心理机制虽然还不能依赖于直观来把握，却因时间进程延续得较长，所留下的意识痕迹较多，而能被人们比较清晰地加以认识。

延时式经验可以分成自我经历的联想和对象意蕴的探求两种心理表现形式。前者的特点是由对象到主体、深刻地触动蛰伏在记忆中的经验，用这些经验去印证对象的真实性、合理性、可信性，后者的特点是由主体到对象、深刻地挖掘隐含在形象内部的新颖独特的意蕴内容，用这些意蕴内容来满足主体心灵的渴求、企盼、预见和推测。

当审美对象以其“似曾相识”的感性魅力吸引主体经验时，主体往往会运用联想的方式，唤起大脑皮层有关储存区的表象。心理学告诉我们，生活现象和对象并不是彼此孤立的，而是互相联系的。因此，它们也就被人们自觉或不自觉地成组成系列加以记忆，以表象的形态存放在大脑经验储存区里。当外界特定的内容信息进入大脑之后，触动某一组（系列）表象的某一信息单元，成组成系列的表象就会引起反应，这种“浮想联翩”的心理现象颇有点像许多网结之间互相联系的渔网，扯动其中某一个网结，与此有关的网结都会动起来。审美对象那真切而富有生气的形象特征触动了审美者的生活积累，“好像在哪儿见过”、“好像有点像我”之类的念头油然而生，记忆的闸门就会开启，表象的流水逐渐泻入意义的脑海，从而汇成联想的波浪。所以，有人把联想叫做“经验与经验之间的呼应”。

按照经验之间呼应关系的不同，可以把联想分成三类。由于经验在时间或空间上的接近所引起的联想，叫做接近联想。例如：看到《巴船下峡图》或《清济贯河图》，联想起自己亲身经历的惊心动魄的水上生活，这就是由于空间接近而产生的联想。唐诗“桃花流水鳜鱼肥”，由桃花想到流水、想到鳜鱼，这是由于三种景物在时间和空间都相接近的缘故。

由于经验之间性质上的类似所引起的联想叫做类似联想。不同经验之间在某种程度上具有彼此可以通融的共性。这种共性是类似联想的基础。如，日常口语和文学作品中的一些精妙的比喻，就是抓住不同事物的共性所产生的类似联想。把工作中干劲十足的小伙子称做“小老虎”，取其精力旺盛的共性；把姑娘们扎辫子的彩带叫做“蝴蝶结”，取其风姿绰约的共性；说“少女的心，秋天的云”，取其变化万千的共性。

由于经验之间具有相反的特点所引起的联想叫做对比联想。这种联想往往在同类项的事物中展开。戏曲《天仙配》用生动的艺术笔触描述了聪明美貌的七仙女勇违天意，下凡到人间，与憨厚勤劳的农民董永结为恩爱夫妇的故事。有位观众由此产生对比联想，把“不顾困穷临苦境，爱慕人诚心相印”的七仙女，与社会上一些青年找对象“看物盛，看人吝”的不良风气相对照。思想境界的高低，爱情格调的高低在对比中一目了然，突出地反映了事物相对立的个性以及主体对它们的不同态度。

需要注意的是，三种联想有时是互相交错地在审美过程中出现的。比如，由天安门联想到人民英雄纪念碑，是接近联想；由高耸蓝天的人民英雄纪念碑，联想到小说《红岩》中的江姐、许云峰等令人敬仰的英雄人物，是类似联想；由江姐、许云峰联想到叛徒甫志高，则是对比联想。

由于联想所唤起的是主体的某些深层的浸透着主观情思的经验，因此，随着记忆表象在头脑中浮现，带有诸如鼓舞、悲伤、激动、感慨、震惊等较为强烈的感情色彩的美感共鸣也就不可遏止地迸发了。相传唐代诗人白居易被贬谪到江州任司马，心情十分烦闷，后来他在船上听到一位被商贾抛弃的女子弹奏的一曲琵琶，竟然泪湿青衫。“同是天涯沦落人，相逢何必曾相识”，白居易从如泣如诉的琵琶曲中，联想到自己的遭遇。琵琶曲拨动了白居易的情感之弦，白居易又把自己的情感与琵琶曲融合起来，互相交流，产生特别浓郁的美感共鸣。他以此共鸣为触发点，写出千古流传的长诗《琵琶行》。这部作品具有的强烈的感情色彩，正是通过审美联想和审美对象（琵琶曲）进一步交流感情的结果。“任何东西，凡是显示出生活或使我们想起生活的，那就是美的。”[①]上述例子证明了车尔尼雪夫斯基这一著名论断

① 北京大学哲学系美学教研室编.西方美学家论美和美感.北京：商务印书馆，1980：242.

所包含的真理。

延时式经验的另一表现形式是主体对审美对象意蕴的探求。按照我们对审美对象构架的分析，形式要素所刻画或模拟的往往是与现实生活相联系的形象。形象的深层则隐含着不能为肉眼或耳朵所能直接把握的丰富意蕴。引人入胜的美，总是以其具有诱惑力的感性形象特征，暗示或象征某种需要审美者按迹循踪深入探求才能体验的意蕴。特定形式与有既定趋向而无确定范围的意蕴之间存在着某种必然的联系。当在观赏玩味的审美者在觉察到这一联系时，受好奇览胜心理支配的审美探求就开始它那“路漫漫其修远兮，吾将上下而求索”的延时式经验历程。

观察表明，几乎每个人都会有一种好奇心。“无巧不成书”、“人要直，戏要曲”，这些谚语，既是创作经验的总结，也是人们好奇心理的表露。有许多家喻户晓的历史故事，诸如“花木兰从军”、“佘太君百岁挂帅”、“武松打虎”、“鲁智深倒拔垂杨柳”，如果改成“花木兰出嫁”、“佘太君百岁养老”、“武松痛打馋猫”、“鲁智深倒拔盆栽茉莉”，惊人魂魄的奇迹便转化为平庸的琐事笑谈，是不可能流传千古、激起世世代代人们的审美兴趣的。不过，为故事情节所吸引的好奇心所激发的审美探求难以持久。因为，情节必须通过形象表现出来。每一部作品的形象体系总是相对稳定的。即使再扑朔迷离的情节，头一遍欣赏时，故事所设置的悬念不断地引逗审美者的猜测和推断，心里老是在记挂着下一步情节。待到真相大白，谜底揭开，本来引人入胜的情节变成熟悉的故事，就难以再产生探求的兴趣。这是一些推理小说惊险故事片很少有人愿意欣赏第二遍，一些看似热闹有趣但题材意蕴发掘不深的娱乐性主题公园很少有回头客的审美心理原因。与此不同，形象体系所包含的意蕴却是个采撷不尽的无穷宝藏。形象和意蕴是有限和无限的关系。审美者一旦捉摸到这一点，就会产生持续探求的兴趣，获得越来越深刻的体会。这是俗语所说的“好书不厌百回读”的审美心理原因，也是一些老牌的历史文化旅游景观尽管存在着不尽如人意的地方，却仍旧具有吸引游客的长久生命力的审美心理原因。

相对于联想而言，探求对主体的审美修养提出了更高的要求。因为，只要有足够数量的生活经验，并且这些经验以表象形态记忆(而未被遗忘)储存在大脑中，那么，在受到真实生动的审美对象的诱发时，主体往往会由物及我，产生联想，情不自禁地萌发共鸣。审美探求则不尽然。它除了要求主体具备足够的生活经验，还要求有求异思维的能力，即善于从习焉不察，在似乎很普通的形象中，敏感地揣摩其与深层意蕴可能的因果联系，不断地挖掘新而又新的意蕴，以满足意向信息序列中的意向、期望和需要。例如，欧阳修的《蝶恋花》词中有两句写道："泪眼问花花不语，乱红飞过秋千去。"它给人以感伤的印象。一般的读者在欣赏时，由于表象性语言的启发，联想到自己所亲身经历的类似情景，不由地感慨万千。有的读者则更胜一筹，通过反复体会和探求，从这两句所描绘的并不复杂的形象体系中，分解出好几层意思。第一层，泪眼而问花，是由伤心事而无人倾诉的境况下所做的举动。第二层，花竟然不予理睬，好像连花也丧失恻隐同情之心似的。第三层，"乱红飞……"，原来，花已凋谢，飞落地面，很快就全化为尘土，可谓伤心人遇见凋零花了。第四层，花被吹过秋千去了。结合全词就可以知道，这秋千原来是诗中的女主人公与她丈夫旧日嬉游之处，感物伤怀，往事不堪回首。如此层层递进式的探求，逐渐领略美的真谛，就比蜻蜓点水式的表面化的欣赏要有趣得多。

第三节　审美创造阶段

审美创造是依赖于想象来实现的。所谓想象就是在感性经验的基础上开拓意蕴、构筑意象的心理过程。如今的旅游项目开发非常注重调动游客的积极性，使其在踊跃参与的过程中得到精神焕发的美感享受。参与性的旅游，概言之，指的是身和心两方面的投入。所谓"身"的投入，要求旅游者在特定的情境中运用具体的躯体动作、表情参与特定的旅游项目之中，如泼水节、颠花轿、划龙舟、攀岩、蹦极之类；所谓"心"的投入，则要求旅游者用心用脑，高度活跃内宇宙的精神，充分调动情思感悟和理性透析的积极性，从而变信息的单向输送方式为双向流通，不仅被动地接受审美对象对主体的影响，而且化被动为主动，将主体创造性想象的心理成果有机能动地反馈到对象上，使之打上旅游审美者本质力量的印痕。后者是本节分析的重点。

一、想象是创造的

创造性想象的特点在于"推陈出新"。"陈"，即经验。没有经验，新意蕴的挖掘开拓、新意象的浮现展示都将成为不可能。李白如对滔滔黄河毫无经验，难以想象出“黄河之水天上来”这样的神品妙句；李贺如对生长迅速的雨后春笋毫无经验，也难以想象出新笋“一夜抽千尺”的奇景异态，但是，创造性的想象不是已有经验的复现。古人说，想象可以使人“思接千载”、“视通万里”，意思是，想象能够突破时间空间的限制，突破经验的局限性。诚如著名诗人艾青所说：“想象是经验向未知之出发；想象是此岸向彼岸的张帆远举，是经验的重新组织；想象是思维织成的锦彩。”①

（一）想象中的意象创造

想象的最终目的是创造富于独创性的意象。顾名思义，意象就是“意”和“象”的有机化合。想象的创造性主要表现在意蕴的拓展和形象的创新上。隐含在形象深处的意蕴，大致上包括情思和性格两个方面。一般说来，在抒情性审美对象（如音乐作品）中，主要指情感思想，在叙事性的审美对象（如小说、戏剧）中，主要指个性品格。意蕴是形象的灵魂。它给形象带来勃勃生机，它使形象显得意趣盎然，缺乏深意或含义肤浅的审美对象是难以引人入胜的。但是，在意味深长的审美对象面前，如果审美者不善于由表及里洞悉三昧，也不能把美感运动引向精深的境地，形神兼备的审美对象也就难以表现其气韵生动的魅力。比如，欣赏罗丹的著名雕塑《思》，整个形象外观只是安在未经雕琢的像座上的一个女性头像。她年轻、俊美、秀逸、聪慧，仿佛沉浸在深刻的内心活动之中。一位外国评论家说，“这尊女像像是在倾听着自己灵魂深处的声音”。她在“思”什么？完全留待人们来领略了。倘若有谁不善于领会体察，根本不能了解她在“思”什么，罗丹的这个杰作对他来说只不过是冷冰冰的大理石，而不是包含着深刻意蕴的艺术形象。相反，具有高度艺术修养的审美者，感知力比较敏锐，想象力比较丰富，因此由表及里体味内在意蕴的能力也比较发达。他们往往不满足于纷纭的知觉印象和浮于表面的经验感受，深入领略对象内在的悲哀与欢愉、怨苦与思慕、豪放与婉约、坚贞与柔绵，从而使审美对象的内容更完整、更丰盈，也使审美主体的美感更充实、更深刻。

（二）意象创造的经验基础

经验是创造的基础。同样，延时式经验中的审美探求，是想象时开拓和扩展深层意蕴的基础。当审美者沿着形象特征所提供的线索按迹循踪深入探求内含的意蕴而有所收获时，往往不可避免地会带有创造性的因素。以中国画《悄悄话》的欣赏为例。画面上，只见一位陕北老农盘坐着，正在编结柳条筐。一个天真的小女

① 艾青. 诗论. 北京：人民文学出版社，1980：200.

孩，背着书包、算盘，手里拿着学习成绩报告单，笑眯眯的，小嘴凑近老农耳边，正在说“悄悄话”。至于说什么，则是个未知数，给欣赏者进行由表及里的探求时发挥主观能动性留下广阔的余地。我们再把注意力转移到这幅画的背景上，只见一只老母鸡正带着一群叽叽喳喳的雏鸡在觅食。这暗示性的细节又引起欣赏者饶有兴味的推测。

审美实践说明，审美探求向审美创造过渡的原因主要表现在两方面。首先，隐含在形象之内的意蕴具有某种程度的模糊性、不确定性。这样就使探求所得带有主观想象的因素。那个女孩的“悄悄话”，那座女性雕像的所“思”所想，可以说是“仁者见仁，智者见智”，都道出几分真谛，但又包含欣赏者所拓展了的东西。当然，在深入探求时，必须沿着由表及里的路径去按迹循踪，“按”形象特征之“迹”，去“循”内在意蕴之“踪”。由于形象特征的质的规定性，意蕴既是不确定的，又是确定的，既没有确切的范围，又有既定的趋向。这就使领略意蕴的探求活动富于创造性，又不至于偏离审美对象的特殊性质，避免“张冠李戴”或“良莠不分”。其次，审美探求的发生和发展，依赖于主体求异思维能力的高度发挥。那些善于探求的人，往往是有强烈的好奇心和求知欲的人，他们竭力想在习焉不察的寻常事物中挖掘自己未曾见闻但又迫切希望了解和掌握的新鲜内容。这一心理品格和创造性的想象是相一致的。想象就是对已有经验的不满足，就是对未知世界的渴求，就是对理想前景的展望。因此，作为延时式经验的探求，往往把从自身经验中生长起来的审美意识、触须，由此及彼，不断延伸，伸向未知的对象世界深处，从而和想象时的意蕴开拓和扩展取得步调的一致。也是由于这个原因，审美探求作为一种心理内驱力，把美感发展过程中的经验阶段和创造阶段联系起来，成为这一联系的中介。

二、想象中的意象形态构筑

在领略内在意蕴的基础上，审美创造活动就朝着构筑新的意象形态的境地进发。这种意象形态的创造，主要通过两个关键步骤来完成。第一是感知基础上的取舍提炼，第二是联想基础上的组合融汇。

（一）感知基础上的取舍提炼

人们通过直接感知，吸取审美对象那能显示内在本质的形象特征，扬弃偶然的形象枝节。这种有取有舍的心理过程，就像古人所说的，“得其精而忘其粗”，“视其所视，而遗其所不视”。比如，欣赏一幅郑板桥的墨竹图，应抓住竹子的风姿神韵反复玩味，对墨竹的具体色彩则可以视而不见。如果把注意力集中在墨竹图的黑颜色上就会觉得它与生活中竹子的翠绿色差别太大，产生“失真”的感受，形神兼备、渗透着作者秉性操守的竹子意象就难以在脑海里浮现。因此，对感知的形象信息进行一番淘汰选择，是意象形态构成的重要环节。

（二）联想基础上的组合融汇

借助联想，即调动记忆中的经验，能够为审美者的创造性想象输送经验“仓库”中所积累的有关记忆表象。

创造性的想象与经验性的联想关系密切。联想的基础是人们对于过去经验的记忆。客观现象和对象成组成系列地储存在大脑的相应部位。一旦遇到适当的刺激，客观现象和对象就能成组成系列地被连锁唤起。在联想的连锁反应中，大脑原有的经验组织系列往往会分离，进而构成新的组织系列，这就是想象。如一张渔网，原有的网络组织被想象所拆散，然后重新编织，构成一张具有新的网结构架的渔网。因此，有的心理学著作指出：“在想象的过程中，人生活期间形成的联系似乎会分离（分散）而结合为新的系统。”①在审美过程中，这一“新的系统”就是新的审美境界（意象）。它决非经验性联想所能企及，只能由创造性想象来构成。从某种意义上说，审美想象就是“推”经验性联想之“陈”，“出”创造性的意象之“新”。

意象形态来源于过去的经验（以及以此为基础的联想），当被激活的过去经验邂逅面前直接感知的形象，借助于创造性的想象，不无创新意味的意象形态脱颖而出。这时，心眼中浮现的意象形态已经不能简单被认为是经验的“杂拌儿”、联想的“什锦菜”。因为，经验性的联想的基本趋向是复制过去曾经看到或听到的形象。它是直观中的知觉唤起脑中储存的记忆表象，或是记忆表象的连锁反应，并不能创造出新的意象来；创造性想象的基本趋向是对联想所唤起的经验的改造，从而构筑带有审美者独特创造性的意象形态。如此作为人的自由自觉的本质力量显现的意象形态所诱发的美感是十分耐人寻味的。

三、意象形态创造的类型

按照想象时经验信息重新构筑方式的差异，我们把意象形态的创造分成三种类型：引申式、综合式、错觉式。用形象的话来说，引申式意象形态构筑具有由点到

---

① ［苏］彼得罗夫斯基主编．普通心理学．北京：人民教育出版社，1981：381．

面的特征；综合式强调不同块面的有机融汇组合；错觉式的落脚点在于整体块面的幻化形变。它们以意象形态构成的不同方式，显现主体创造性的想象力，相互配合协调，将美感引向妙不可言的高级境界。

（一）引申性意象形态

从某一点出发，按可能有的次序和位置把其他形象细节想象出来所构成的意象，叫做引申式意象。这种意象如高尔基所说，是审美者通过“想象和推测”，“补充事实的链条中不足的和还没有发现的环节”[①]的结果。以文学创作为例，鲁迅的小说《阿Q正传》，就是引申式意象的物化表现。鲁迅说过，“阿Q的形象，在我心中似乎确已有好几年了，但我一向毫无写他出来的意思”。当时的《晨报·副刊》编辑孙伏园约鲁迅为新开辟的“开心话”专栏写点东西。这就激起鲁迅创作阿Q形象的激情。为了迎合“开心话”专栏的特点，鲁迅用了一些滑稽的笔墨，让人看了先不免哑然失笑，接着给人带来一阵酸楚的感觉。阿Q喝了两碗黄酒，仗着几分醉意，说他和赵太爷是本家。第二天，地保叫阿Q到赵太爷家里去。赵太爷不由分说，给阿Q一个嘴巴。阿Q用手摸着左颊，和地保退了出去，在外面又被地保训斥了一顿，还谢了地保二百文酒钱。这第一章似乎就奠定阿Q性格及其悲剧的基调。以后，每周写一章，大约写了两个月。观察生活鞭辟入里的鲁迅，严格地按照阿Q性格发展的必然逻辑，写了阿Q“恋爱的悲剧”、“生计问题”，写了阿Q的“革命”要求以及遭到的挫折。不知不觉，阿Q“已经渐渐向死路上走”。到了第九章，阿Q就被糊里糊涂地枪毙了。这样的惨痛结局，在刚写《阿Q正传》的时候，鲁迅并不见得就完全预料到了，但也不是随便写就的。阿Q的悲剧，是他的性格特征（“精神胜利法”）在辛亥革命前后特定的历史环境中的引申和发展。伟大的文艺家就有这样一种本领，能在想象过程中，推测人物形象的未来。《阿Q正传》从某种意义上说，是想象的结果、推测的结果，是引申性意象的文学表现形式。

创作需要引申性意象，欣赏也不例外，据说，在某些西方美学家的著作中，“无结束性”问题被看做艺术中当代性的特殊标志。所谓“无结束问题”，是指那些并不人为地设置一个“大团圆”结尾的作品。艺术形象只是提供给欣赏者一组带有启发性的情节，或一幅象征性、暗示性的图画。它们让读者和观众自己去找寻答案，让

---

① 中国社会科学院外国文学研究所外国文学研究资料丛刊编委会编. 外国理论作家论形象思维. 北京：中国社会科学出版社，1979：145.

他们在自己的想象中独立地去构造较完整的图景。表面上看来似乎不完整、不全面的艺术形象，在欣赏者引申意象创造能力的配合下，获得更高意义的完整。从而，欣赏者成为文艺家的合作者，审美意象的创造者。

上述例证在旅游审美中也可以得到充分表现。例如，浙江海宁观潮流传“一潮三看”的观赏方式，意思是说，钱塘秋潮的壮观景象有三种表现形式：交叉潮、一线潮和回头潮。凶猛的交叉潮“划然分奔吼余怒，霆击雷轰碎天鼓”；宏阔的一线潮“涛头汹汹雪山倾，江流却作镜面平”；激情的回头潮“头高数丈触山回”、“卷起沙堆似雪堆”。由于这三种秋潮景象的最佳观赏点并不在一个地方，观潮的人们往往顾此失彼，难以纵览潮流全过程。设若发挥引申性意象形态的构筑能力，就可以在特定观潮点亲眼目睹其中的一种大潮景观后，借助于导游介绍或文字资料的阅览，产生对于其他诸种秋潮景象的引申性想象，从而形成更为完整的旅游审美感。

（二）综合性意象形态

如果说引申式意象的心理表现形式犹如“一叶知秋”，那么，综合性意象好比“百川归海”。把许多分散的形象细节按可能有的逻辑结构加以综合所构成的意象，叫做综合意象，高明的艺术大师非常善于从寻常的事物中挑选出许多精粹的形象细节，加以融会贯通，创造出不寻常的艺术形象来。文艺家犹如辛勤的蜜蜂，在花的海洋里飞舞，点点滴滴地采集花蜜，沁人肺腑的艺术之“蜜”，就是这样“综合”而成的。受到注意指向性及其转移的心理规律制约的欣赏者，往往是一点一滴地分别摄取若干形象细节，然后在想象的世界里，将其“综合”成完整的意象。以杜甫的一首五绝的欣赏为例：“迟日江山丽，春风花草香，泥融飞燕子，沙暖睡鸳鸯。”短短四句，好像四个分切开来的电影镜头。分散的景物并列起来，中间并没有表示呼应关系的词。读者在欣赏中，分别感受四组景物，然后又运用综合式意象创造力将它们有机地调和起来，从而想象出一幅美丽的春天图画。倘若有谁据此造景，构建自家的后花园，就是在运用综合性意象形态构造法进行景观设计了。

综合性意象形态的创造对于旅游资源的开发有着重要的启示性。旅游规划者出于专业的敏感，往往会运用有意注意，将彼时彼地漫游于神州大地所捕捉的诸多景观局部和形象细节作为表象记忆在大脑中。这些表象经验在需要的时候会被激活，成为进行新的项目设计时的经验基础，其中部分表象经验会被提取出来，在酝酿构思过程中被综合性地融汇到新的景观项目的设计之中。博采众家之长而形成的景观项目设计其实就是综合性意象形态的外化物。

（三）错觉性意象形态

引申式意象是由点及面通过想象拓展经验信息，综合式意象是将经验信息在想象空间中融汇起来，倘若经验信息在想象空间里发生形变，就成了错觉式意象。所谓错觉性意象是在审美错觉影响下捕捉美的意蕴、重新组合或改造客观对象形态的过程中构成的。

审美错觉和一般生活中的错觉有联系又有区别。从心理学上看，不符合事物客观情况的错误知觉叫错觉。它有三种表现形式：第一，在对比或过去经验影响下的错觉。如，两个相等的圆，一个在诸大圆中，一个在诸小圆中。看起来前者小，后者大。再如，看到白云，把它当做过去曾见到的苍狗。第二，在一定心理状态影响下产生的错觉。如惊慌时，“草木皆兵”、“杯弓蛇影”，又如“情人眼里出西施”等。第三，某些精神病患者产生的错觉，如中毒性或感染性精神病患者，有时视墙上灯影为怪物。

上述生活中的错觉除第三种外，第一、第二种都与审美有关。浙江桐庐县瑶林仙境的石洞中的奇峦怪石，有的像“天鼠”，有的像“灵猫”，有的像“瀑布”，有的像“石笋”。这类错觉式意象就是在生活经验的启发下产生的。人们分别用一个拟人化的动词来描述五岳，东岳泰山如“坐”、南岳衡山如“飞”、西岳华山如“立”、北岳恒山如“行”、中岳嵩山如“卧”，其奥妙之处也在于调动旅游审美者的生活经验，在朦胧中，分别将五岳幻化为五位神态各异的历史巨人。

审美错觉与一般错觉的区别主要表现在，后者是单纯的感知形态，前者是对审美对象深入领略体验之后所产生的意象形态的变化。《诗经》中有一首用男子口吻写的诗，“静女其娈，贻我彤管。彤管有炜，说怿女美。自牧归荑，洵美且异。匪女之为美，美人之贻”。意思是说，情人送给他一束红色鲜艳的草，看上去美得很。但并不是因为草本身美，而是因为它是美人赠送的。这是一种在一定的心境影响下产生的错觉式意象。由于美人的美感愉悦在起作用，使得原来平平常常的草变得美了。当那位男子觉察到眼中的“彤管”包含的爱恋情思之后，就会在美感愉悦的影响下觉得作为审美对象的红艳的草越看越美。透过形式的外表体验其内涵的意蕴所产生的怡然自乐的心境，影响着审美者对审美对象的感受，仿佛觉得对象那客观存在的外在形态变得“虚幻”和“模糊”起来，同时，也变得比客观形态更加美妙动人了。所以，错觉式意象又可叫做高度情感化的幻觉式意象。

在创造性的想象中构筑各种类型的意象，是美感发展的最高阶段。意象创造使审美者自由自觉的本质力量得到极其充分的展示，意象的灵魂输入了审美者酿造的信息，意象的躯体混合着审美者孕育的血肉，成了审美者对象化的自我。这时内心所荡漾的美感显得格外馥郁醇厚、意味隽永。

有句俗谚说，1 000 个观众，就有 1 000 个哈姆雷特。由此引申开来，1 000 个游客，就有 1 000 个西湖、1 000 座黄山、1 000 个西双版纳、1 000 座拙政园。关键是，如何通过创造性想象力的发挥，构筑各种意象形态，从而形成自己心目中的景观世界。

第十二章 旅游实践的美学归宿

核心提示

美的哲学是人的哲学的巅峰。旅游美学也是人的感性生活状态的理想化表现形式。旅游美学的最根本意义在于其具有促进和提升旅游实践品位和格调的功能。旅游实践首先涉及的当然是作为旅游主体的旅游者。本章将重点阐释旅游系统协调运作、旅游业未来的美学走向以及可持续发展的审美文化图景等问题。

学习要点

包括旅游者、旅游管理者、旅游资源、旅游设施和旅游信息等五个方面的旅游系统,其优化协调及其成功运作,离不开美的规律的运用。

旅游实践的美学指向,从产业层面上看,主要表现在:确立旅游经济产业发展的审美文化品格、关注旅游活动审美文化效应、发掘旅游生态审美文化底蕴和描绘旅游业可持续发展的审美文化图景。

旅游实践领域是非常广阔的,它包括旅游者感同身受的实际旅游活动、旅游企业家的旅游经营活动和从业人员的旅游服务活动。人生艺术化是社会发展的大趋势。旅游领域的实践活动作为人类社会生活的一个有机组成部分,其未来发展的基本走势,从经济角度上看,将日益获得显著的产业地位。如今国内的许多省市地区,纷纷把旅游业定为“支柱产业”、“创汇产业”、“新的经济增长点”,就是有力的例证；从文化角度上看，旅游实践将逐渐逼近艺术，向尽善尽美的境界升华，原先作为少数有钱有闲阶级专利品的游山玩水，也越来越走入寻常百姓家，哪怕是普通百姓出游，也越来越追求高雅的情调和舒适的享受，旅游经营管理者们则把传播美、创造美轮美奂的旅游大环境，当做提供旅游服务的最高文化境界来追求。因此，我们就有必要对旅游实践的美学归宿作出理论上的回答。

第一节 旅游系统运作和美的规律

从系统论的观点看来，旅游系统所涉及的范围至少包含五个方面：旅游者、旅游管理者、旅游资源、旅游设施、旅游信息。旅游者是旅游系统的核心。旅游系统运行的动力，源于来自五湖四海的旅游者。旅游者从进入系统（开始旅游）到离开系统（结束旅游），在其体重、身高等方面不可能有大的变化，但在健康、知识、教养、性情、精神、心理等方面，往往或多或少会产生变化。旅游管理者，主要是指组织管理和行政管理，它包括规划、设计、组织、运行、控制等方面。具体说来，它包括旅游组织、旅游财务、旅游服务人员的管理，以及人、财、物、信息的管理。旅游资源包括自然旅游资源（如桂林山水）、社会旅游资源（如云南傣族泼水节）和人文旅游资源（如武汉黄鹤楼）。它是通过规划、设计和管理形成旅游目的地的基础。旅游设施指的是旅游系统中的硬件系统。它涵盖的范围很广，包括交通、运输、酒店、商店和其他设施。旅游六要素“食、住、行、游、购、娱”中的任何一个方面，都必须有相应的旅游设施（作为硬件系统）的支持。旅游信息指的是广告、导游词、与景点有关的历史故事、诗文书法，以及民情等。上述五个方面优化协调，构成整个系统的功能输出，那就是旅游服务。①

旅游系统的优化协调及其成功运作，离不开美的规律的运用。本书第八章已经指出，美作为人类实践所创造的特定产品是人的本质力量对象化的结果。正是目的性和规律性相结合的实践，使人的自觉和自由相结合的本质力量发生发展起来，并且使实践创造的产品打上了人的本质力量的无形烙印。因此，所谓美

① 杨友庭主编. 现代旅游管理. 厦门：厦门大学出版社，1994：27—30.

的规律，依赖于人对物种的尺度和需要以及人内在固有的尺度的能动掌握和运用。所谓“物种的尺度和需要”，指的是该物种之所以为该物种的那种尺度和需要，如动物就只会营造供自身使用的巢穴，像蜜蜂、蚂蚁、海獭等所做的那样。人则可以通过实践摸索和掌握任何一种物种的内在规律，从而进行自由的创造；所谓“人内在固有的尺度”，指的是人客观要求的尺度，这一尺度包括两个方面：一是要认识客观规律，二是要符合人本身的需要。①人总是依据对于客观事物的真理性认识，产生与主体自身所要实现的理想和所要达到的目的相吻合的内在图式，这一指导实践的自觉创造构思的蓝图，就是“人内在固有的尺度”。当人按照上述两种尺度进行实践的时候，人的自由自觉的本质力量就会充分表现出来，渗融着人的本质的实践性产品就会因为符合美的规律而成为美，成为诱发人们渐次深入的美感的对象。

那么，旅游系统中的各个层面如何按照美的规律进行广义的生产——从事足以感性地显现自身自由自觉的本质力量的旅游实践呢？

一、旅游者的审美眼光

旅游者为景观之美的感召而出游。既然如此，旅游者就有必要对“物种的尺度”，亦即作为审美对象是景观世界内在规律有所了解。本书第一章至第四章所展示出来的景观之美的长轴画卷，目的之一就在于帮助我们的普通旅游者掌握景观审美的基本要领和技巧。俗话说，“外行看热闹，内行看门道”。对“美”有一定认识的旅游者，应该学会根据不同的景观对象，分别从不同的角度侧面感悟美的特性，得到美的享受。

此外，“见仁见智”的审美本身又启示我们，每个旅游者都有与自身的“内在固有的尺度”相联系的审美选择范围、审美判断标准和审美感受方式。这就使得旅游审美带有鲜明的个性特征。需要引起注意的是，切合性情的旅游审美眼光未必是最富有诗意的、未必是最能给人以深刻回味的，因此，有必要通过审美教育，提高人们的欣赏水准，不断提高内在审美尺度的品位。比如，美感定性有高低之分。研究表明，悦耳悦目、悦心悦意和悦志悦神是美感渐次深入的三个纵向层次。悦耳悦目属于美感的初级层次，主要指以耳、目为主的审美感官直觉感受到的愉快。悦心悦

---

① 杨辛、甘霖. 美学原理. 北京：北京大学出版社，1983：63.

意属于美感的中级层次，主要是通过诉诸视觉和听觉的有限形象，不自觉地捕捉和领会某些较深刻的意蕴，获得意味深长的美感享受。悦志悦神属于美感的最高层次，主要指精神意志上的满足和激荡的愉悦，这是一种在伦理道德基础上达到的超道德的高级境界。[①]再如，审美能力也有层次高低上的区别。审美感官对审美对象形式美的感知能力是初级层次，审美者通过迅疾的直觉和舒缓的联想深入体验和领略审美对象的内蕴是中级层次，运用想象对审美对象进行推陈出新般的创造，进而催促意象的诞生则属于高级层次。[②]我们的旅游者需要不断提升美感的品位，提高协调运用各个层次的审美能力由表及里欣赏景观世界之美的水平。

二、旅游管理者与社会美创造

现代管理是指"同别人一起，或通过别人使活动完成得更有效的过程"[③]。与"管、卡、压"相反，管理的核心是协调。这一"尺度"为高明的旅游管理者所深刻理解和把握，就会转化成许多卓有成效的以"协调"为核心的努力。即便是以严格管理著称的西方企业家，也在努力寻找协调式管理的具体方法。一家美国化妆品公司的创办人兼董事长说，管理的"金科玉律"就是"要对所有的人公平，一视同仁"；"赞美是管理人员鼓励下属的最佳方式"，即使批评也必须讲究技巧，用三明治式的"夹在两大赞美中的小批评"可以达到事半功倍的效果；"倾听的艺术"也十分重要，好的管理者必然是好的倾听者，通过倾听，不但可以得到有用的信息，而且还使倾诉者觉得自己受到尊重，因此有助于促成密切的工作关系。[④]一位美国学者写的关于未来企业管理的八大原则中，就有三个与协调管理有关："共识原则"、"亲密原则"和"正直原则"。现代管理者善于运用"共识决策"技巧，通过"充分而坦诚的讨论"形成"代表大家的知识和经验"的决策；善于通过创造人尽其才的环境，把管理变成"创造以及发挥人类才能的过程"，从而避免人际间的隔膜和敌对、形成彼此独立却相互尊重的亲密关系；善于通过负责诚实的正直言行，唤起和吸引下属的信任感，从而形成对跟随者的领导。[⑤]

---

① 杨恩寰. 美学教程. 北京：中国社会科学出版社，1987：295—392.
② 庄志民. 审美心理的奥秘. 上海：上海人民出版社，1983：237—247.
③ [美]斯蒂芬·P. 罗宾斯. 管理学. 北京：中国人民大学出版社，1997：6.
④ [美]玛丽·凯·阿什、玛丽·凯. 谈人的管理. 北京：中国友谊出版公司，1985：2—11、27—51.
⑤ [美]劳伦斯·米勒. 美国企业精神. 北京：中国友谊出版公司，1985：41—54、115—139.

从“内在固有尺度”的角度上看，现代管理者的角色性质，规定其必须运用有效决策和有效的信息传递，去协调与下属员工的人际关系，进而通过组织、领导和控制达到企业系统的最优化运作状态，最终实现计划目标。旅游管理者直接面对的是旅游企业的员工。旅游系统输出的服务产品，其美学特征是和谐而不是相反。和谐氛围的直接创造者是旅游企业的员工。因此，旅游企业的管理者，在督促员工所从事的各项专业活动以保证它们按照计划进行并随时纠正各种重要偏差的同时，必须以企业和谐文化氛围的创造为己任，最大程度地调动员工发自内心的工作积极性，激发其从事自由自觉的旅游服务实践活动的自豪感，并通过他们，把这种温馨闲雅的心理感受传导给服务对象，使其留下美好的回忆。旅游企业通过管理者符合美的规律的卓越协调工作，将变成一所现代文明的大学校，一座陶冶人的高尚情操人格的大熔炉，一个具有导向于善之内涵的社会美典型。

三、旅游资源开发中的美学原则

旅游资源必须按照美的规律进行开发才能最终形成富有审美召唤力的旅游产品。通常所说的“旅游目的地”，在旅游美学的视野中，叫做“美的景观世界”。旅游资源有其内在的“尺度”。旅游资源开发的首要前提，就是深入认识、准确把握资源内在审美特性，从而在对资源对象客观规律的真理性的认识基础之上，进行规划构思，从而显现规划设计者的自由创造性。

有关研究①表明，风景资源的本质在于它是一种“边际文化信息”，换言之，是边际信息构成风景资源的审美价值以及与之相关的开发价值。钱塘秋潮处于江与海交界处；海滨沙滩处于海陆交界处；断崖处于高山体和低地的交界处；作为“旅游资源大省”的四川处于周边高山与成都盆地的交界处，这些都属于空间、地理环境的边际。日出处于黑夜和白天的交界处；晚霞处于白天和黑夜的交界处；北京香山红叶处于秋冬季节的交界处，这些都属于时间季节的边际。景色迷人的九寨沟处于优劣两种生态环境的交界处；招人喜爱的珍稀动物处于濒临灭绝和生存发展的交界处，这些则属于生态的边际。既然“边际说”揭示了风景资源的内在规律，旅游规划设计者就因势利导，构想出“边际设计概念”，所谓边际设计，是对形成风景的边

① 丁文魁. 风景科学导论. 上海：上海科技教育出版社，1993：14—18、225—253.

际进行信息加工，使风景感受得到整体强化效果的一种设计方法。这种设计方法包括三种：第一是四维设计方法，即对两个不同时间交替的瞬间知觉处进行边际设计。这是一种难度最大、也最具智慧的设计类型。如北京的“琼岛春阴”、洛阳的“金谷春晴”、杭州的“苏堤春晓”、中国台湾的“大屯春色”是对冬枯春发之际的风景设计。第二是三维边际设计，即对两个不同物体交接的知觉处进行具有长、宽、高三维向度的立体风景设计，这种设计方法强调对立体风景进行景物处理（包括升降、进退、虚实、开合、软硬、内外等关系的处理）和视点处理（包括对向背、行止、隐显、旷奥等关系的处理）。第三是二维边际设计，即对不同事物面交界的知觉处的风景设计，这种设计方法注重对两事物的边际线的处理。例如，通过对四条直线围合起来的边际处理，得到一个“方块”的设计，通过对诸多直线的整齐排列，形成一个规则有序格局的设计，通过自由式曲线的选择，产生流畅感的设计，通过对不同图形的组合，产生动态感的设计。

在对旅游资源“尺度”的认识和把握的基础之上，资源开发和设计人员的自由创造意识和首创精神，能够得到充分流露。与此同时，主动驾驭客观世界的主体自觉构想意识和预测推理能力，也能得到高度展示。

通常，我们在对旅游资源进行开发规划之前，总要根据旅游客源市场调研结果进行分析定位。但这种做法采取的原则是单纯的“适应”市场。有时，如此方式所造成的结果是放弃创造市场、引导时尚的努力。当年，深圳的人造景观“锦绣中华”红透半边天，就是因为它突破传统旅游目的地模式的窠臼，敢为天下先，从而取得令人瞩目的成就。因此，按照“美的规律”进行资源开发，就必须根据设计规划者“内在固有的尺度”，依照具有战略发展眼光的前瞻性构想预测，抓住具有潜在可能的旅游客源市场，在适应基础之上进行消费诱导。不适应游客需求是不行的。然而，单纯地适应，只能消极被动地跟着市场走，掌握不了市场营销的主动权。不妨以流行色的推行为例，每年岁末，世界各国的流行色协会都会推出几套来年即将流行的时装色彩及其搭配方案。这与其说是在预测，不如说是在诱导，以几乎铺天盖地的流行色预测信息浪潮，强占顾客的心理制高点，从而诱导消费。所以流行色预测其实发挥着一种非常奇妙的诱导功能。同样，我们的旅游目的地的建设，不仅要满足旅游者的表象需求，而且应当担负起创造流行、领导新潮流的责任。

四、旅游设施与技术美学

旅游设施是指与旅游实践有关的经营性的硬件系统，如交通、运输、酒店、商店和其他设施，其主要功能，是为旅游者顺利、舒适地进行旅游活动，提供“食、住、行、游、购、娱”等方面的有效保障。

技术美学是美学的一个分支，是把美学运用于技术领域、使美学和技术相结合的一门现代科学。这门科学所研究的对象包括各种工业产品外形工效设计、室内装潢与布置、家具组合和陈设等，它将形式美构成法则，诸如对称、均衡、比例、节奏、变化、反复、组合、分割、动律、错视等，精巧地运用到技术设计中，构成产品形象的各具特色的美感。如线条的“变化”，会引起人们的不同心理反应：快慢、曲直、刚柔、粗细、滞滑、钝利等；又如形体“组合”，通过基本造型元素（点、线、面、体和三原形——圆、方和三角形）的组合，运用“减缺”、“重叠”或“并列”的手法，构成或单纯简朴、或稳定坚固、或灵巧秀美、或气派大方的形态。

在旅游设施的设计建造中运用技术美学的原理，根本目的是使作为劳动成果的“硬件”设施不仅具有实用价值，而且具有审美价值，能够满足旅游者的包括美学享受在内的消费需求。因此，就必须使硬件设施的设计按照“美的规律”来建造。

旅游设施作为必须满足主体各方面需求的“物种”，本身也有合情合理的“尺度”问题。所谓“合情”，要求特定设施能够诱发旅游者正价值的情感反应，得到肯定的审美评价；所谓“合理”，就是要适应该设施本身应有的内在规律，体现其所特有的本质属性。旅游设施的所合乎的这个内在规律之“理”主要表现在四个方面。第一，实用性。一幅画可以没有任何使用价值而无损于它的艺术性，可是一件家具如果不能使用，再美也是废物，难以得到满意的情感反应。有的酒店的卫生间，因施工质量问题造成洗脸盆的水漏开关失灵，这时，顾客决不会因为洗脸盆造型华美质地高贵而没有怨言。第二，协调性。旅游设施的设计应该注意形体分割组合比例和造型的协调，使之看上去顺眼，具有整体和谐美。当然，这种协调的形式美，必须符合“人体工效学”的基本要求，最大程度地让使用者产生舒适熨帖感。倘若喷汽客机的客舱座椅线条造型色彩，不仅赏心悦目，更重要的是坐上去极为舒服，能够有效地减少旅客的旅途疲劳感。上档次的商店开敞式货架，陈列商品的隔板，往往距离地面至少 60 厘米（60 厘米以下做成保管商品的锁门暗柜），这样做，极大地方便顾客自助选购商品。第三,流行性。人们对同一不断刺激的信息源会产生“腻烦”心理。顺其自然,就产生了以流行色、流行歌曲、流行时装为主潮的流行文化样式。与此相适应,旅游设施中某些品种,如酒店的装潢陈设、商店的橱窗格调、交通工具(特别是旅游巴士等)的外部造型,需要不断根据社会时尚做某些必要的调整更新。有的高星级酒店规定,客房内包括地毯、家具在内的陈设布置,每隔半年更换一次,为的就是能跟上时尚流行的节拍,不至于显得落伍。第四,国际性。许多工业产品是国际通用的,可以互换或共同组合使用。因此,产品除了在技术条件上要考虑采用国际标准外,在美学设计风格上,也应考虑与国外类似产品相协调,否则在实际使用时会显得格格不入。这一点在筹建大型高星级酒店时尤需引起注意。尽可能合乎以上所述的实用性、协调性、流行性和国际性的技术美学原则,就能够保证旅游设施满足游客的需求,唤起令人快慰的美感。

技术美学作为一门独立的学科还很年轻、很不成熟。惟其如此,才给运用技术美学进行硬件设施设计的工程技术人员,以及懂得技术美学原理进而用于某些设施用品采购的人员,根据“内在固有的尺度”进行创造性工作。比如,进行流行色预测,专业人员认为,流行色的形成具有周期性,一般周期为七年。因为根据生态规律学说每个人七年进行一次总代谢过程。据此人们进行流行色的科学预测。蓝色与红色常同时流行,因这两种色彩能较好地配合。蓝的补色是橘,红的补色是绿,当蓝、红色流行时,橘色和绿色就不流行,蓝、红一个波度,橘、绿一个波度,合起来便是一个周期。由此推算出,流行色从初兴、盛行到衰落的实践,一般是一个周期的一半,即三年半。而流行色由产生到高潮大约一年半,这叫新鲜期。如 2009 年的流行色,在 2010 年仍能适销,到 2011 年就要发生变化了。专家们根据对色彩流行“尺度”的内在把握,结合市场实地调查分析以及社会经济文化状况的理解,每年都给“喜新厌旧”的人们一点“惊喜”,推出一组组流行色彩“套餐”,从而领导七彩世界的新潮流。流行色专家们卓有成效的工作为旅游设施设计者按照美的规律造型提供可资借鉴的典范。

五、旅游信息的审美效应

旅游信息贯穿旅游的全过程。世界各旅游景点首先要把景点的历史、人文、地理、特征等编成广告,向外界宣传,这种广告就是信息。旅游信息有助于旅游者了解各旅游点的情况,从而根据自己的需要选择和确立旅游目的地、旅游路线和旅游交通工具。旅游景点的历史、人文包括许多美好的神话故事、英雄人物故事、历史兴衰中的风云变幻、帝王将相史，也包括历代许多文人墨客的诗文、书法等。旅游信息还包括与旅游景点有关的当地风土人情、民俗民风等。

旅游信息的功用是多方面的，不仅告诉旅游者有关旅游活动的客观情况，从而保证旅游过程的顺利进行，而且，由于信息载体的审美化，能够促使游客对其表现形式和内蕴意义产生既“悦目”又“赏心”的功能。

用美学标准来要求，旅游信息的形式应该是美的。所谓形式美，是指各种形式要素（色彩、线条、形体、音响、语言文字等）的有规律组合。形式美组合的审美法则主要有单纯一致、对称均衡、调和对比、比例匀称、节奏明快和多样统一。其中，多样统一是最为根本的形式美规律。它要求每一个（组）自成系统的旅游信息单位，在总体上要具有统一性，在个别细节上应当注意变化。

旅游信息内蕴的美尤其需要引起高度注意。旅游信息的意义可以含蓄，可以显得意味深长，但是，切忌引起信息接受者的丑感。这就需要注意运用接受美学的原理，在设计构思旅游信息时，要对接受者可能产生的心理反应作出科学准确的预测和判断。接受美学的着眼点不是作为文本的信息，而是把信息的接受者放在第一位，并且认为形诸文本的信息本身具有“未定性”，也就是说是个多层面的未完成的图式结构，其未完成的内涵，需要接受者的解读来填充。换言之，信息接受者通过自己独特的解读过程，将信息载体的内蕴意义，由可能变成现实。从这个意义上说，旅游信息是由信息的发出方（作者）和接受方（读者观众）共同创造的。

接受美学的“共同创造”观念，对于确保旅游信息传递的有效性和审美性具有举足轻重的意义。比如，老报人萧乾先生曾经分析过这样的个案，一种叫做“白象”的电池，出口时，直译成“White Elephant”，结果被退货。通晓英语的人一眼就会看出，“象”在英文中有“比喻沉重而累赘的东西”的意思。如此糟糕的含义所引起的，自然是英语国家和地区的消费者对“白象”品牌的厌恶抵制情绪了。

因此，旅游信息的良好审美效应的获得，部分依赖于对信息接受对象文化心理、民情风俗、生活习性等方面深入透彻的了解和准确有效的把握。在此基础上，就可以根据“内在固定的尺度”，发挥自由的想象力，进行创意构思，从而创造出美妙的旅游信息传播的杰作来。

六、旅游服务的艺术境界

旅游服务包括组团服务、交通服务、导游服务、保健服务、保安服务、购物服务、咨询服务、声讯服务、心理服务等。这些服务，按照有关专家的定义，“是一种涉及某些无形性因素的活动”①。服务具有与有形商品相区别的四个重要特征。这四个特征，表现了作为客观“物种”的服务所具有的内在属性。首先是无形性。有些纯服务是完全无形的，如做伴聊天之类的心理服务，有的服务附带一定的有形商品，如酒店的餐饮服务。有形商品的价值是相对固定的，附着于有形商品（如饮料酒水菜肴）之上的无形服务，比如服务员的长相容貌服饰所构成的人类景观影响力、和颜悦色地回答顾客的有关特色菜肴之类的问题、亭亭玉立于一旁等候客人呼唤等，却构成远超出固定商品定价之上的高经济附加值。这是高星级酒店提供的无形服务蕴含着的高文化品位和由此诱发的高美学享受所带来的。第二，不一致性。服务的无形性使得同一服务项目由于时间地点的差异、提供服务者的素质差异，而呈现难以划一的不标准性。这就给旅游行业服务规范的制定和执行带来一定的难度。但同时也给旅游服务创造良好的营销业绩提供高度的可能性。因为，通过服务的诸多高级细化环节和元素，可以使得旅游产品获得“人无我有，人有我特”的差异性。这种带有一定“垄断性”的差异，是赢得竞争优势的重要途径。第三，不可分割性。典型的服务具有鲜明的情境特征，服务的产生和消费是在同时完成的，无法在时间上分割开来。空间分割的可能性也比较小。除了声讯服务，游客可以在听筒里感受话务员小姐的甜美话语，从中得到有关信息，一般而言，提供服务者和服务对象处理面对面的直接交流状态，旅游区内对团队游客提供的导游服务、酒店前台对住宿客人提供的接待服务以及美容师提供的面部按摩服务等。这就格外需要用公关技巧以构建社会领域的审美关系。礼貌口语和体语是否具有审美韵味和情调也就显得非常重要。第四，无存货性，由于服务关系双方的不可分割，自然形成服务产品是不可储存的，就像酒店客房接待客人所可能形成的销售额，一旦没有在当天变成现实，就会永远失去，而不可能放到第二天去完成。旅游服务者在上班时间段内必须全力以赴地进入服务状态，不然，就会失去强化旅游从业人员和旅游者之间的审美关系的机缘。

---

① [美]佩恩. 服务营销. 北京：中信出版社，1998：8.

旅游从业人员之美的“内在固定的尺度”主要表现在两个方面:第一,以人所特有的自觉,在上班时间内,全心全意从事服务实践。优质的服务本身也是产品,其所无形地凝冻着的,是人所特有的导向于“善”的目的性。与此目的相一致的人的自觉,就是要变“要我做”为“我要做”,主动热情地从事高质量的服务。第二,以人所特有的自由,在熟练掌握特定服务技巧的基础上,练就巧夺天工的一手绝活,从而“随心所欲不逾矩”进入“庖丁解牛,游刃有余”的自由境界。

第二节 走向美学未来的旅游业

钻研任何一门学问,都有必要认识其重要意义。意义清晰,目的明确,才能激发学习研究的积极性。对于旅游美学,尤其是这样。旅游美学研究的意义主要表现在,它对于旅游经济产业发展的审美文化品格的确立、对于旅游活动审美文化效应的关注、对于旅游生态审美文化底蕴的发掘和对于旅游业可持续发展的审美文化图景的描绘。

一、旅游经济的审美文化品格

从严格的层面上分析,旅游业具有突出的产业性质,旅游则具有强烈的文化特色。旅游美学是从文化的角度透视旅游,透视旅游业,因此,是一门立足于文化根基的、有助于经济发展的交叉学科。

作为经济性的文化产业,旅游业的发展,必须奠定在经济和文化紧密结合的基础之上。换言之,必须张开经济和文化的双臂来拥抱旅游。脱离了经济来谈旅游,只是过去时代光讲政治不问经济效益的接待型模式,实践证明这种模式早已过时。相反,脱离了文化来谈旅游,则会降低旅游的品位,最终将失去高效益的经济。因此,我们要伸展经济和文化的双臂来拥抱旅游,在经济和文化的契合点上寻找旅游发展的广阔空间。

旅游作为文化性的经济产业、经济性的文化事业,其行业特性决定了它必然要受到经济和文化这两方面的影响。作为对于过去接待型旅游只问政治(影响)不顾经济(效益)的矫枉过正,如今的旅游业空前地重视投入产出的分析,重视经济规律这只"看不见的手"所起的作用。即便垂青于文化,也是把文化当做实现可观经济效益的手段。流行的所谓"文化搭台,旅游唱戏"、"文化搭台,经济唱戏"等说法便是明证。据报载,创建于1894年的绍兴咸亨酒店,当初十分潦倒,只有两名伙计,生意惨淡。鲁迅将咸亨酒店写进了小说《孔乙己》,于是,这个小店名扬中外。现在的咸亨酒店,仍然一如过去的面貌,只是面积扩大了很多,酒楼上下同时可接待800位宾客,常常座无虚席,生意红火。诸如此类的以文化为手段实现经济目的的典型个案,一方面反映了名人效应和中国人的重名崇文传统的当代发扬,另一方面,不能不说它在一定程度上掩盖了当今商业社会中将文化庸俗化的倾向。鉴于旅游是文化性的经济产业和经济性的文化事业的特殊定位,旅游所追求的目标应该是双重的,通过增进旅游的文化含量提高旅游的文化品位,使得旅游实现其有助于精神文明建设的社会效益,通过尊重经济规律进行宣传营销,使得旅游实现其成为第三产业的龙头。

根据日本的经验,在20世纪70年代末80年代初,社会发展已经从政治经济的时代,进入文化经济的时代。如果说,在经济发展的初级阶段,往往通过政治的手段,包括政治变革,实现经济状况的根本好转,那么,在经济走向腾飞的过程中,文化就会在一定程度上取代政治,在经济迅疾发展中处于令人瞩目的核心地位,或者说,文化与经济并列,成为社会这个椭圆中的两个圆心。

曾有学者在专项研究①中介绍说,20世纪70年代日本的大平首相曾在国会发表谈话:"我认为现在已经从以经济为中心的时代进入文化时代。"这被理论家们认为是日本文化时代帷幕已经拉开的标志。大平首相的"文化时代研究小组"在它的报告书中提出:"经济与文化,本来不具有一方优于另一方的性质,同时也不存在为了追求一方必须牺牲另一方管理的关系。"因此,一般认为应当以经济力量和文化力量为圆心构成一个椭圆,建立一种充分注意文化发展的经济。一个国家的产业结构发展水平取决于这一国家的文化内容。具体举例来说,有关饮食的产业活动内容,取决于这一国家的饮食文化的内容。文化内容分别决定各国人的生活,实际上也决定这一国家的产业。所以,即使单从"维护经济成果"的角度上看,也"必须有文化"。

在我国改革开放以来30余年的历史,明显地体现了这样一条社会发展的历史

① [日]名和太郎.经济与文化.北京:中国经济出版社,1987:85—106.

轨迹：从政治观念的革新入手，到确立以经济建设为中心，直至如今商品经济社会弥漫的浓郁的文化气息，政治经济学逐渐向文化经济学过渡，一种注重文化内涵和文化建构的经济形态已经开始建立起来。

还是与日本做比照。1976 年，大阪商工会议所召开的《城市复兴》科学讨论会强调指出："从历史上看，城市以神殿为中心形成。现代的神殿则是文化设施。为了使大阪成为大城市，必须建造引起全国和全世界瞩目的设施。"①在经济水准达到一定高度时，作为文化经济的标志，一大批文化设施犹如雨后春笋般地涌现出来。与发达经济相配套的文化设施通常由五大部分所组成：一流的歌剧院音乐厅；一流的体育中心；一流的图书馆博物馆；一流的展览中心；一流的旅游风景区、旅游度假区、旅游娱乐城。

旅游美学无疑有助于人们加深对这个时代的认识。旅游产业的高文化含量，在实际旅游生活中，具体转化为普通旅游者能够切身感受的审美体验。旅游消费要比一般日常生活的开销大得多。而相对意义上的旅游高消费，是以高质量的心理体验包括旅游审美享受为回报的。在西式咖啡馆，不仅仅是在喝咖啡，而且在"喝"浓浓的异域浪漫情调；与此有异曲同工之妙，在中国茶馆，也不仅仅是要喝茶解渴，而且是在品茗的过程中领略淡淡的本土休闲韵味。这是一种带有转轨意义的经济文化认同。旅游美学在如此认同感之中所揭示的人生艺术化的底蕴，当然是与文化经济时代的总体走向相一致的，是与旅游的经济文化本质相一致的。

有一种说法：旅游企业注重社会效益和精神文明建设，将要增加不少经济负担。其实未必完全如此。旅游以及旅游业具有经济文化双重特性，但两者之间并没有一道不可逾越的鸿沟。旅游业注重文化内涵的开掘，倘若这种开掘符合美的规律，能给人带来莫大的精神愉悦和美感享受，将会于无形中创造出远远超过成本、甚至超越一般商业利润的经济附加值，这就有可能使旅游经营者最终得到可观的经济回报。旅游美学则将透析经济与文化彼此兼容相互促进的内在机理。老饭店可以"倚老卖老"，夕照街可以鲜花重放，芳草地可以诱发鹤颜童心，劲拔傲立的古松可以使浮躁者深沉，本来淡而无味的天下第一泉可以让人饮之若甘饴。发现美、创造美、帮助提供美的旅游产品，是旅游美学责无旁贷的天职。

---

① [日]名和太郎. 经济与文化. 北京：中国经济出版社，1987：44.

二、旅游活动的审美文化效应

旅游审美文化内涵，从形而上的层面上分析，并不仅仅表现为游山玩水、消磨时间，而是与人类高尚的人生追求密切联系着。从功能上看，它可以起到一种陶冶情操、修身养性的效应；从方式上看，它是人类对于闲暇时间的积极消费；从终极目的上看，它与人类感性生命的理性意义指向紧密关联。

首先，陶冶情操、修身养性。与哲理启迪的“晓之以理”的方式决然不同，审美陶冶以人们乐于接受的“动之以情”的方式，感染人、打动人。山水景观旅游显然是审美陶冶的一种重要类别。它对人格涵养所起的积极效应是不可轻视低估的。

如前所说，旅游活动的一个先决条件就是富于审美魅力的山水景观，就是旅游者与美的景象之间审美关系的建立。当人与所处环境达到情景交融物我两忘的境界时，此等美的境界很容易诱发内在的纤尘毫无的情愫。它以古代文论中所说的“不涉理路，不落言筌”的直觉方式，剔除着世俗功利性的杂念，纯洁着很容易因外界负面影响而受污染的心田。这也就是审美心理学所说的共鸣，以及与之相伴随的人性升华。

旅游活动的陶养性情功能，除了表现为人格升华之外，还具有启迪心智的作用。狭义的美，意味着和谐，意味着秩序。当井然有序的美的格局由于格式塔心理学中所说的“异质同构”的机制影响了作为审美者的游客时，后者的胸臆就会被有条不紊的心绪所灌注，因而，产生恍然大悟式的灵感，或思路贯通时的敏捷。原先似乎“剪不断，理还乱”的头脑，变得忽地开了窍，觉得周身通泰，心绪澄明。

其次，对人类闲暇时间和空间的积极消费和占有。生存、发展和享受，是人类文明发展的三部曲。旅游的普遍性，只有在人们不再为生存的基本条件而烦恼，积极追求个性发展和人性享受时，才有可能出现。

当代社会的一个突出特点，就是人们对于闲暇游憩的热衷。国际旅游组织前总裁奥瑟·豪洛特说：“在当今技术高度发达的时代，娱乐的时间越来越充裕，工资收入越来越高，受教育的时间和机会也越来越多。我们鼓励公民去发现新世界，去追求富丽堂皇、色彩斑斓的广阔世界。”的确，旅游已经成为人们消费闲暇时间和空间的最佳方式之一。

从美学的角度考虑，旅游所具有的适情顺性的个性化特点，是对社会化的规定角色在一定程度上表现出来的负面效应的反拨和匡正。人的社会化，使人成为本原意义上的“文化”(纹花)人(中国的先人用具有“纹花”本义的“文化”来指称文化概念,显示了先人对文化内涵的发现)。这是社会进步的重要阶梯,是社会维持安详稳定的重要环节。但当千姿百态的人性世界为统一的社会规范所规定时,人的个性化需求就会在某种意义上被遏止和压抑,于是萌发难以言尽的郁闷和焦躁。解脱的方式之一便是去旅游。旅游,设若能撇除经济条件等外在因素的牵制,人们可以享受选择旅游目的地和旅游方式的充分自由。这就在一定程度上消解了过于僵化的社会标尺给人带来的非常态负价值的心理影响。试品味欧阳修的《画眉鸟》,我们不难从反面领略些许旅游的适情顺性所带来的自由感:“百啭千声随意移,山花红紫树高低。始知锁向金笼听,不及林间自在啼。”

第三,沉醉于“天人合一”的人生美学境界。天人合一昭示着某种具有未来意义的人生境界:人与所处环境的和谐统一。如此思想的确很古老,溯流而上,可以在春秋战国时代的先哲们的典籍中寻到它的根系。

“天者,道也。”天道无所不在,无其不能,它融于宇宙万事万物之中。当旅游者与美妙的大自然和谐相依和睦相容时,无意间也就接近宇宙的本体,感悟着人生存在的目的和意义。

设想一下这样的情景:湖边深潭,月色朦胧,水波不兴,望如古镜,远处是苍山葱翠,映照于灿烂如银的湖水之中,恰似白银盘里盛着妇女画眉用的一螺青黛。触景生情,唐代诗人刘禹锡的一曲《望洞庭》,犹如清泉,不禁从心底流出:“湖光秋月两相和,潭面无风鉴似磨。遥望洞庭山水色,白银盘里一青螺。”有诗评说,月夜之下诗人袖手湖边,纵目远眺,洞庭壮观尽收眼底,“八百里洞庭只如一盘而已,可谓气吞云梦,笔挽万牛”。的确如此。不过,更深一层的意蕴在于,它形象地传导出“天人合一”境界之三昧。那弥漫宇宙、难以言尽的天道,那智慧人类所孜孜以求的生活终极目的,像一轮皎洁柔美完满无缺的秋月,高悬于森森苍穹,可望而不可及,诱发人间多少遐思和冥想。嫦娥奔月,径直奔向的与其说是人生形而上的理想境地,不如说是常人敬而远之的仙界。与尘世凡夫俗子相亲和的大地,那镶嵌在大地母亲胸前的夜明珠——耀目似银盘的湖面,本来就映印着天道的月光。这形而下的山山水水,就是现实中的人们真正的生活故乡。刘禹锡像是在昭示我们,生活的意义,应从天地“两相和”的融汇中去寻找。从对洞庭君山的观照可见,旅游的审美文化底蕴,确实好像深不可测的大海,是怎样也探不到底的。旅游者面对的景观世界,在愉悦耳目的同时,也诱导人类的深层感悟力,因为,诉诸感官的景观世界同时是个诉诸悟性的意义世界。

三、旅游生态的审美文化底蕴

旅游究竟是有利于环境保护，还是将对环境造成无可挽回的破坏？也许可以这么说，如果全人类都怀揣炽热的自然之爱，旅游生态学思想深入人心，那么，旅游时被美的山水景观所激发的必然是更为赤诚的“地球是我家，我要爱护它”的情怀；倘若脱离旅游生态学的视窗，单纯从经济角度着眼，盲目开发，单纯从一己方便考虑，毫无生态意识，旅游的发达，将与环境质量的下降相伴随。因此，理应正视旅游业对于环境所产生的负面效应。有位学者直言不讳地说：“旅游业发展到哪里，就败坏了哪里的自然风景……我寻找了一个僻静的角落，却发现到处都是广告喇叭，商业性的娱乐设施和凑热闹的人群。”①岂止如此，超越旅游区客容量的许可毫无节制地采取“杀鸡取卵”的旅游开发模式，其结果只能缩短旅游产品的生命周期，造成旅游可持续发展机缘的丧失。

有鉴于此，我们必须回顾人与自然关系的演变历史，强调旅游业对生态地球应尽的义务。我们不妨把整个文明发展过程，当做人与自然相互作用的历史。这一历史过程可以划分为三个阶段：第一，人类畏惧自然的阶段。当人类从大自然中分化出来的初始阶段，亦即游牧—农耕文明时期，人类对自然的作用力还很小，难以运用强大的物质手段去征服自然改造自然，人甚至在一定程度上还是大自然的奴隶，面对风雨雷电的袭击和河海泛滥肆虐而几乎无能为力。因此，这一时期的人类把自然界当做敬畏崇拜的偶像。第二，人类主宰自然的阶段。近代以来，由于主体文化精神的崛起和科学技术的发展，人类普遍滋长一种征服自然、改造自然的观念。技术武装起来的人类上天入地，呼风唤雨，表现出极为出色的驾驭控制客观世界的能力和勇气。同时，也促使人类普遍产生狂妄自大目空一切的心态，其客观消极影响之一，就是破坏环境生态，降低环境质量。第三，重建人类与自然和谐的阶段。辉煌的工业化成就，掩盖不住人类主宰自然的文化及其泛化表现形式对于周围环境的负面效应。20 世纪 60 年代以来，世界上的一些先行达到工业文明高峰的发达国家的智慧人士，对风行几百年的主宰自然文化观予以深刻的反省，忧心似焚地警告世人工业污染带来的严重环境公害，满怀信心地倡导弥补沟壑，重建人类与

① 周国平.人与永恒.上海：上海人民出版社，1988：22.

自然的和谐，创造一种被称为“The Earthmanship Society”的“天人合一”的社会境界。应运而生的社会生态学明确提出，人类社会发展的以往历史是把自然过程变成工业过程，当今科技文化的新思路，则使工业过程适应自然过程，使之日益协调地汇入自然过程，从而建立后工业时代的社会生态圈。我们必须通过有效的宣传让全体人民认识到这样一种观念，即，人类不应以大自然的主人自居，人类其实也是大自然的一部分。“天”与“人”本来就应当融合于一体。

如今，越来越多的智慧人士意识到，旅游业对生态地球所承担的义务。旅游业的发展是与人类对地球生态所负有的责任感紧密联系在一起的。

关注生态，创造人与环境和谐共存的局面，是当代旅游业的美学抉择。因为，如此抉择符合目的性和规律性相统一、自觉性和自由性相统一的美学原则。

亲生态的旅游业所导向的是美的世界。如此美学指向由于符合最大多数人民利益的目的性，符合富于爱心的人类所向往的有序的稳态的规律的生活境界，因此也就能赢得游客的高度信任和欢迎，从而，产生可观的经济效益。

据报道，美国明尼苏达州的一家饭店早在1990年就曾对住店的客人做过一次摸底调查，结果发现，有94%的客人愿意选择符合环境要求的饭店。另据美国旅游行业协会所提供的一项报告，有85%的美国客人都倾向于支持有环境意识并实施环保政策的企业或公司，并愿意为这类公司的产品和服务多支付8%的费用。

当然，上述报道对我们的启示还在于，旅游业的生态意识的倡扬，依赖于全体民众文明水准的提高。当游客成为生态环境的大使，没有哪个明智的旅游企业家，会愚蠢地不予理会，置环保于脑后。

人与环境是一种彼此相应相生的互动关系。人创造环境，环境同时也影响人。有着美学追求的旅游业，为保护生态地球而努力，如此洋溢着自然之爱的言行举止及其促成的环境氛围，反过来会对游客产生潜移默化的熏陶，进而造就新一代的满怀爱心的环保大使。

第三节　旅游业可持续发展的审美文化图景

被誉为“朝阳产业”的旅游业，怎样在其蓬勃发展的时候，避免急功近利的短期行为，杜绝目光短浅的竭泽而渔式的开发，是一个值得深思的问题。

一、可持续发展理论及其实践

可持续发展理论是一个目前在整个世界引起广泛关注的热门话题。这一理论的中心，在于社会物质生产发展的长久稳态延续性。当代人在进行经济发展战略思考和实践时，要为子孙后代留下宽阔的进一步的发展空间。这就要求我们杜绝竭泽而渔式的开发，给被消耗的自然资源以充分的补偿。当前的发展不应损害未来时代发展所要求的自然资源基础。因此，我们有必要建立绿色生态经济；改进能源的来源和转化的途径；大力保护环境，同时对解决过去被忽略的问题（如“三废”治理）负有责任；变废为宝，综合利用等等。

建设一个持续发展的社会，是一个振奋人心的事业，是一个能充分调动我们全部忠诚和精力的事业。每个人、每个组织和每级政府都可发挥自己的作用。如今所进行的政府、组织和个人携手合作的现代生态工业、生态农业的尝试，是与可持续发展的当代经济“有机的增长”模式相吻合的。我国在现代化建设中，也必须把实现可持续发展作为一个重大战略，必须采取切实措施保护资源和环境，不仅要安排好当前的发展，还要为子孙后代着想，绝不能吃祖宗饭，断子孙路，走浪费资源和先污染、后治理的路子。

值得一提的是，可持续发展理论已经引起世界旅游界的密切关注。1995 年 4 月 24 日，由联合国教科文组织、联合国环境规划署、世界旅游组织、岛屿发展国际科学理事会和西班牙政府等组织发起的可持续旅游发展世界会议，在西班牙的兰沙罗特岛召开。出席会议的有来自 75 个国家和地区的 600 多人。大会强调：认识旅游对经济发展的重要性还不够，还应认识旅游对环境保护的依赖性；发展旅游要立足长远，克服短期行为；旅游与环境保护结合才能获得持续发展；旅游业的持续发展应与经济、文化等其他领域的发展相协调；21 世纪是环境保护的关键时期。会议还通过了《可持续旅游发展宪章》和《可持续旅游发展行动计划》。

此次会议之所以在兰沙罗特岛召开，是因为该岛是联合国环境规划署的环境保护实验区，是向世界各国提供的一个旅游与环境保护紧密结合的典范和样板。兰沙罗特岛认为，“地球不是我们从先辈那里继承来的，而是我们从后代那里借来的”，“改善自然环境和城市环境，是所有从事旅游的人的共同责任”。

二、可持续发展与负责任的旅游业

旅游，一向被认为是“无烟工业”。以旅游社会生态学为依据进行旅游项目的规划和设计，旨在创造一片使人们如醉如痴、心驰神往的绿色产业。它的意义在于，首先，符合可持续发展理论要求；其次，与为联合国所认可的《可持续发展宪章》精神紧密结合在一起。

我们不妨从名胜古迹的整旧如旧和旅游目的地和旅游设施建设中的技术运用，来揭示可持续发展理论和旅游的密切联系。要使名胜古迹持续发挥吸引游人的旅游魅力，就必须进行适时的维修护理活动。“整旧如旧”或“整旧如初”，是古迹修缮中必须遵循的美学原则。正是这一原则，能够有助于绵延千年的历史性纪念地继续为我们的子孙提供取之不尽的精神养分。在实用性的功利意义上，新的总是比旧的好，因此，常态的心理是“推陈出新”。但从审美的层面上考察，旧，却蕴含着一种特别的情思和韵味。旧，意味着消逝的历史，意味着无法弥补的过去，意味着凝冻着往日无怨无悔却回味不已的故事。也许，这故事是属于自己的，或根源于自己祖辈的。看似锈迹斑驳苍苔满目的古董所唤起的，是个中人难以言尽蕴藉缠绵的广义的“故乡情结”。

日本著名史学家梅棹忠夫对古建筑的整修问题提出过很好的意见。他在考察尼泊尔和缅甸时，见到一些古代宗教建筑，诸如佛塔、寺庙之类，总是被修缮、维护得焕然一新，感到难以接受。他从日本人的文化直感出发，认为：“旁边有未经重新涂刷的古塔。我们看来，这一未经重新粉饰的建筑物看起来崇高得多。……刻意涂抹上现代的色彩，我认为是非常可惜的。”但文史家的理性眼光又使他深刻地发现古迹焕然一新的文化原因：“对这些国家的人们来说，宗教是超历史的存在，因此，寺、神、佛是常生不灭的。它们必须是反复再生，经常保持全新的面貌。”①这就说明，我们的古迹修缮，必须考虑到特定民族文化心理的接受可能性。当主要客源市场的民族所风行的文化心理是崇尚古朴苍劲时，就一定要遵循整旧如旧（初）的美学原则。

三、高技术与深厚感情相统一的更美好未来

旅游业毫无疑问会运用大量的技术手段，来为完善旅游设施服务。我们必须

---

① ［日］梅棹忠夫. 文明的生态史观. 上海：上海三联书店，1988：222—223.

通过对代表当代科技发展新水平的技术的正确运用，达到促使旅游业持续发展的目的。在第三次浪潮席卷全球的现时代，怎样运用技术才能最大程度地符合旅游持续发展的要求？在回答这个问题时，回顾一下美国未来学家奈斯比特的"预言"是不无裨益的。奈斯比特总结了改变人类生活的十大趋势，其中之一，就是高技术和深厚感情的统一。在他看来，高技术是刚性的，深厚感情是柔性的。"到处需要有补偿性的感情。我们社会上的高技术越多。我们会越想要创造深厚感情的环境，以柔性平衡技术的刚性。""高技术越多，深厚感情越深。"他举例说，手工做的温馨棉被大受欢迎；朴实清新的乡村音乐是在"一定程度上对电子摇摆乐的反应"；家长们把自己的孩子拖离电子游戏机或电视游戏，带他们去钓鱼或者骑自行车；市民们产生强烈的需要，到自然界去森林露营，去海边游泳，以"抵消高技术的影响"；有了食品处理机却放着很少用，宁愿用手切削食物，即使多花些时间也不在乎……在到处充斥高技术的环境中，人们反向地追求洋溢着深厚感情的生活方式。①阴柔和阳刚平衡的结果，就是催促产生两者结合的人工创造物。比如，现代化办公室采用高级技术文字处理机，机器冷冰冰的运作程序使人厌倦，因此，手写便条和信件的再度流行。然而，机器高效有序的特点和长处不可否认，结果造成既要追求自然亲情，同时又要适应现代高技术社会变迁，这种双重需求趋向，引导人们发明了把高技术和深厚感情结合为一体的"手写电脑"。

这就启发我们，第三次浪潮社会的重要特征之一，就是将技术魔力和温馨情调融为一体。在当代社会，充分发展了的高技术将以"看不见的手"的方式，不落痕迹地融汇在富有脉脉情韵的技术文明创造物之中。从而，使人们既受惠于技术，又不至于产生刚柔相克般的感情压抑。比如我们的一些上星级的饭店，无论其外观造型，还是其内部陈设，不以炫耀繁杂的技术为目的，而奉"营造温馨氛围"为宗旨。又如，宾馆酒店大堂的共享空间、花园广场中的音乐喷泉、可以不受外部气候环境影响的室内热带海宫和全天候滑雪场等，都不约而同地在更高的文化层面上全力调用技术，以形成超越自然又返归自然的生活空间。

21 世纪的世界高技术，不断受到日益强烈的生态意识的影响，似乎已经开始向人们展示一种崭新的生活图景，用人类智慧的结晶——新而又新的技术手段，创造刚柔相济的美景，即，用高技术来构筑便捷舒适，却尽可能贴近自然、不失真实情感

---

① [美]奈斯比特. 大趋势——改变我们生活的十个新趋向. 北京：新华出版社，1984：53—72.

的社会生活环境。从电视电话到高保真音响，从鸿运扇到空气清新器，从崇尚自然美容新概念的护肤霜到执着于温柔熨帖感的高支纱棉布砂洗丝绸，无不体现奈斯比特预见的这种“大趋势”。可以认为，只有以构建高技术与深厚感情相统一的人类生存环境为目标，将“刚”的现代技术和“柔”的传统文化有机地结合起来，才能避免技术的滥用误用，真正从长远的观念上持续而有节制地提高人类生活质量。只有在如此深层的意义上，才可能真正理解中国古老的“阴阳相契相合乃成宇宙”的哲学智慧所具有的走向未来的意义，从而促进旅游的审美化、艺术化。

阳刚与阴柔的完美统一，趋向于互渗互融的和谐境界的创造。我们不妨以这种互补性审美文化观念，来分析上海旅游资源开发的个案，从而举一反三，得到更多的符合未来可持续旅游发展需要的有益启示。

以上海为例，侧重于展示工业文明崇高特征的这座大都市，从气贯长虹的东方明珠到游龙翻江般的地铁列车，从金碧辉煌的豪华大酒店到当代巨型空中客车。的确，高科技是上海整个城市作为旅游大景观的重要基础。

但惟有高科技是不够的。我们必须把高科技的崇高和传统文化的优美结合在一起，把技术文明的魔力和田园文明的诗意结合在一起，从而营造出一个既有现代气派又温馨休闲、既刚柔相济又极富吸引力的大都市旅游区。

这种结合，可以表现为不同的形式。首先是空间分离式的结合。它意味着，作为都市崇高性的互补，专门开辟洋溢着极为深厚的农耕文化情韵的游览场所，现已建成开放的位于市中心的人民广场游憩区，以及位于浦东新区的上海野生动物园，就是两个典型的例证。前者是在“21世纪是人类和自然共存的世纪”的第三次浪潮文明思想指导下所构筑的一方城中绿洲。花草、树木、鸽子以及体现“天圆地方”这一中国古老哲学思想的宝鼎状上海博物馆，与不远处耸立蓝天的高楼大厦和喧闹繁华的商业街正相比照、交相辉映。后者被舆论誉为“都市大自然”。尽管存在着某些不尽如人意的地方，但其策划的主题，无疑是具有前瞻性、国际性的。

其次，高技术与深厚感情的结合，还能够以一种表里融汇的方式得以展示，即，以高新技术作为支撑，刻意营造出弥漫着深情厚谊的氛围，创建出乍一看来极为逼真的自然化场景。以与高科技手段密切结合的室内滑雪场为例，在硕大的类似于万体馆的建筑物内，堆起山坡，撒上人造雪，架起载人爬坡缆车，让南方的游客不用去东北，就能够饱尝滑雪的乐趣。这样，内在的技术因素和外在的感情因素，有机地糅合为一体。在这种统一体中，技术变得无形了，直接呈示于人们面前的，是“以假乱真”的人造自然风情。

四、“第二自然”化的旅游吸引物

以高技术为里、以深厚感情为表而产生的刚柔相济式的互补，其实所构建的是一种可以被称为“第二自然”的旅游吸引物。这表明，如今很多区域的旅游资源开发，已经开始朝着“第二自然”的方向发展。

所谓“第二自然”是相对于第一自然（原生态的自然）而言的。“清水出芙蓉，天然去雕饰”的自然旅游资源，比如阳光、沙滩和海水属于第一自然。原汁原味的第一自然有着任何人造物所不可比拟的感性魅力。然而，天然风景的天然缺陷在于，其旅游功能的发挥，不可避免地要受到气候、地域的限制。天气太冷，一般人就不愿在冰凉的海滨湖畔游泳；在冬季，身处南方的人们，倘若真要心血来潮想滑雪，也只好北上。正因为有如此的不便，工业化时代的人们就想方设法，创造了将技术魔力和温馨情韵结合为一体的“第二自然”。

毫无疑问，当今世界日新月异的高技术手段以及日渐炽烈的高情感追求，使得人们在第二自然化的旅游吸引物和旅游目的地建设方面大显身手：从风雨无阻的室内高尔夫球练习场到拥有多种设备的健身房；从全天候室内热带植物园到笼罩在透明玻璃大屋顶下的阳光酒吧；从观光型高科技绿色农业园区到电脑控制仿真动物园等等。

从未来看现在，运用第三次浪潮的未来学视野来筹划我们的旅游资源开发、旅游设施的配置，无疑是与可持续发展旅游的当代国际性文化思潮相接轨的。关键是如何把旅游美学所构想美妙蓝图由可能变成现实，变成可以被轻松地感触到的现实，从而实现诗化哲学的美好理想，“使人生成为诗”，让人们“诗意地栖居在大地上”。

练习思考题

一、名词解释

1. 审美关系
2. 情景交融
3. 自然美
4. 社会美
5. 民俗之美
6. 实用艺术景观
7. 表演艺术景观
8. 跨文化旅游
9. 远距离崇拜
10. 故乡情结
11. 美的本质
12. 人的本质
13. 旅游之美
14. 和谐之美
15. 象征图像
16. 审美感知

17. 美感直觉

18. 审美联想

19. 审美想象

20. 审美意象

21. 美感过程

二、术语辨析

1. 美与美感

2. “美”与“美的”

3. 自然与文化

4. 优美型景观与崇高型景观

5. 客观世界与景观世界

6. 社会景观与艺术景观

7. 人的自由与人的自觉

8. 人的本质与美的本质

9. 审美感知、审美经验和审美创造

10. 美感的个别性与美感的共同性

三、判断正误(在每一题后的括弧内打上对错标记,✓为对,×为错)

1. 美学基本理论包括美的哲学、审美分析学、审美教育学和艺术社会学等。（　）

2. 我们如今十分注重绿化。因此,从文化演化层面上看,与动物相比较,植物与人具有更多的相关性。（　）

3. 流行时尚也可能构成一种社会景观,但不能成为经典。（　）

4. 人的美是社会景观的核心。（　）

5. 自然和协调是人体美的主要评价标准。（　）

6. 通常人们将建筑当做“流动的音乐”。（　）

7. 建筑是造型艺术。（　）

8. 中国园林洋溢着贝多芬音乐的浪漫情调。（　）

9. 美食品鉴中的美妙回味主要是一种“口福”之娱。（　）

10. 中国旅游资源突出地表现出“人文山水”的特性。（　）

11. 美是实践中发生发展起来的人的自由本质力量的感性显现形式。（　）

12. 从严格的理论意义上说，美就是漂亮。（ ）

13. 人的本质的自由与实践的目的性相关，人的本质的自觉与实践的规律性相关。（ ）

14. 从美学范畴角度上看，与优美相对的是柔美。（ ）

15. 象征图像是审美活动中经过审美者个体所创造的具有特殊意义的意象。（ ）

16. 山水审美中的联想是富有创造性的。（ ）

17. 审美意象是意蕴和形象的有机结合体。（ ）

18. 审美过程中的延时式经验可以分成自我经历的联想和对象意蕴的探求等两种心理表现形式。在基本心理趋向上看，前者是“由我及物”，后者是“由物及我”。（ ）

19. 美感的非物质渴求欲和非概念性道德判断所体现的是美感的社会功利性特点。（ ）

20. 美感的个别性与客观审美对象的多维多向有关系。（ ）

21. 崇高之美主要体现实践主体的巨大力量，是一种阳刚之美。（ ）

22. 直觉中对景观之美的审美判断肯定是肤浅的。（ ）

23. 动态的审美经验过程意味着由表及里的体验。（ ）

24. “感知—体验—创造”是同一层面的概念，在旅游审美心理过程并不表现为渐次递进的特点。（ ）

25. 景观的世界的美学范畴中，与优美型景观相对应的是崇高型景观。（ ）

26. 中国旅游景观的时空美学特性，与“历史悠久”相对应的是“古迹众多”。（ ）

27. 旅游业通常被认为是“文化性的经济产业、经济性的文化事业”。（ ）

28. 审美陶冶以人们乐于接受的“晓之以理”的方式，感染人、打动人。（ ）

29. 相对于第一自然（原生态的自然）的所谓“第二自然”是反自然的。（ ）

30. 负责任的旅游就其文化精神而言是与可持续发展的观念相同的。（ ）

四、简答题

1. 如何理解旅游活动中的审美关系？

2. 怎样界定旅游美学研究的范围？

3. 美学是一门怎样的学问？请描述美学的基本理论框架。

4. 如何理解“情景交融”?

5. 客观世界和景观世界的联系和区别何在?

6. 如何理解树之美与历史感的相关性?

7. 自然美与旅游目的地建设有着怎样的内在联系?

8. 简要概括自然景观世界各个层面的共同审美特征。

9. 以钱塘江观潮和西湖的“平湖秋月”二景为例,谈谈阳刚之美和阴柔之美的区别?

10. 社会旅游资源美在何处?

11. 如何理解社会旅游资源之美以富有审美价值的人及其活动为载体?

12. 社会旅游资源为什么具有美的特性?

13. 如何正确欣赏人自身的美?

14. 人类景观之美表现何在?

15. 单纯的美容是否能使人获得完整意义上的美? 为什么?

16. 如何理解作为靓丽风景线的人类景观之美?

17. 结合实际谈谈人在景观中的美学底蕴。

18. 如何塑造旅游从业人员的形象美?

19. 艺术景观的具体表现形式何在?

20. 旅游活动中的“三大和谐”的基本含义及其表现形式?

21. 简述艺术化的旅游活动美的特征?

22. 如何理解旅游审美感的基本属性?

23. 如何理解旅游审美过程?

24. 结合亲身旅游经历简述具有递进特征的审美心理过程。

25. 怎样理解“旅游之美,美在和谐”?

26. 简述旅游产业未来的审美文化走势。

27. 如何理解旅游环境美化中的高技术与深厚感情相统一?

28. 高技术和深厚感情相结合的角度来美化旅游环境?

29. 简述旅游的修身养性、陶冶情操的作用。

30. 结合实际扼要分析自然景观美与人类生存的诗化环境具有怎样的关系?

五、论述题

1. 结合实际论证什么是旅游活动中的审美关系? 为什么说审美关系是旅游

美学研究的核心？

2. 你是怎样从过程的角度理解旅游活动的美学特性的？从理论和实际相结合的角度予以分析说明。

3. 最令你陶醉的自然美是什么？其美在何处？如何诱导游客进入“相看两不厌”的自然旅游审美境界？

4. 如何从协调的角度分析地貌、水体、太空、植物和动物等各个自然景观层面的组合性？

5. 道家哲学认为，人与自然的关系是和谐。荷尔德林也说：“人诗意地栖居在大地上。”然而，环境污染仍旧是我们现在面临的一个亟待解决的难题。在学习了《旅游美学新编》后，请从人与景观世界审美关系的角度谈谈环境问题。着重谈谈你对于旅游与环境保护关系的看法。

6. 你是否认为社会旅游资源具有其独特的内在本质和特征、具有独特的审美价值？如果回答是否定的，请说明理由，如果回答是肯定的，则请结合自己生活的社会环境分析其是否具有社会旅游资源层面上的开发潜能。

7. 试从旅游资源组合的角度分析民族风情之美和社会风貌之美的相关性。

8. 为什么人类自身也能成为一道亮丽的风景线？举例说明人类景观世界在旅游中的具体展示形式。

9. 人文景观的根本特点是什么？它与自然景观和社会景观有什么区别？

10. 怎样理解富有艺术感的人文景观——比如建筑景观的美学特性？这类景观在旅游目的地的建设中起着怎样的审美作用？它与人类生活环境的美化具有怎样的联系？

11. 如何从综合协调的角度有机糅合人文景观的各个层面从而构筑美好的旅游大环境？

12. 怎样在旅游资源开发过程中充分发掘艺术化的人文景观所隐含的社会历史内容？如何理解这方面的内容与特定自然背景的美学联系？

13. 如何从人的实践出发阐释美的本质？理解这一点对于旅游的意义何在？

14. 从对各种景观类型的本质特征分析中可以得到哪些有益于旅游经济文化发展战略的启示？

15. 旅游服务如何与走向艺术化的旅游相适应从而给游客留下更为美好的回忆？

16. 为什么说和谐是旅游的最根本美学特性？结合实际说明怎样构筑以“和

谐”为其基本特征的旅游大环境?

17. 根据你的直接和间接经验,谈谈3大和谐在旅游过程中的实际表现形式?

18. 审美心理诸种特征对于旅游目的地的建设具有怎样的启迪性意义?

19. 怎样辩证地看待美感的功利性?如何从美感功利性的角度理解旅游审美活动的社会意义?

20. 为什么说美感直觉可以包含理解因素?如何改进我们的导游方式以适应旅游审美时直觉和理解相统一的特性?

21. 试从审美关系的角度切入阐释个别性和共同性相统一的美感特性。结合旅游审美实例予以说明。

22. 试从形式感知和内容体验相统一的角度分析旅游审美心理的深化,同时谈谈怎样适应这种心理特征促进旅游者形成美好的回忆?

23. 如何适应审美注意的基本规律进行旅游景观格局的筹划或旅游景观导游方式的设计?

24. 分析旅游需求与旅游审美者经验结构的相关性,并且谈谈这种相关性对于旅游项目策划的启发作用。

25. 结合旅游审美实际分析意象形态构成的创造性,进而叙述这种主体创造能力的发挥对于提升旅游者的参与层次所起的作用。

26. 从实际旅游现象的观察中分析跨文化旅游的人生美学意义。

27. 概要阐释中国山水景观世界的人文内涵,举例说明“人文山水”对于旅游资源的开发和建设具有的启迪作用。

28. 怎样理解人的本质、美的本质和美的规律的内在联系?这种联系对于旅游系统的协调运作有着怎样的操作化启示?

29. 如果你是旅游从业人员,如何运用旅游美学原理来做好本职工作?

30. 怎样理解可持续发展旅游的美学意义?

六、发散思维题

1. 大师就是大师

许多人将纷纷扰扰的2009年称做是“大师竞相陨落的一年”。诚然,这一年中,各个学科中被视为“领路人”的大师们如流星般纷纷逝去,留给我们的是仿若流星雨过后的夜空,沉沉暗夜、星辉凝滞,令人平添无端的伤感。这些大师经历了从满清到民国再至新中国的沧桑巨变,他们走过的近百年的人生历程充满着凄风苦雨、艰难曲折，也正源于此，他们的人生才称得上跌宕起伏、波澜壮阔。当他们在人生谢幕之际，那黯然离去的背影留给世人的是无限的怅惘与遐想。

季羡林，一个光辉却孤寂的名字。这个学富五车、有着百科全书般浩瀚智慧与史籍般深邃思想的老人，如若不是遽然谢世，他的名字如今也只有学术界的人士和文学爱好者们才会常常谈起。正如他的表字“齐奘”一样，季羡林的一生像极了那个在崇山峻岭、沙漠戈壁间前行不止的玄奘。屡遭厄难、孤身犯险、路远迢迢、前途未卜，学术上的征程同样充满着艰难险阻；毅然决然、心向往之，学术的探索永无止境。就像千年前的先哲一般，季羡林将寂寞留给了自己，而让绚烂的文化万古流芳。翻看季老的人生履历，古文字学家、历史学家、东方学家、思想家、翻译家、佛学家、梵文、巴利文专家、作家……跨越众多的学科，他都能成为金字塔尖的佼佼者。而拥有了这些熠熠生辉的称誉，他的人生对于普罗大众而言无异于一部难以参透的典籍。

1935 年，年轻的季羡林得到了赴德国留学的机会。在德国的十年，可以说是左右了他一生成就的十年，也是他学术研究的黄金时期。徜徉在文化的宝库之中，季羡林每天都在吸收文学的养分。就像当年任何一个出国深造的有志青年一样，他无时无刻不在思念自己的故乡，盼望能用自己文士的手拯救积贫积弱的祖国，他写道：“我怅望灰天，在泪光里，幻出母亲的面影。”同样是在这时，他已然坚定了探索语言文化的方向。他在《留德十年》中说：“我梦想，我在哥廷根，我能读一点书，读点古代有过光荣而这光荣将永远不会消灭的文字。”百年前一个青年自强的自白在今日听来仍旧掷地有声。

季羡林与梵文结缘是在 1936 年。就像《红楼梦》中，贾宝玉第一次见着林妹妹就坚持“我定是见过这个妹妹的”，季羡林对于梵文的热爱与深究仿佛也是与生俱来。他认为，“中国文化受印度文化的影响太大了，我要对中印文化关系彻底研究一下，或许能有所发现”。他在书中写道：“我毕生要走的道路终于找到了，我沿着这一条道路一走走了半个多世纪，一直走到现在，而且还要走下去。”仿佛就像小说中的描写，先是一见钟情继而一往情深。在席勒笔下，《沙恭达罗》是“古希腊没有一部书能够在描写女性温柔方面，或者在美貌的爱情方面相比于万一”的优秀作品。而在季老的笔下，沙恭达罗的美貌、纯洁、善良、忠贞尽皆展露无遗，无论是中文造诣或是梵文功力都无人能及。

对于辉煌的过往，我们常常怀着崇敬与艳羡的心情，季老对此却殊为淡然。在《病榻杂记》一书中，他用通达的文字，第一次廓清了他是如何看待这些年外界“加”

在自己头上的“国学大师”、“学界泰斗”和“国宝”这三项桂冠的，他说：“三顶桂冠一摘，还了我一个自由自在身。身上的泡沫洗掉了，露出了真面目，皆大欢喜。”原来，大师谢幕的一个转身，也依然不减利落、潇洒的风度。

因为，大师就是大师。

资料来源：王勉. 大师就是大师. 解放日报. 2009-12-31.

答题提示：

世界上并不缺少美，美在于发现。从何处发现美？谈谈你从季羡林这样的大师身上所得到的人生美学启迪。

2. 生活的真迹

微寒的天气，正好，身为亚洲人的我们和欧洲人恰恰相反，旅游不喜与过于炽烈的阳光相遇。平日晒得够呛，常年是夏听起来悦耳，其实成天被大太阳炙得一头一身汗，走几步路便感觉疲劳不堪。在巴塞罗那，随意披件大围巾，已足以保暖，安心在大街小巷中穿梭。

巴塞罗那的街巷像诗人。想象中诗人除了好作品，还必须努力保持身型瘦削，仙风道骨那样轻盈姿态方有资格上诗人榜。这儿的道路两旁全是楼高数层的建筑物，底楼的高度尤其比别的城市如吉隆坡、中国香港或中国台北的楼要更高一些，是那一幅幅高大的门墙形成街巷瘦瘦的诗人韵味吧。其宽度只够一辆车行走，对面再来一辆，就要表现两只羊过桥的礼让精神才有皆大欢喜的结果。至于窄隘的程度，我们打开住宿房间的露台门，对面酒店的房间便毫无掩饰地跃入我的视线。天花板上的吊扇出力地呼呼转，阳台上披着好几件男生大T恤，铁花上晒着数条大毛巾，早就住进里头的三个年轻洋人，裸着上身，单着短裤，皆处之泰然地手握啤酒杯和我们哈罗招呼。如果彼此看对眼，乐意深谈，双方只要一伸手，正好在半空中相握，且可轻声问好。

七月是旅游盛季，不热不暑的夏天吸引了来自世界各地的旅客。整座城人来人往，陷入一片喧腾的狂欢气息。如果巴塞罗那是海，那么海里的鱼显然缺乏多余的空间游泳。从行人的衣着打扮和手上拎着的地图，这些懒慵慵徐缓缓踱步在街路巷道的全是异地游人。似乎整个城里的住民也都出城度假去了，把充满惊喜的艺术美感的城，留给我们这些远道而来的陌生人，一边从容闲散地流连驻足，一边惊诧地发出啧啧赞叹。

趸个弯，眼睛里倏地跃进一群猫。陶的瓷的玻璃的木雕石雕甚至还有以蜡制成的，油画水彩黑白的彩色的清淡的浓艳的，架上墙上地上天花板上门面玻璃上，全是大大小小形形色色的猫。猫形的杯盘碗碟，猫的挂饰，猫的踏脚布，猫的烟灰缸，猫的书，猫的记事簿，猫的笔，猫的拖鞋，等等，你想到和想不到的种种猫，全都聚集在这里了，造型各异，漂亮有趣，可爱美丽，就算是不喜欢猫的人，也会抑制不住好奇而停下脚步，和爱猫的人一起细细地观赏起来。

在这样一个完全无意张扬，却处处艺术、艺术处处的地方旅游，好处是不必辛辛苦苦埋头阅读地图或四处找人探询，只为了寻觅一个博物馆或美术馆。它们会在游人闲闲地逛来逛去时，自动蹦到眼前来，正如它们那典雅的美丽并非刻意营造出来的一样。女儿在一家意大利冰淇淋店排队买她怀念中曾经在意大利吃过的难忘冰淇淋，不远处突然隐隐约约传来大提琴的音乐声，那旋律之优美悠扬，学音乐的女儿说，水准简直和著名的音乐家不分上下。三个人循着提琴声过去，来到小巷中的另一条更小的巷道，年轻英俊、气质优雅的大提琴手就坐在巷口墙边的窗下。走过去，抬头突然看见提琴手面对的旧房子，钉着的牌子竟然是“毕加索美术馆”。

毕加索在13岁至23岁这10年间，曾经长期居住于巴塞罗那，他对这个城市因此有一份家乡的感情。他首次捐赠自己的作品给巴塞罗那是在1919年，1932年毕加索陆续把自己著名的“蓝色时期”中重要的作品寄赠。巴塞罗那政府终于在1936年将一间13世纪的建筑物，于15世纪被阿基鲁勒装修成宾馆，1930年由政府规划成美术馆的旧石屋改为毕加索美术馆，此馆共三层楼，展示室有44间。过后，毕加索不断地将新作真迹或复制作品寄过来，到1970年，这间以毕加索的名字命名的个人美术馆，已经收藏有他的作品共3 500件。

我们依照着地图一层一层观赏。毕加索的绘画才华在幼年时期已显露无遗。1896年尚于稚龄的15岁少年，呈现出一幅令世人惊诧的大师风范的《初领圣体》。面对这幅作品，久久无法移开脚步。如果不告诉你那是15岁少年的作品，你肯定无法想象；如果告诉你那是一个15岁少年的作品，你却不会相信。这一幅画，无论构图、色彩和肌理，不见稚嫩的手笔，布满成熟的笔触。你不由得要相信，世上确实有天生的画家。

一路寻去，就是不见《格尔尼卡》。只在三楼一间角落处的展示室，一个电视和另一个大银幕，正在播放着毕加索生前绘画的情景，坐下来一看，恰是他在创作《格尔尼卡》的纪录片。

1937年4月26日，西班牙内战期间，支持佛朗哥政府的德国在希特勒的领导下，空袭格尔尼卡，这一座西班牙著名的古城顿时陷入火海，人民伤亡无数。毕加索以图画记录了这一刻的历史事件。他以黑白灰的暗晦、切割式的构图、夸张扭曲的人脸和身体深刻地描绘人民的恐惧和绝望，同时表达画家对残酷战争的控诉。这幅《格尔尼卡》被评为“抗议地球上所有战争的永恒纪念碑”，也为毕加索赢得爱国画家的荣誉。

走过三层楼的所有展示室，回到楼下，依然舍不得离开，再一次走进以素描为主的楼下展厅。墙上多为毕加索简笔描绘的鸽子，线条简单利落，深得我心。巴塞罗那到处都是鸽子，广场上、教堂外、道路边、喷水池旁、公园、住家，处处见鸽子。难怪爱画鸽子的毕加索，最后索性把女儿取名为象征和平的鸽子。

终于到了关馆时间，馆里的人潮纷纷往外散去，傍晚的街巷里，人群依旧如白日一样拥挤。我们走出来成为人群中的一分子，在照旧喧嚣热闹的街道上闲闲地逛。

灯亮起来，天空的颜色是少见的绚艳，没有星星和月亮的空中嵌着片片的紫蓝橙红黄，是大画家的泼辣手笔，色彩缤纷艳丽。大街中间奢侈地辟为步行道，两旁是卖花卖鸟卖画的摊档，错落着咖啡座和餐厅之外，还间杂许多不同性质的艺术家在表演，有扮白雪公主的、拉琴唱歌的、跳华尔兹的、画漫画的、画人像的、写字的、把自己包在布里弯下身子变成一张椅子，也有那完全静止不动直直伫立着，连眼睛也不眨一下的，你在经过的时候不妨给他们一点钱表示你的赞赏，当然你也可以一路免费欣赏走过。不断有人走来，有人走去，擦身而过的人都慵懒地无所事事地边走边看，还有坐下来聊天的、在路边吃饭的、街头喝酒的，来到巴塞罗那，所有的压力仿佛被周边那种欢乐自在轻松浪漫的气氛舒解了。

绷紧着不悦的执着心情被清凉的夜风、快活的人群渐渐稀释了去，其实生活本来就应该这样子过。专心一意珍惜眼前当下，不急不躁不胡思乱想不妄想。真的猫，假的猫，真的床，假的床，真的艺术家，假的艺术家，真的音乐家，假的音乐家，真的作品，假的作品，看到了，没看到，有那么重要吗？

绚美的夜空下，海风吹拂，啤酒醇香，新奇的海鲜饭，艳丽纷呈的风景，散漫悠逸的步伐，不是人人都有机缘到西班牙，来巴塞罗那，无意中看到猫，见到吊床，遇到大提琴手，参观毕加索美术馆，然后闲适地和女儿一起喝啤酒吃海鲜饭。至于其他的一切，全让它成为次要吧。

生活的真迹才是每个人生命中的最重要。

资料来源:朵拉.生活的真迹.文汇报.2005-08-03.

答题提示:

阅读上面这篇文章,解析其中渗融的旅游审美心理,谈谈这样的游客美感对于旅游目的地建设具有怎样的启迪意义。

3. 上海,你好!未来,你好!

这一刻,世界眼光聚焦东方之珠——上海!

——公元2010年4月30日晚上8时,世博会开幕式以黄浦江为舞台激情上演。

这一刻,我们站在21世纪敞开的大门口,60亿世界人民一家亲。这一刻,我们应该满怀深情地对着承载人类美好梦想的上海说,你好!

是中国大上海,这个迷人的国际大都市,把来自全球189个国家和57个国际组织,以文明的名誉紧紧地联系到一起,创造了世博会159年历史之最。在中国上海,世界实现了空前的大团聚。这一刻,我们要友好地道一声,你好,中国上海!

这一刻,这一声跨越国界的朴素礼仪,这一声超越时空的友善示意,必将把我们带进人类文明的长河,相依相拥、相通相融。

是中国大上海,这个迷人的国际大都市,在美丽的黄浦江两岸,为人类文明的展示提供了5.28平方公里世博园区,提供了210万名园区志愿者、城市志愿服务站点志愿者、城市文明志愿者。这一刻,中国上海正以开放的姿态,热情地伸出双手,拥抱世界,拥抱你我。这一刻,我们要感激地道一声,你好,中国上海!

这一刻,这一声诚挚而响亮的问候,这一声感动而肯定的话语,是对世博会东道主付出的尊重,是对人类文明的尊重。相互尊重,求同存异,是人类传承的一大文明成果。

这一天,人类文明聚首黄浦江畔——上海世博园!

——公元2010年5月1日,以"城市,让生活更美好"为主题的上海世博会正式开园。

这一天,站在历史滚滚向前的车轮上,我们挥动激情的臂膀,对着美好的未来说,你好!

这是1851年诞生于英国伦敦的世博会首次走进发展中国家。这是人类文明的进步，也是人类文明发展的必然。为了共同的美好未来，人类文明需要发展中国家的元素，人类文明需要绵延5 000多年的中华文明。

“一切始于世博会。”这一天，人类文明在中国这方沃土踏上新起点。据预测，全球城市将吸收未来40年所有的人口增长。城市化是人类文明发展的必由之路，地球上一半以上的人口生活在城市。但城市垃圾如何处理，交通阻塞如何解决，地质灾害、自然灾害如何应对……城市的发展正面临着机遇与挑战。这些机遇与挑战，我们在上海世博园里，或许可以找到答案，或许可以得到启示，或许正是我们未来合作的空间。这一天，上海世博会让我们重新深刻地思考未来。

国际金融危机、自然灾害、气候变化等人类共同面临的全球化问题，越来越凸显。但站在上海世博园内，进行以“城市”为主题的文明对话，我们不再畏惧。相反，我们对“城市，让生活更美好”充满信心。

也许这一刻，世界局部地区的枪声仍然密集；也许这一天，世界局部地区的贫困与寒冷仍在加剧；……但文明与进步仍然是世界的主流，发展与创新仍然是世界的潮流。这些落后与贫穷、战乱与邪恶，必将被未来的文明所取代。

任何困难和问题，都阻止不了人类文明有力的前进步伐！

那就让我们站在黄浦江畔，对着美丽的上海说，你好！

让我们站在世博园里，对着美好的未来说，你好！

资料来源：刘紫荣. 上海，你好！未来，你好！http://focus.cnhubei.com/original/201005/t1124994.shtml. 2010-05-02.

答题提示：

由此文生发开去，从美学视角谈谈你对于下面两个问题的理解：

(1) 如何从美学角度理解乘2010年上海世博会之东风的城市大旅游审美环境建设？

(2) 从美学角度谈谈你对于上海世博会主题定位及其演绎方式的理解。

参考文献

王朝闻主编. 美学概论. 北京:人民出版社,1981.

刘叔成等. 美学基本原理. 上海:上海人民出版社,1987.

杨恩寰等. 美学教程. 北京:中国社会科学出版社,1987.

楼昔勇. 美学导论. 上海:华东师范大学出版社,1996.

宗白华. 美学散步. 上海:上海人民出版社,1981.

朱光潜. 西方美学史. 北京:人民文学出版社,1980.

朱光潜. 美学文学论文集. 长沙:湖南人民出版社,1980.

李泽厚. 美学论集. 上海:上海文艺出版社,1980.

滕守尧. 审美心理描述. 北京:中国社会科学出版社,1985.

庄志民. 审美心理的奥秘. 上海:上海人民出版社,1983.

蒯大申等. 青年审美向导. 北京:中国青年出版社,1987.

许理绚等. 中学语文审美教育研究. 上海:上海教育出版社,1994.

田自秉. 工艺美术概论. 北京:知识出版社,1991.

伍蠡甫主编. 山水与美学. 上海:上海文艺出版社,1985.

臧维熙主编. 中国山水的艺术精神. 上海:学林出版社,1994.

朱德发主编. 中国山水诗论稿. 济南:山东友谊出版社,1994

陈从周. 说园. 上海:同济大学出版社,1984.

丁文魁.风景科学导论.上海:同济大学出版社,1993.
任晓红.禅与中国园林.北京:商务印书馆国际有限公司,1995.
王振复.建筑美学.昆明:云南人民出版社,1987.
谭厚生等.现代建筑艺术.长沙:湖南人民出版社,1986.
刘小枫.诗化哲学.济南:山东文艺出版社,1986.
周国平主编.诗人哲学家.上海:上海人民出版社,1987.
赵鑫珊.哲学与人类文化.上海:上海人民出版社,1988.
郭因等.绿色文化和绿色美学通论.合肥:安徽人民出版社,1995.
刘振礼主编.中国旅游地理.天津:南开大学出版社,1988.
李润田主编.现代人文地理学.郑州:河南大学出版社,1992.
高立成主编.中国旅游文化.上海:复旦大学出版社,1992.
冯天瑜等.中国文化史.上海:上海人民出版社,1990.
喻学才.中国旅游文化传统.南京:东南大学出版社,1995.
李泽厚.美的历程.北京:文物出版社,1981.
余秋雨.文明的碎片.长春:春风文艺出版社,1994.
顾晓鸣.有形与无形:文化寻踪.上海:上海人民出版社,1989.
马奇主编.中西美学思想比较研究.北京:中国人民大学出版社,1994.
南怀瑾.老子他说.北京:国际文化出版公司,1991.
余培本.生命的大智慧.石家庄:河北人民出版社,1988.
南怀瑾.禅宗与道家,上海:复旦大学出版社,1991.
葛兆光.禅宗与中国文化.上海:上海人民出版社,1986.
葛兆光.道教与中国文化.上海:上海人民出版社,1987.
方立天.佛教哲学.北京:中国人民大学出版社,1986.
苏渊雷.佛教与中国传统文化.长沙:湖南教育出版社,1988.
孙昌武.佛教与中国文学.上海:上海人民出版社,1988.
洪丕谟.佛国风光.北京:中国文联出版社,1993.
金以圣主编.生态学基础.北京:中国人民大学出版社,1988.
何强等.环境学导论.北京:清华大学出版社,1994.
丁鸿富、虞富洋、陈平.社会生态学.杭州:浙江教育出版社,1987.
[德]H.R.姚斯、[美]R.C.霍拉勃.接受美学与接受理论.沈阳:辽宁人民出版社,1987.

[英]E. H. 贡布里希. 秩序感——装饰艺术的心理学研究. 杭州：浙江摄影出版社，1987.
[美]苏珊·郎格. 情感与形式. 北京：中国社会科学出版社，1986.
[德]马克思. 1844 年经济学哲学手稿. 北京：人民出版社，1979.
[美]阿尔温·托夫勒. 未来的冲击. 北京：中国对外翻译出版公司，1985.
[美]约·奈斯比特. 大趋势——改变我们生活的十个新趋向. 北京：新华出版社，1984.
[美]阿尔温·托夫勒. 第三次浪潮. 北京：生活·读书·新知三联书店，1983.
[美]约·奈斯比特. 亚洲大趋势. 北京：外文出版社、经济日报出版社，1996.
[美]约·奈斯比特、乙帕·阿博顿妮. 2000 年大趋势——九十年代的十个新趋向. 北京：东方出版社，1990.
[美]戴尔·卡耐基. 怎样赢得友谊并影响他人. 北京：宝文堂书店，1988.
陆象淦. 走向二十二世纪——卡恩的大过渡理论. 沈阳：辽宁人民出版社，1986.
涂途. 现代科学技术之花——技术美学. 沈阳：辽宁人民出版社，1986.
杨友庭主编. 现代旅游管理. 厦门：厦门大学出版社，1994.
李天元等. 旅游学概论. 天津：南开大学出版社，1991.
[美]罗伯特·麦金托什等. 旅游学——要素·实践·基本原理. 上海：上海文化出版社，1985.
杨时进等. 旅游概论. 北京：中国旅游出版社，1986.
王大悟. 风云纵横话饭店. 南京：南京出版社，1997.
庄志民. 旅游经济文化研究. 上海：上海立信会计出版社，2005.
李遵进等. 风景美欣赏——旅游美学. 上海：上海人民出版社，1987.
徐辑熙、凌珑等. 旅游美学. 上海：上海人民出版社，1997.
庄志民. 旅游美学. 上海：上海三联书店，1999.
乔修业主编. 旅游美学(修订版). 天津：南开大学出版社，2000.
王柯平主编. 旅游美学(第二版). 北京：旅游教育出版社，2000.
庄志民编著. 旅游美学基础. 北京：高等教育出版社，2002.
王冠星主编. 旅游美学. 北京：北京大学出版社，2005.
王柯平. 旅游美学新编. 北京：旅游教育出版社，2006.
章海荣. 旅游美学导论. 北京：北方交通大学出版社，2006.

杨哲昆、霍义平主编．旅游美学．南京：东南大学出版社，2007.
王世瑛、朱瑞艳主编．旅游美学基础．重庆：重庆大学出版社，2007.
张文祥．旅游美学基础．北京：旅游教育出版社，2008.
于德珍主编．旅游美学．天津：南开大学出版社，2008.
高曾传、易向阳主编．旅游美学．上海：上海交通大学出版社，2008.
马莹主编．旅游美学．北京：中国旅游出版社，2009.
祁颖．旅游美学基础（第二版）．北京：高等教育出版社，2010.

后记

近年来，国内有关旅游美学研究的成果开始逐渐多了起来，最近十年里出版的较为流行的教材也不下十几种。但在旅游美学研究的对象和范围方面，各路专家的见地并不一致。本着思维同一性的原则，本书围绕审美关系，从两个基本方面展开论述，即作为客体的旅游审美对象分析，以及作为主体的旅游审美心理分析。

首先，存在决定意识，审美对象的存在价值分析是旅游美学的基础。本书第二章至第五章依据自然和文化二元组合的逻辑框架，对美的世界进行类别解析，包括自然景观世界之美、社会景观世界之美、人类景观世界之美以及艺术化的人文景观世界之美。

其次，正是人类审美感的介入，使得美的客观存在由可能变成现实，与旅游审美对象论相对应，本书第十章和第十一章，从定性分析和过程分析两个方面，对美的景观世界所诱发的人类旅游审美感，进行理论层面的归纳和剖析，由此构成旅游审美心理论。

第三，对如上所述的两极对应的旅游审美关系架构做抽象提炼，形成旅游美学本体论。本书第五章至第八章，渐次深入地展开形而上的阐释。首先是结合本国实际，对我国的景观世界进行社会审美文化分析，然后，从旅游异地性生发出去，对跨文化旅游的美学属性进行文化人类学分析，接着，以美的哲学为理论平台，洞察、发掘和提炼出普遍意义上的景观之美以及旅游活动之美的本质属性。

第四，通过旅游美学本体论结构审美关系的两极(客体与主体)，最终，导向于以"旅游实践的美学归宿"为题的第十二章，回归旅游美学本位。

从本书内在逻辑呈现出的是一种类似于金字塔的架构：塔尖部分是旅游美学本体论；塔身部分是旅游对象论和旅游审美心理论；塔基部分是旅游审美实践论。

有关"旅游审美实践"，本书仅仅用了最后一章的篇幅，但其内涵和外延几乎是无穷大的。生生不息的乾坤宇宙(尤其是我们人类生活的这一个地球)的过去、现在和未来，为我们提供源源不断的生成性动能。理想愿景中的生成性动能趋向不应停止，由此而使得作为塔身部分的审美关系得以滋养、发育和成长。更进一层来说，作为塔尖部分的旅游美学本体论直指苍穹，在"脚踏实地"并"仰望星空"中，逐渐向作为终极追求的精神家园靠拢。

倘若读者能借助本书搭上永恒追求的人生列车，笔者也就心满意足了。

最重要的是，如果没有天时地利人和，没有诸多亲友师长的帮助指点，没有旅游美学领域诸多研究者的成果积累做基础支撑，这本书是不可能问世的，在此深表谢意！

庄志民

2011 年 5 月

于华东师范大学旅游学系

图书在版编目(CIP)数据

旅游美学新编/庄志民著. —上海:格致出版社:
上海人民出版社,2011
高等院校旅游学科“十二五”规划教材
ISBN 978-7-5432-1948-9

Ⅰ.①旅… Ⅱ.①庄… Ⅲ.①旅游-美学-高等学校-
教材 Ⅳ.①F590

中国版本图书馆 CIP 数据核字(2011)第 050647 号

责任编辑 顾 悦
美术编辑 路 静

高等院校旅游学科“十二五”规划教材

旅游美学新编

庄志民 著

出 版	世纪出版股份有限公司 格致出版社 世纪出版集团 上海人民出版社 (200001 上海福建中路 193 号 www.ewen.cc) 格致出版 编辑部热线 021-63914988 市场部热线 021-63914081 www.hibooks.cn	**印 刷**	苏州望电印刷有限公司
		开 本	787×1092 1/16
		印 张	18.5
		插 页	2
		字 数	301,000
		版 次	2011 年 6 月第 1 版
发 行	上海世纪出版股份有限公司发行中心	**印 次**	2015 年 8 月第 3 次印刷

ISBN 978-7-5432-1948-9/F·419 定价:32.00 元